AUSTRALIA

澳洲全境圖

目錄

專題報道

墨爾本 Melbourne

悉尼 Sydney

塔斯曼尼亞 Tasmania

墨爾本

塗鴉街
Hosier Lane 1-10

弗林德斯大街車站
Flinders Street Station 1-13

墨爾本購物中心
Melbourne Central 1-14

維多利亞女皇市場
Queen Victoria Market 1-22

尤里卡觀景台
Eureka Sydeck 88 2-2

南墨爾本市場
South Melbourne Market 2-6

南岸劇院
MTC Southbank Theatre 2-8

彩虹小屋
Brighton Bathing Boxes 6-2

悉尼

達令港
Darling Exchange 8-8

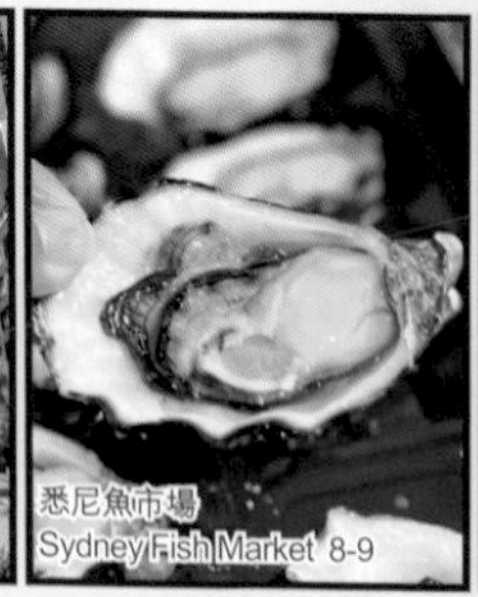
悉尼魚市場
Sydney Fish Market 8-9

新南威爾斯美術館
Art Gallery NSW F2-1 & 8-18

塔龍加動物園
Taronga Zoo 11-5

黃金海岸

Surfers Paradise 區
Q1 Gold Coast 12-12

天堂購物中心
Paradise Centre 12-17

布里斯本

South Brisbane 區
South Bank Parklands 13-4

塔斯曼尼亞

Hobart 區
Barilla Bay Oysters 14-6

東澳洲新事

1 悉尼藝文新地標 Sydney Modern Project

MAP 8-1 G1

交： St James 火車站步行 10 分鐘即達

澳洲重要的藝文基地Art Gallery of NSW，斥資3.5億澳元新建的美術館名為Sydney Modern Project，剛於2022年底啓用；新建築佔地超過7,000平方米，除了有全天候開放的戶外藝術花園，展出三位俏皮的青銅人以及草間彌生的作品之外，場內7個展區均各具特色，其中Yiribana Gallery展廳可見澳洲原住民及Torres Strait島民的藝術作品，為悉尼這個大城市帶來濃厚的藝術氣息。另外隱藏在地下室的The Tank，也是場中的亮點之一，由二戰的海軍儲油罐改建而成，保留了7米高的圓柱狀管線，散發一股神秘色彩。

草間彌生的作品《Flowers that Bloom in the Cosmos》。

以澳洲原住民及Torres Strait島民為主題的展廳。

Making Worlds展廳入口掛上52塊顏色各異的窗戶。

The Tank保留了具歷史的圓柱狀管線，充滿神秘色彩。

新館的注目展品，洛杉磯藝術家Samara Golden的《Guts》。

全新的藝術花園，是結合景觀、戶外裝置藝術的空間。

地址：Art Gallery Road, Sydney NSW　**電話**：61-2-9225 1744
費用：免費　**網頁**：https://www.artgallery.nsw.gov.au/
營業時間：10:00am-5:00pm

東澳洲新事

2 河畔船上餐廳 Arbory Afloat

MAP 1-7 F3

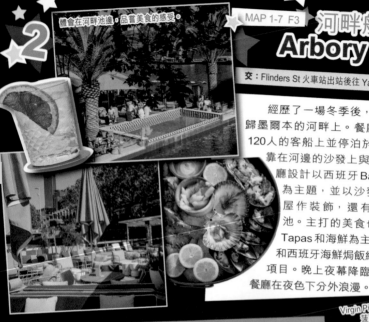

交：Flinders St 火車站出站後往 Yarra River 步行約 2

體會在河畔池邊，品嘗美食的感受。

經歷了一場冬季後，Arbory Afloat 歸墨爾本的河畔上。餐廳建在一艘能120人的客船上並停泊於Yarra河岸，靠在河邊的沙發上與朋友小酌一杯廳設計以西班牙Balaeric海灘俱樂為主題，並以沙發床、棕櫚樹和屋作裝飾，還有很Chill的露天池。主打的美食也是以西班牙Tapas和海鮮為主，海鮮拼盤和西班牙海鮮焗飯絕對是必吃項目。晚上夜幕降臨時，水上餐廳在夜色下分外浪漫。

Virgin Pina Colada 菠蘿味沙冰。

地址：Yarra River, 2 Flinders Walk, Melbourne VIC 3000
電話：61-3-9629 1547 營業時間：11:00am-1:00am
網頁：https://www.arboryafloat.com.au/

3 黃金海岸新建築閃亮登場 The Langham Gold Coast

MAP 12-6 D5

交：乘 G:link 輕鐵於 Florida Gardens 站下車步行約 7 分鐘

最近前往黃金海岸的人，一定會被那三座高聳大樓吸引到你的眼球。The Jewel Residences（珠寶三塔）是集酒店及公寓為一體的建築，包括512間住宅、169間五星級度假酒店。三棟塔樓高分別為45層，41層和35層，已經成為黃金海岸新一代的地標建築，是當地近30年來最大的海岸發展項目。

地址：38 Old Burleigh Road, Surfers Paradise QLD 4217 電話：61-7-5638 8888
費用：雙人房 AUD468 網頁：https://www.langhamhotels.com/

MAP 12-6 D4

4 8間名店食肆進駐 Paradise Centre

交：乘 G:link 輕鐵於 Cavill Avenue 站下車步行約 2 分鐘

Surfers Paradise一向是黃金海岸最熱門的海邊度假勝地，距離Surfers Paradise海灘只有2分鐘步行路程的Paradise Centre商場，於2022年秋季迎來全新的餐飲空間，包括新派型格泰菜館Nahm Talay Thai、著名雪糕店Gelato Messina、Hero Sushi 迴轉壽司、TGI Fridays旗艦店、墨西哥美食名店El Camino Cantina等8間風味十足的食肆，絕對是品嘗美食的一大熱點。

Nahm Talay Thai供應的泡沫球雞尾酒，視覺效果豐富，不過打卡要快手。

地址：Cavill Ave, Surfers Paradise QLD 4217
電話：61-7-5592 0155
營業時間：9:00am-10:00pm（各店營業時間不一）
網頁：https://www.paradisecentre.net.au/

MAP 12-6 D2

4 全澳首座木質過山車駐 Sea World Leviathan

交：由 Surfer Paradise 或 Braod Beach 乘坐 750 號巴士約 15 分鐘即達

黃金海岸的Sea World於2022年秋季加入了兩項新的設施，包括刺激的木質過山車「Leviathan」，它是全澳80年代以後首座木質過山車，高32米，總長約1千米，時速達80公里。另外還有飛天鞦韆「Trident」，將你升至52米的高空，在雙腳懸空的狀態下感受一個接一個的旋轉，讓你盡情在空中盪鞦韆。

地址：Sea World Dr. Main Beach Queensland 4217
電話：61-133386
營業時間：9:30am-5:00pm（每日時間不定）
費用：成人 AUD129，3-13 歲 AUD119 * 網購有折扣
網頁：https://seaworld.com.au/

10 大澳洲必看動物

澳洲是公認的自然天堂，據統計澳洲擁有超過 378 種哺乳類動物、828 種鳥類、4,000 種魚類、300 種蜥蜴、140 種蛇類、兩種鱷魚，以及約 50 種的海洋哺乳類動物。其中超過八成的植物、哺乳類、爬蟲類和蛙類是澳洲特有的品種。遊澳洲，探訪這些珍貴的本土動物是常識吧！

01. 樹熊 (Koala)

樹熊(或稱無尾熊)肯定是澳洲動物界至萌人氣榜的榜首。在澳洲氣候溫和的東海岸沿線地區，都可以看到樹熊的蹤跡。尤加利樹是樹熊主要的食糧，因為樹葉有毒性，所以沒有其他動物和牠們爭吃。樹熊每天至少要睡 18 小時，其餘時間就是進食。由於新陳代謝較慢，樹熊的動作亦非常緩慢，呆呆的外表贏盡全球人類寵愛。不過全澳洲只有昆士蘭及維多利亞州可以抱樹熊，其他地方遊客只能遠觀而不許有「肌膚之親」!

02. 袋鼠 (Kangaroo)

袋鼠可算是澳洲土生最具代表性的動物，無論是國旗、貨幣、商業機構甚至軍隊，都會選用袋鼠為標誌。全澳洲的袋鼠多達 55 種，數量估計達三千萬至六千萬，所以國家容許捕獵野生袋鼠以控制「鼠口」! 不同種類袋鼠的體型和重量相差極大，由半公斤到重達 90 公斤皆有，而且分佈極廣，幾乎在澳洲任何地方都會見牠們的蹤影。

03. 塔斯曼尼亞袋獾 (Tasmanian Devil)

塔斯曼尼亞袋獾雖然只有小狗的大小，但個子細細卻非常凶猛，更是世界上最大的食肉有袋動物。顧名思義，塔斯曼尼亞袋獾生於塔斯曼尼亞，一到晚間，牠們便會發出尖叫和魔鬼般的咆哮，所以被冠以惡魔(Devil)之名。

05. 笑翠鳥 (Laughing Kookaburra)

笑翠鳥棲息在澳洲東部和西南部繁茂的森林，每逢早晨及黃昏時，都會發出人類般的歇斯底里笑聲，因而得名。澳洲人非常喜愛此種鳥，甚至在2000年悉尼奧運也以牠作其中的吉祥物。

04. 鴯鶓 (Emu)

若問香港人，十個有九個都把鴯鶓錯認為鴕鳥。雖然鴯鶓和鴕鳥都是巨鳥，不過鴕鳥體型一般比鴯鶓巨大，但最易認還是鴯鶓的翅膀較小及有三隻腳趾(鴕鳥只有兩隻)。而更重要的，是鴯鶓乃澳洲土生生物，所以在50分的澳幣上，都印上鴯鶓和袋鼠的模樣。

2000年悉尼奧運選上了笑翠鳥、鴨嘴獸和針鼴鼠作吉祥物。

06. 鴨嘴獸 (Platypus)

鴨嘴獸和針鼴鼠是澳洲唯二的單孔目動物，牠們因消化、生殖和泌尿管道同為一口而得名。鴨嘴獸的棲地在澳洲東部地區和塔斯曼尼亞，外表雖然笨拙可愛，但原來牠們是有的毒哺乳類動物，雄性的後肢尖刺可分泌有毒物質，人類被刺到會產生劇痛，甚至無法動彈。

07. 針鼴鼠 (Echidna)

針鼴鼠外表和箭豬(刺蝟)非常相似，身體都是長滿針刺，牠和鴨嘴獸都是僅有的單孔目動物。

針鼴鼠以螞蟻及白蟻為食糧，牠細長的口鼻部雖沒有牙齒，卻可以撕開軟木或蟻丘，再以長長的黏性舌頭捕捉獵物。南澳洲的袋鼠島(Kangaroo Island)，是針鼴鼠主要棲息的地方。

08. 灣鱷 (Saltwater Crocodile)

因為鱷魚先生的推廣，令澳洲鱷魚近年大受關注。澳洲本土的鱷魚品種主要是灣鱷，俗名為鹹水鱷，是目前世界上最大的爬行動物。野生鱷魚分佈在澳洲北部沿海一帶如昆士蘭省北部、北領地，甚至西澳也見蹤影。雄性鱷魚成年後體長可達5米，最大6米以上，體重可達300公斤至400公斤，最大超過1000公斤以上，非常嚇人。

同場加映：6大必去動物園

昆士蘭

01. 龍柏樹熊保護區 (Lone Pine Koala Sanctuary)

世界上最大的樹熊保護區，裡面住著超過 100 隻樹熊和各種不同的澳洲野生動物。

地：708 Jesmond Road, Fig Tree Pocket, Qld 4069
電：61 7 3378 1366
時：9:00am-5:00pm
費：成人 AUD49，小童 AUD35
網：http://www.koala.net/

02. 澳洲動物園 (Australia Zoo)

又稱為「鱷魚先生的家」(Home of the Crocodile Hunter)，鱷魚先生Steve Irwin開設，教育與保育並重，動物園設計了不同活動，藉以拉近人和動物的距離。

地：1638 Steve Irwin Way, Beerwah, QLD 4519
電：61 7 5436 2000
時：9:00am-5:00pm
費：成人 AUD59.5，小童 AUD39.95
網：http://www.australiazoo.com.au/

塔斯曼尼亞

03. 塔斯曼尼亞動物園 (Tasmania Zoo)

塔斯曼尼亞最大的野生動物園，內有超過 80 種物種，包括澳洲鳥類、企鵝、鱷魚、袋熊、針鼴鼠、袋鼠、袋鼬、爬蟲類等，是最適合與袋獾近距離接觸的地方之一。

地：1166 Ecclestone Rd, Riverside TAS 7250
電：61 3 6396 6100
時：9:00am-4:30pm
費：成人 AUD35.5，小童 AUD21
網：http://www.tasmaniazoo.com.au/

09. 袋熊 (Wombat)

袋熊雖不及樹熊般聞名，不過胖乎乎的外表，kawaii度亦相當高。牠們生活於澳洲東南部及塔斯曼尼亞的森林，以草、樹皮及樹根為食物。袋熊的新陳代謝非常的慢，所以牠們一般的行動也很慢，但當遇上危險時，逃走速度可達40km/h，不過只能維持90秒，相當搞笑。

10. 兔耳袋狸 (Greater bilby)

兔耳袋狸外形極似老鼠，不過牠屬狸科，因有著長長的耳朵而得名，雄袋狸約有兔的大小，最重可以達3.7公斤。兔耳袋狸多棲息於澳洲西北部和中部，由於皮毛柔亮，曾一度被大規模獵殺，更險遭絕種，所以今天已被列為受保護動物。威廉王子夫妻訪澳時，曾攜喬治小王子至悉尼的Taronga Zoo，參觀一隻以喬治命名的兔耳袋狸。

維多利亞

04. 墨爾本動物園（Melbourne Zoo）

澳洲最早的動物園，同時也是世界上最棒的動物園之一。園內以自然棲息地和圍籬區形式，展出約 350 種動物。

地：Elliott Ave, Parkville VIC 3052
電：61-3-9285-9300
時：9:00am-5:00pm
費：成人 AUD42；0-15 歲小童免費
網：http://www.zoo.org.au/

新南威爾斯

05. 塔隆加動物園（Taronga Zoo）

擁有位處悉尼海港的絕佳位置，是每位造訪悉尼的旅客的重點行程之一。塔隆加動物園展出超過 2,600 隻、約 340 種的動物。

地：Bradleys Head Rd, Mosman NSW
電：61 2 9969 2777
時：9:30am-5:00pm
費：成人 AUD45.9，4-15 歲小童 AUD35.1，長者 AUD37
網：https://taronga.org.au/taronga-zoo

北領地

06. 鱷魚主題公園（Crocosaurus Cove）

位於北領地達爾文（Darwin）的鱷魚主題公園，是與自然界中最可怕的生物——巨鱷近距離接觸之處。遊客可以餵食世界上最大的鹹水鱷、和鱷魚寶寶一起玩自拍，進入「死亡之籠（Cage of Death）」潛入水中，與史前爬行動物面對面。

地：58 Mitchell St, Darwin City NT 0800
電：61 8 8981 7522
時：9:00am-6:00pm
費：成人 AUD38，4-15 歲小童 AUD23
網：http://www.crocosauruscove.com/

10大必買手信

澳洲的手信選擇比不上日本或韓國一樣多采多姿，不過既是公認的大自然國度，無論是食物、衣飾及護理保養品，一律講求健康天然，更以質優價廉享譽全球。

❶ 維吉麥 VEGEMITE

Vegemite 是一種澳洲獨有的深啡色塗醬，幾乎每個家庭都有一瓶。它是由釀酒的酵母加工而成，含豐富的維他命B，味道偏咸，有點像濃縮的蠔油，因此亦有「澳洲臭豆腐」之稱。雖然如此，澳洲人仍然喜歡每天用來塗麵包、餅乾。老實説，味道並非人人能接受，但特色卻十足！

購買地點：各大超市

Vegemite 280g，AUD 5.5

❷ 蜂蜜品種

推薦品牌：Nature Care

澳洲和鄰國新西蘭都是蜂蜜產品的大國，兩國最著名的蜂蜜品種，都稱為麥盧卡(Manuka Honey)。雖然新西蘭的蜂蜜似較出名，有研究卻證實澳洲麥盧卡比新西蘭的功效高逾16%。

Nature Care是澳洲保養品的名牌，其Royal系列以真正Manuka Honey提煉，保證不會買錯。

購買地點：各大超市、藥房

Nature's Care Royal Manuka Honey MGO 220+ (UMF 12+) 500g，AUD 55

❸ 茶樹精油

推薦品牌：Thursday Plantation

Tea Tree並不是常見種茶葉的樹，這種樹源自新南威爾斯，澳洲的土著很早就懂得萃取其枝條及葉片，提煉出透明無色香，味很像松油及尤加利的精油。澳洲人視茶樹精油為萬能藥油，可治療傷風感冒、咳嗽、鼻炎、哮喘，改善痛經、月經不調及生殖器感染等功效。Thursday Plantation是當地最著名的茶樹精油品牌，以治暗瘡最有療效。

購買地點：各大超市、藥房

4 木瓜霜

推薦品牌：Lucas

無論蚊叮蟲咬、燙傷、割傷、曬傷，甚至乾燥爆拆，或者當作潤唇膏，用途非常廣泛的木瓜膏有著過百年歷史，是澳洲人家中必備的良藥。最重要是價錢非常相宜，買回來派街坊，一定啱用！

購買地點：各大超市、藥房

Lucas Papaw Ointment 25g，AUD5.99

5 護手霜

推薦品牌：JURLIQUE

澳洲天然品牌Julique 的皇牌玫瑰系列是女士們的至愛，無論保濕噴霧、眼霜或Hand Cream 都有極佳評價，雖然香港價錢並沒有比澳洲貴很多，但假如遇上匯率低的時候，不妨去入貨！

JURLIQUE_Rose Hand Cream 40ml，AUD32

6 羊毛靴

推薦品牌：UGG

羊毛靴又稱Ugly Boots，在澳洲到處都有售，而且價廉物美，但注意坊間有很多不同牌子，看清楚是否真羊毛及澳洲製造，因為假羊毛分分鐘會「焗臭腳」。 UGG在澳洲各地都有專門店，不過到Outlet買會更划算。

購買地點：百貨公司、UGG專門店及Outlet

CLASSIC TALL UGG，AUD185

Fabulous Face Oil 25ml，AUD57

7 護膚品

推薦品牌：Aesop

澳洲有不少聲稱採自純天然植物的護膚品，以Aesop最具代表性。它的宣傳不多，連產品外形也崇尚簡約，只簡單地印上產品名、成分、使用方法。她的有機草本護膚品帶點草藥的氣味，全部使用當季的新鮮材料，試過就知與別不同！

購買地點：各大超市、藥房

Australian Emu Oil Moisturising Cream 250g，AUD3

8 鴯鶓油

推薦品牌：Australian Emu oil

鴯鶓 Emu 是澳洲土生的巨鳥，由鴯鶓提煉的鴯鶓油也算是澳洲獨有的土產手信。鴯鶓油含豐富維生素A、C、D、E及多元不飽和脂肪酸，容易深入滲透到肌肉組織，令到皮膚更加柔軟，延緩皮膚老化，對護髮和育髮，也很有幫助。

購買地點：各大超市、藥房

9 羊脂膏

推薦品牌：G&M

羊脂膏(Lanolin Cream)是從天然羊毛精煉出來的油脂，滋潤吸收而且不油膩，是乾燥冬天的恩物。在澳洲有很多不同牌子的羊脂產品，平如G&M或貴如Lanocreme等，功效都是大同小異，除此之外亦有一系列的副產品如Hand Cream、潤唇膏等，價格都非常便宜。

Australian Lanolin Oil Cream 250g，AUD3

10 運動內衣

推薦品牌：Lorna Jane

澳洲著名的時裝品牌不多，但Lorna Jane就以女生運動服飾，特別是運動內衣打響名堂，連Do姐在《Do姐去Shopping》都要往舖頭購瑜伽運動衣。Lorna Jane服飾的包覆性、支撐度與穩定性都非常出色，加上款項選擇又多，所以成為女生至愛。

購買地點：Lorna Jane專門店

CRAZED SPORTS BRA，AUD5.5

入貨勝地：
Chemist Warehouse

Chemist Warehouse有如香港的萬寧或屈臣氏，總有一間喺左近，無論化妝品、護膚品至補養品一律有齊，澳洲出名的保健品品牌如Blackmores、Bioglan、Swisse、Nature's Own、Nature's Way等都輪流在這裡推廣及打折，店內更有藥劑師駐場，可諮詢他們意見後才入貨。

網站：
http://www.chemistwarehouse.com.au/

10大親子樂園

1 SEALIFE Melbourne Aquarium

交 墨爾本電車 35、70、75 號於 The SEA LIFE Melbourne Aquarium 車站下車，或於弗林德斯火車站 (Flinders St Station) / 南十字星火車站 (Southern Cross Station) 步行 10 分鐘

墨爾本海洋生物水族館位於美麗的亞拉河畔，是維多利亞州首屈一指的觀光勝地。館內設有 12 個精彩主題探索區，由海上玩到陸上，為全家老少帶來難以忘懷的遊玩經歷。這裡生活著數以千計的水生動物，包括澳洲體型最大的鹹水鱷、全球種類最豐富的海馬和葉龍群，以及威風端莊的王企鵝和巴布亞企鵝。

地：King St Melbourne VIC 3000
電：61-180026-576
時：9:30am-5:00pm
費：網上訂票價成人 AUD47，3-12 歲小童 AUD32
網：https://www.melbourneaquarium.com.au/

2 Luna Park Melbourne

交 墨爾本電車 16 或 96 號在 Luna Park/The Esplanade (St Kilda) 站 (Stop138) 下車即達

月亮公園是澳洲「土生土長」的主題樂園，墨爾本的月亮公園開業於1912年，公園已有超過100歲高齡，不過絕對是「老當益壯，與時並進」。主題樂園必備的機動遊戲如過山車、海盜船、跳樓機等都有供應。整體而言月亮公園的機動遊戲較適合小朋友，所以也是一家同遊的好去處。

地：18 Lower Esplanade, St Kilda, Victoria, 3182
電：61-3 95 255 033
時：11:00am-8:00pm
* 每日營業時間均有變動，詳情以官網為準
費：單次遊戲票：4 歲以上及成人 AUD15、0-3 歲免費入場
任玩票：13 歲以上 AUD51.5、4-12 歲以上 AUD41.5、0-3 歲 AUD18
網：https://lunapark.com.au

3 Wildlife Sydney Zoo

交 乘火車於 Town Hall 站下車步行 20 分鐘

Wildlife Sydney Zoo及Sydney Aquarium都位於悉尼市內，交通非常方便。Wildlife Sydney Zoo園內有長達1公里的步道，穿梭9個不同區域，並飼養了超過130多個品種的獨特野生動物，如鶴鴕（Cassowary）及蜜袋鼯（Sugar Glider）等，還可安排與可愛樹熊共吃早餐！

地：1-5 Wheat Road, Darling Harbour, Sydney 2000
電：61-1-800-206-158
時：9:30am-6:00pm
費：網上訂票價成人 AUD48，3-15 歲小童 AUD36，長者 AUD39
網：www.sydneywildlifeworld.com.au

SEALIFE Sydney Aquarium 4

交 乘火車於 Town Hall 站下車步行 20 分鐘

Sydney Aquarium就在Wildlife Sydney Zoo隔籬，一天玩盡兩個地方慳時又省力。這個水底世界住著超過12,000隻共600多種海洋生物，而且全部可在澳洲水域找到牠們的踪影。遊客在這個濃縮的澳洲水世界內，可以輕鬆地了解到海洋百態。

地：1-5 Wheat Road, Darling Harbour, Sydney 2000
電：61-1-800-199-657
時：9:30am-6:00pm
費：網上訂票價成人 AUD51，3-15 歲小童 AUD38，長者 AUD41
網：www.sydneyaquarium.com.au

Warner Bros. Movie World 5

交 黃金海岸市內所有主要旅遊巴均可到達華納電影世界

華納兄弟電影世界是黃金海岸最具人氣的景點，在這裡你不但可以跟賓尼兔、必必鳥、蝙蝠俠等卡通及電影人物近距離接觸，亦有機會親身體驗多項驚險的機動遊戲。最近更增設 Villains Unleashed，集齊小丑等惡人同盟，讓遊客與他們為非作歹玩個痛快。

地：Pacific Motorway, Oxenford, Gold Coast, Queensland
電：61-7-5573 3999
時：9:30am-5:00pm(4 月 25 日澳紐軍人紀念日及 12 月 25 日休息）
費：網上訂票價成人 AUD119，3-13 歲小童 AUD109
網：www.movieworld.com.au

Scenic World

交 乘搭 CityRail 的 Blue Mountains 線，於 Katoomba 站下車，轉乘 Explorer Bus 於 Scenic World 站下車

悉尼近郊的藍山國家公園(Blue Mountains)一帶已被列入世界遺產的景區，是與大自然作親密接觸的好地方。而位於Jamison Valley 懸崖之上的Scenic World 車站，遊客可選擇4種不同欣賞藍山風景的交通途徑——Skyway、Cableway、Railway 及Walkway。這4條路線各有特色，不過無論你乘吊車抑或徒步，這兒的美景都肯定叫你刻骨銘心。

地：Corner Violet Street & Cliff Drive, Katoomba, NSW
電：61-2-4780 0200
時：9:00am-5:00pm
費：**Unlimited Discovery Pass**
成人 AUD 55 ; 3 至 13 歲小童 AUD 33
網：www.scenicworld.com.au

黃金海岸及布里斯本

Sea World

交 由黃金海岸衝浪者天堂或布羅德海灘乘坐 750 號巴士約 15 分鐘即達

黃金海岸一帶有5個著名主題樂園，其中以Sea World交通最方便，也是最講究娛樂與保育並重的公園。海洋世界最精彩的，首推海豚和海豹的表演。其他的海洋生物如企鵝、鯊魚，甚至極地的北極熊也可近距離觀賞。樂園也設有嬉水公園，歡迎遊客親身感受黃金海岸碧海藍天的魅力。

地：Sea World Drive, The Spit, Main Beach
時：9:30am-5:00pm
費：網上訂票價成人 AUD69，長者及 3-13 歲小童 AUD49
網：http://www.seaworld.com.au

8 Dreamworld

交 在布里斯班與黃金海岸之間，臨近庫莫火車站 (Coomera Railway Station)，提供穿梭巴士服務

Dreamworld是澳洲最大的主題公園，不但有驚險刺激的冒險遊戲，最令人難忘還有互動教育式的野生動物園區。與其他動物園不同，在這裡你可以抱著樹熊、攬著袋鼠拍照；也可一邊撫摸山羊，一邊餵牠們飲奶；更可以近距離接觸孟加拉虎，單是與澳洲的土生動物嬉戲，已足夠讓你消磨整個下午。

地：Dreamworld Parkway, Coomera, Queensland
電：61-7-5588 1111
時：10:00am-5:00pm（12月25日及4月25日澳紐軍人紀念日休息）
費：網上訂票價成人 AUD99，3-13歲小童 AUD89
網：www.dreamworld.com.au

9 Tangalooma Island Resort

交 乘火車於 Bunour 站下車，轉乘的士至 Tangalooma Launches 碼頭轉船前往摩頓島

Tangalooma Island Resort位於布里斯本近郊的摩頓島（Moreton Island），是島上唯一的度假村，其中焦點項目便是夜間餵飼海豚。每到入黑時分，便會有大概10條野生的寬吻海豚，游到碼頭旁的海灘淺水處，等待工作人員和住客的晚餐。此外，島上還有很多戶外活動，包括在沙丘上滑沙、在海灘和樹林內玩四驅車等，足夠一家大細在島上住兩三晚玩個夠本。

地：Tangalooma, Moreton Island QLD 4025
電：61-13-0065 2250
費：度假村提供不同的住宿及活動套票，由 AUD89 起
網：www.tangalooma.com

10 Curringa Farm

交 在 Hobart 市自駕或乘的士前往

Curringa Farm 於1828年創辦，至今已轉形為生態旅遊農莊，設有多款農場短期體驗。客人不但有機會餵羊、植樹，更可親睹極速剪羊毛技術。行程又有趕羊示範及農場導覽，可趁此機會見識莊園內的可愛動物。

地：5831 Lyell Highway, Hamilton, Tasmania
電：61-3-6286 3333 / 61-3-6286 3332
時：導賞團由 10:00am-4:00pm
費：導賞團：（成人）AUD 75、（小童）AUD 35；住宿：每晚 AUD 275 (2 人房)
網：www.curringafarm.com

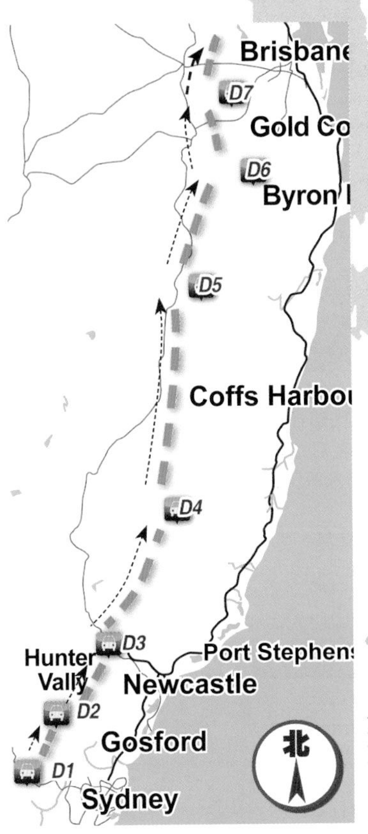

自駕遊 精選路線

新南威爾斯太平洋海岸旅遊路線

1. Pacific Coast Touring Route NSW

特色 從新南威爾斯的悉尼到昆士蘭的布里斯本，沿著中部海岸（Central Coast）進發，經過遼闊的海灘、寧靜的鄉村、酒莊、熱帶雨林以及多座死火山，人文地貌元素通通有齊。由於途經景點眾多，雖然路程不算長，也建議以7天時間每天駕駛1-3小時完成，確保有足夠時間感受澳洲東岸的風土人情。

Sydney → Central Coast

84公里
車程
約1.5小時

• **Gosford**

悉尼近郊Gosford的Australian Reptile Park看到如鴨嘴獸、袋熊、袋獾、澳洲犬和短吻鱷等珍罕澳洲本土野生動物，也可在Pelican Plaza岸邊體會餵塘鵝的樂趣。

• **Glenworth Valley**

遊客可以參加約2個半小時的騎馬團，全程由導師引領，穿過森林溪澗、叢林草地，享受大自然環境和騎馬的樂趣。

中部海岸 →Newcastle →Hunter Valley

180公里
車程
約2.5小時

• **Newcastle Harbour**

漫步皇后碼頭（Queens Wharf），在附近隨意挑選一間咖啡室鬆弛一下，享用午餐。

• **Hunter Valley**

獵人谷內有超過100個葡萄園，遊客可以品嘗該地區頂級的Semillion與Shiraz紅酒，也可預約到區內著名酒莊如McGuigan、Tyrrell、Tulloch以及Drayton參觀及選購佳釀。

Day 3

Hunter Valley →Port Stephens

154公里
車程約2小時

• Nelson Bay

Nelson Bay是斯蒂芬港著名的度假天堂，遊客可乘坐遊艇與瓶鼻海豚並肩同行，在飛行角（Fly Point）潛水或浮潛到其它海洋生物中間，然後跳上渡輪暢遊鷹隼巢（Hawks Nest）。

• Tomaree Headland

騎四輪摩托車或駕駛四驅車征服斯托克頓海灘（Stockton Beach）廣闊的沙丘。

Day 4

Port Stephens →Coffs Harbour

334公里
車程
約4小時

• Barrington Tops

從斯蒂芬港口出發，可先駛入內陸被列入世界遺產名錄的巴靈頓高地，在這裏遊客可以遠足，玩激流漂筏穿過亞熱帶雨林，並觀賞多座死火山。

• South West Rocks

South West Rocks是潛水、浮潛，或是進行深海釣魚的好去處。鄰近的Nambucca Heads白色海灘人煙稀少，適宜在此鬆弛一下。

Coffs Harbour →Byron Bay

239公里
車程
約3.5小時

• The Big Banana Fun Park

Coff Harbour附近的主題樂園The Big Banana Fun Park已有超過50年歷史，old school得來卻極有童真！

• Clarence River

在迷人的鄉氣城市Grafton停下來喝一杯咖啡，到Clarence River乘船與海豚同行，再乘古老的蒸汽火車穿越Glenreagh的群山。

Day 6

Byron Bay →Gold Coast

88公里
車程
約1.5小時

• Cape Byron

5月到11月間在拜倫角步行道（Cape Byron Walking Track）散步，有機會觀看鯨魚一年一度的遷徙。亦可到拜倫角海洋公園（Cape Byron Marine Park），在座頭鯨、海龜和海豚身邊浮潛。

• Surfers Paradise

黃金海岸最著名的沙灘，近42公里的海面下都是綿軟的沙子，一點礁石都沒有，平滑的海底既能輕易形成海浪，衝浪者摔下也不易受傷。而沙灘旁的酒吧、食肆及酒店林立，絕對是度假者的天堂。

Gold Coast →布里斯本

83公里
車程約1小時

• Warner Bros. Movie World

來到這個以華納電影為主題的樂園，遊客不但可以跟賓尼兔、必必鳥、蝙蝠俠等卡通及電影人物近距離接觸，更有機會親身體驗多項驚險的機動遊戲。

• Dreamworld

澳洲最大的主題公園，不但有驚險刺激的冒險遊戲，還有互動教育式的野生動物園區。在這裡你可以抱著樹熊、攬著袋鼠拍照；也可一邊撫摸山羊，一邊餵牠們飲奶。

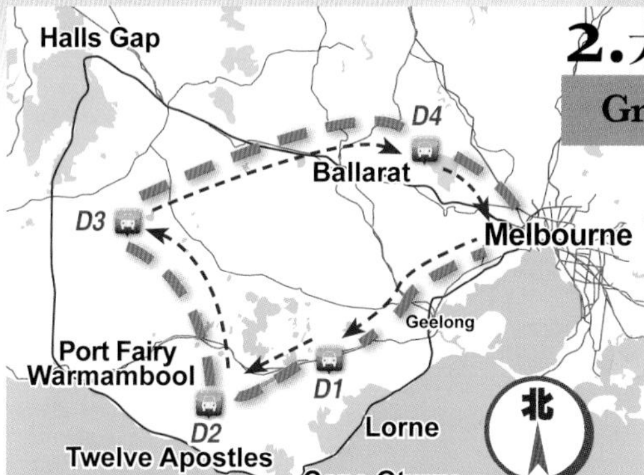

2.大洋路

Great Southern Touring Route

特色

由墨爾本出發，穿過托爾坎（Torquay）和貝爾斯海灘（Bells Beach），直抵宏偉的十二門徒岩（Twelve Apostles），然後再折返穿過奧特威國家公園（Otway National Park）的瀑布和茂盛的森林，還有機會尋訪格蘭平（Grampians）的原住民歷史和巴拉瑞特（Ballarat）的淘金熱遺跡，最後以墨爾本為終點。

Day 1

墨爾本 →Lorne

143公里
車程約2.5小時

• **Geelong**

鄰近墨爾本的港口小鎮，遊客可以沿該市海岸漫步，感受海濱風情。

• **Torquay**

托爾坎是著名的衝浪小鎮，擁有世界上最大的衝浪博物館Surfworld Museum。

Day 2

Lorne → Cape Otway → Twelve Apostles →Port Fairy

253公里
車程
約4.5小時

• **Cape Otway**

奧特威角燈塔（Cape Otway Lighthouse）已有150年歷史，在那裡可遠眺分隔澳洲大陸及塔斯曼尼亞的巴斯海峽(Bass Strait)風光。

• **Twelve Apostles**

大洋路上的奇石景色中，以十二門徒石（The Twelve Apostles）最具代表性，這些奇石有逾2,000萬年歷史，最高的一塊門徒石約有65米，絕不可錯過。

Day 3

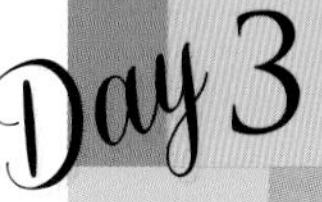

Port Fairy → Halls Gap

157公里
車程
約2.5小時

• **Halls Gap**

Halls Gap由仙境山脈（Wonderland Range）和威廉山脈（Mount William Range）包圍。這裡從五星級別墅到僅有基本設施的露營地，各類住宿應有盡有。遊客也可在布朗巴克文化中心（Brambuk Cultural Centre）了解當地原住民多樣的文化，並隨遊覽團參觀古老的原住民岩畫遺址。

Day 4

Halls Gap→Ballarat→墨爾本

253公里
車程
約3.5小時

• **Ballarat**

19世紀時，墨爾本出現淘金熱，而Ballarat的Sovereign Hill，就是當時最著名的淘金城市。今天Sovereign Hill仍保留大量維多利亞時代的建築、博物館及淘金設施供人懷緬。

3. 塔斯跨島遊路線

Tasmania Touring Route

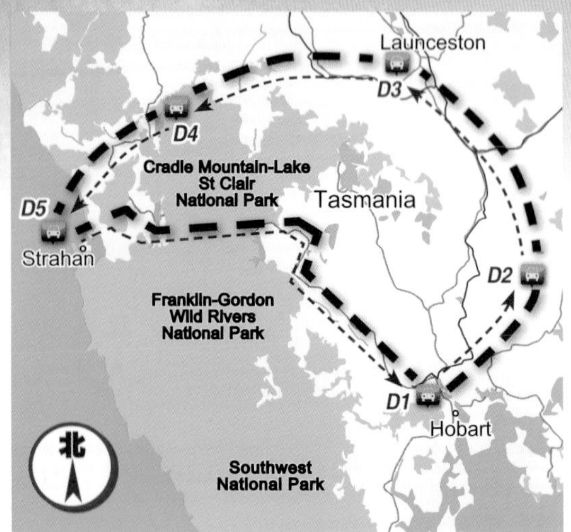

特色

貫穿東南西北，由荷伯特開始沿岸到朗塞斯頓，途中經過著名的酒杯灣，而且附近不同的農場以出產各類天然產品著名，包括酒莊、蜜糖、芝士、果醬、三文魚等，再繞過搖籃山返回荷伯特，每天駕駛3小時左右，適合只打算暢遊塔斯曼尼亞的朋友。

Day 1

184公里
車程
約2.5小時

Hobart→Coles Bay

- **Freycinet National Park**

前往到全球十大美麗海灣之一的酒杯灣（Wineglass Bay），欣賞完美地形輪廓。Cape Tourville白色燈塔，觀看壯觀的海岸線風景。再到附近著名蠔場Freycinet Marine Farm，品嘗新鮮生蠔及青口。

- **Swansea**

在天鵝海（Swansea）附近停下來，享用Kate's Berry Farm全年供應的莓果雪糕、薄烤餅、果醬及果酒。

Coles Bay→Launceston

Day 2

184公里
車程
約2.5小時

- **Launceston**

Tasmania第二大城Launceston，隨處可見19世紀殖民時期的歐風建築，相當有看頭。

- **Cataract Gorge Reserve**

在峽谷保護區，可以由著名的King's Bridge開始沿著連綿不斷的石崖邊走，欣賞South Esk River河道，亦可乘坐吊車Basin Chairlift，來往兩邊山頭。

- **Bridestowe Lavender Estate**

南半球最大薰衣草園，於每年11月至1月間盛放，園內可買到限定的薰衣草雪糕及護膚品等。

Day 3 Launceston→Cradle Mountain

154公里
車程
約2小時

• Mole Creek

Mole Creek一帶共有兩個溶洞點，一個是King Solomons Cave，而另一個Marakoopa Cave目前關閉維修中。King Solomons溶洞每日都有導賞團帶領，亦可順道到Trowunna Wildlife Park，找到各種野生動物，如Tasmania Devil、Wombat、袋鼠等的蹤跡。

• Ashgrove Cheese Farm & Melita Honey Farm

Ashgrove Cheese Farm是芝士工廠，特別之處是用傳統人手做英式芝士，設有戶外用餐區。Melita Honey Farm有逾50種蜂蜜，包括紅番椒蜂蜜和塔斯獨有的革木蜂蜜（Leatherwood）。另外附近亦有三文魚農場及有新鮮莓果的Christmas Hills Raspberry Farm。

• Sheffield

原本是個農業生產小鎮，經過時代變遷，利用壁畫來訴説歷史，其中有不少壁畫是利用3D立體彩繪的方式呈現，成為壁畫小鎮。

Day 4 Cradle Mountain→Strahan

153公里
車程
約2小時

• Cradle Mountain

搖籃山位處於海拔1,545米之上，要登頂最少要花上8個小時，而山下有個鴿子湖（Dove Lake），環湖有多條行山路線，沿途風景優美。晚上亦可參加Tour，尋找夜行動物的蹤影。

• Strahan

乘坐Gordon River Cruise，航行穿過荒原世界遺產區（Wilderness World Heritage Area），欣賞2,000年樹齡的候恩松樹，最後在Sarah Island登岸參觀，1822至1833年期間曾有1,200名囚犯被禁於這小島。

• Bonnet Island 參加 Bonnet Island Penguin Tour，極近距離觀賞企鵝回巢的情景。

• Henty Dunes 無邊無際的沙漠地面貌，適合租一塊Sand Board 或者長橇（Toboggon）玩滑沙。

Day 5 Strahan→Hobart

321公里
車程
約4.5小時

• Curringa Farm

著名的生態旅遊農莊，亦設度假村屋可供住宿。園主Tim還會親自表演剪羊毛及牧羊犬趕羊示範。

• Mount Wellington

Mt.Wellington距離Hobart 30分鐘車程，高1,270米，山上可以俯瞰市中心全景。

• Hobart

必到市中心Salamanca Market，購買當地工藝品及農產品作手信，感受當地文化縮影。

路牌提示

澳洲的交通標誌跟香港大同小異，但也有一些比較特別的，駕駛者要格外注意。

1. 規則標誌

必須右轉

右邊車道上的所有車輛
都必須右轉

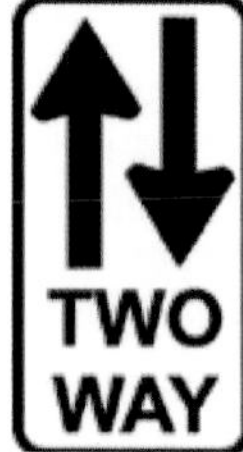

相反方向行車

不准左轉

不准掉頭轉彎

必須保持在本標誌的右側

2. 警告標誌

前方道路將突然
下坡或上坡

前面可能水浸

駛到道路盡頭後
必須讓路予其他車輛

前面可能有牲畜
過馬路

前方道路將有
向左的迴轉彎道

分叉道路
於前方終止

駛近前面的山坡時
將不能看見前面的
安全距離

前面道路有鐵路
鐵路是一排橫跨道路的
金屬橫條

3. 高速公路標誌

公路出口

高速公路起點

高速公路終點

現在駛離高速公路

4. 其他標誌

學校地帶
指定時間內時速限制為40公里

地方交通區，如民居等地方
時速限制為40公里

輕軌車道
只准輕軌電車行駛

應讓予打信號燈正要
駛出停車位置的公共汽車

僅供獲授權的公共汽車和
服務車輛使用的專用車道

指行人、騎自行車者及其他車輛
可以安全共用的街道，
其時速限制為10公里

袋鼠出沒注意！

這個提醒司機附近有袋鼠出沒的路牌，相信只會在澳洲才見得到。當地人提醒，駕車時若見到袋鼠衝出馬路，必須謹記以下3點：

1. 切勿扭軚；
2. 切勿響按，因為這會令袋鼠受驚或好奇，停下來跟你對望；
3. 不要急煞車，因為後面的車輛也會收掣不及。

遇到袋鼠衝出來，唯一的方法就是收油，好讓牠們順利過馬路。

實用網址

Roads and Traffic Authority（**RTA**）
網址：www.rta.nsw.gov.au

National Roads and Motorists Association（**NRMA**）
網址：www.nrma.com.au

東澳本土市場特集

Melbourne

南半球最大市場 Queen Victoria Market

MAP 1-7/ **E1**

墨爾本3大市場之一

交： 乘 58 號電車於 Queen Victoria Market/Peel St 站下車即達

整個市場面積足有7公頃，約半個九龍公園般大，由1878年登場至今，已逾140年歷史，是南半球最大的露天市場。這裡總共有千多個檔攤，從新鮮農產品、海鮮類、乾貨、成衣、工藝品及酒類等，幾乎每個家庭所需要的都找得到。不少商販已經營至第二、三代，被稱為「墨爾本人廚房」，是本地居民常到的一個市場。

看見蜂擁的人潮就知道自己身處Queen Victoria市場了。

地址：513 Elizabeth Street, Melbourne, Victoria
電話：61-3-9320 5822
營業時間：周二、四至五 6:00am-3:00pm、周六至 4:00pm、周日 9:00am-4:00pm（周一、三及公眾假期休息）
網頁：www.qvm.com.au

豪飲蠔食 South Melbourne Market

MAP 2-1/**B4**

交： 乘 96 號電車於 South Melbourne 站下車即達

面積雖不及Queen Victoria大，但同樣是墨爾本3大市場之一。食客追捧的目標絕對是新鮮即開的生蠔和海膽，價錢比香港平一大截，一打生蠔只需AUD20，還可以自由配搭，一次過試勻當地的生蠔品種。可以選擇口感Creamy的St. Helena，鮮甜的Coffin Bay及Backman Bay也是場內首選。市場的另一大特色是設有The Neff Market Kitchen烹飪班，邀請不同的澳洲名廚教大家烹調，為市場增添一股魅力。

地址：Corner of Coventry & Cecil Streets, South Melbourne, Victoria　**電話**：61-3-9209 6295
營業時間：周三、六至日 8:00am-4:00pm，周五至 5:00pm　**網頁**：https://southmelbournemarket.com.au

澳洲是天然的海產勝地，當地的農產品更是琳瑯滿目，逛市場自然大有看頭。穿梭在各地市場內，食肆與攤檔不絕，你會聞到陣陣的食物香味撲鼻，小攤子前擺賣著各式海鮮、Pizza、糕點；還有大堆本地居民自製的工藝品和生活雜貨，很多都是不外銷的手作，絕對是尋找本土滋味的好去處。

溫馨提示 每個市場的營業時間都不同，記準時間不要摸門釘。

美食大本營 MAP 4-0
Prahran Market

墨爾本3大市場之一

交：乘火車至 Prahran 站下車，步行約 6 分鐘；或乘 72 號電車於 Prahran Market Commercial Road 下車

由1864年營業至今，是墨爾本歷史最悠久的市場。場內分為蔬果、肉類及家品3大區域，貨品價格比其餘2個市場稍貴，但卻是3大市場中最高質的一個。這裡更經常舉辦活動，當中最有名的就是由The Cheese Shop Deli發起的芝士節(Say Cheese Festival)；此外，每逢周六下午3點，很多攤販會推出1澳元1袋的蔬果，4點半後更是海鮮大減價時段，別錯過！

Prahran Market是墨爾本3大市場中最具歷史的一個。

地址：163 Commercial Road, South Yarra, Melbourne, Victoria
電話：64-3-8290 8220
營業時間：周二、四至六 7:00am-5:00pm；周日 10:00am-3:00pm
網頁：www.prahranmarket.com.au

MAP 4-0 原創手作工藝
St. Kilda Sunday Market

周日限定

件件貨品都是自家製作和設計。

交：乘 16 號電車於 Luna Park 站下車

自1970年起，每逢周日St. Kilda海灘旁的The Esplanade大道上，聚集了逾百個本地藝術家擺檔，這裡成為他們發表和售賣作品的根據地。檔攤包括有木雕、現代畫、玻璃製品及循環再造的裝飾品等，幾乎每件都是人手製作，件件獨一無二。

檔主大多來自維多利亞州的工匠和藝術家，連曾經奪得奧斯卡最佳短片大獎的導演Adam Elliot，都在這裡待過5年，售賣其自家設計的T恤。

地址：The Esplanade, St. Kilda, Melbourne, Victoria **電話**：61-3-9209 6634
營業時間：10:00am-4:00pm(周日) **網頁**：www.stkildaesplanademarket.com.au

Rose Street市集色彩豐富的入口處。

藝文青愛本土
THE ROSE ST. ARTISTS' MARKET

MAP 3-1/**D2**

周六及日限定

交：乘電車 11、112 號至 Leicester St/Brunswick St 站即達

相較於市區的商店街，這個市集顯得很有工業風，很多街頭塗鴉散落在整區。Rose Street市集在2003年開始發展，雲集約70名藝術家，逢周末和周日在Rose Street街頭巷尾展銷他們的創作。當中的作品包括攝影作品、珠寶、繪畫、家居用品等等，都是他們的心血結晶。即使沒有買到手信，來這裡歎杯咖啡，感染一下藝術氣息也不錯。

這裡是藝術家們販售個人創意產品的地方。

區內的建築牆面，成為當地藝術家的畫布。

地址：60 Rose St, Fitzroy VIC 3065
電話：61-3-9419 5529
營業時間：周六及周日 10:00am-4:00pm
網頁：www.rosestmarket.com.au

校園周末市集 **MAP** 10-0/**C1**
Bondi Market

周日限定

交：在 Circular Quay 車站乘 380 或 333 號巴士，於 Campbell Pde Near Hall St 站下車

圍著校園建築物一圈有許多白色帳篷，攤販來自世界各地。

悉尼近郊的Bondi Markets，位於Bondi Beach Public School校園內。從古著、首飾、家品、手工藝品，到本地薑的自家設計都有。周六同樣地點亦會舉行農夫市集Bondi Farmers Market，市集的部分收入更會回饋給當地學校作教育計劃，買手信順便做善事，一舉兩得。

地址：Bondi Beach Public School, Warners Avenue, Bondi Beach, NSW
電話：61-2-9315 7011
營業時間：周日 9:00am-4:00pm
網頁：www.bondimarkets.com.au

MAP 7-6 魚市場蠔食
Sydney Fish Market

場外有露天座位，在陽光海風送爽下，品嘗滋味海鮮。

交：乘 Sydney Light Rail 於 Fish Market 站下車

悉尼魚市場是南半球最大魚市場，幾乎每一攤都有會說中文的店員，選好海鮮後可即場請店家製成刺身或烹調，不想煩的直接到熟食區，有各種琳瑯滿目的燒龍蝦、扇貝、蟹腳等熟食，非常壯觀。至於生蠔是一盒一盒賣的，每盒12顆約AUD20，也有半打生蠔出售，綜合海鮮拼盤亦是人氣之選，配搭龍蝦、生蠔、大蝦一盤AUD25.5。至於生蠔品種多不勝數，可選Pacific Oyster比較大隻，海水味較重；而Rock Oyster外形小而飽滿，吃落比較鮮甜。

每朝各地漁船會運來過百種海鮮作批發和零售，保證生猛新鮮。

場內的零售商都會同時提供煮食服務。

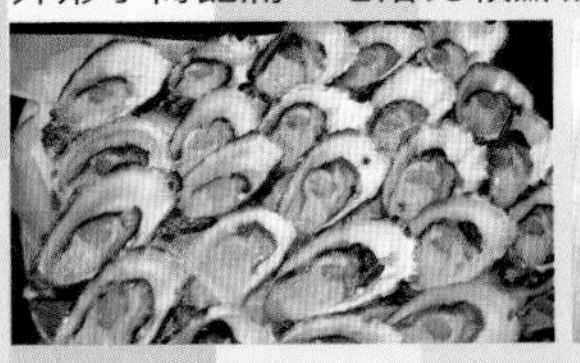

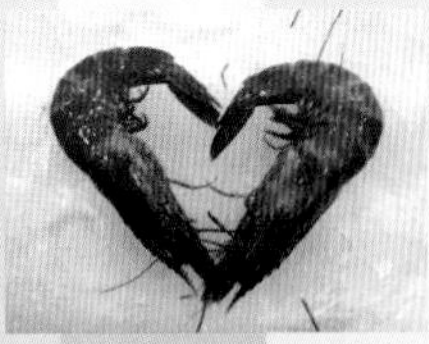

地址：Bank Street, Pyrmont, Sydney, New South Wales
電話：61-2-9004 1100
營業時間：7:00am-4:00pm（12 月 25 日休息））
網頁：www.sydneyfishmarket.com.au

跳蚤市場 Kirribilli Market

MAP 11-1A/**A2**

交：Milsons Point 火車站出站即達

統稱Kirribilli Market，坐落在北岸悉尼海港大橋旁的Bradfield Park一帶。在同一地點結合General Market與Art, Design & Fashion Market，只是不同時間舉行而已。General Market以售賣一手及二手時裝及首飾為主，現場還有各式文娛活動，如音樂表演、瑜伽班，甚至小朋友Playground。至於Art，Design & Fashion Market主要銷售原石藝術品、原木器皿與及玻璃製品，都是工匠們自家生產的手工藝品。

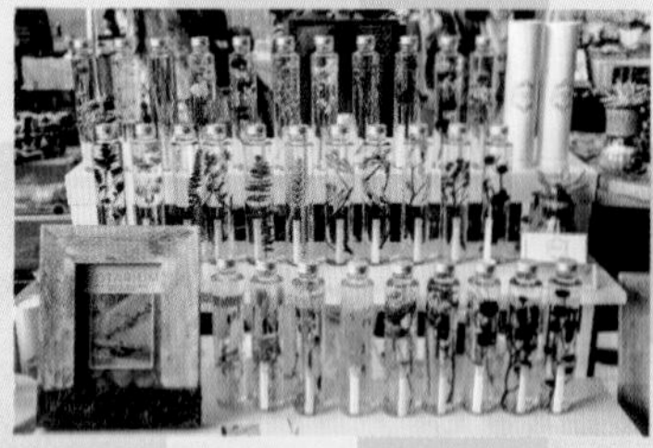

工匠們自家生產的製品，與流水線生產的商品大不同。

地址：Kirribilli Bowling Green, 68 (cnr Burton St) Alfred Street, Kirribilli, NSW
電話：61-2-9922 4428
營業時間：Kirribilli General Market：每月的第四個周六 8:30am-3:00pm；Kirribilli Art, Design & Fashion Market：每月第二個周日 9:00am-3:00pm
網頁：www.thekirribillicentre.org/kirribilli-markets

中高檔市集 The Rocks Markets

MAP 7-7/**C2**

交：Circular Quay 火車站步行 10 分鐘即達

The Rocks Markets位於悉尼最古老的城鎮中，是悉尼最具文化氣息的市集之一。入口處有一整排尖角帆布帳篷，相當注目。該處熙來攘往的街道上約有200多個攤位，出售各式小吃、服飾、手繪瓷器或首飾等，都是本土自家製作。部分貨品檔次較高，如果你喜歡有質感和獨一無二的手信，不妨來此處尋寶。

大街小巷不時有音樂與歌唱表演，充滿嘉年華的氣氛！

地址：Playfair Street, George Street & Jack Mundey Place, The Rocks, Sydney, NSW
營業時間：The Rocks Markets：周六及日 10:00am-5:00pm
網頁：www.therocks.com/things-to-do/the-rocks-markets

周三、五、日限定

度假風海濱夜市 Surfers Paradise Beachfront Market

MAP 12-6/**D4**

交：乘 G:Link 輕鐵至 Surfer Paradise 站下車即達

充滿熱力的黃金海岸，在Surfers Paradise海灘旁的夜市Beachfront Market，由於周邊餐廳、酒吧林立，非常適合飯後散步閒逛。海濱夜市連綿超過半公里，由過百個攤位組成，售賣的種類由澳洲特產、時裝首飾、家品、化妝品到手工藝術品不等，各種貨品琳瑯滿目。

夜市由下午4點開始，一齊來感染獨有的度假氣氛。

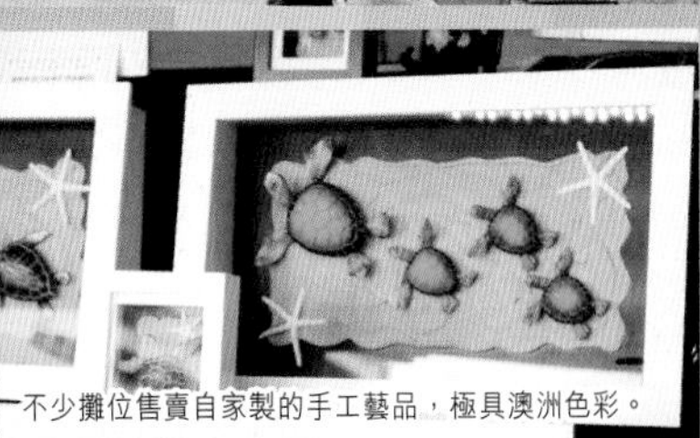

不少攤位售賣自家製的手工藝品，極具澳洲色彩。

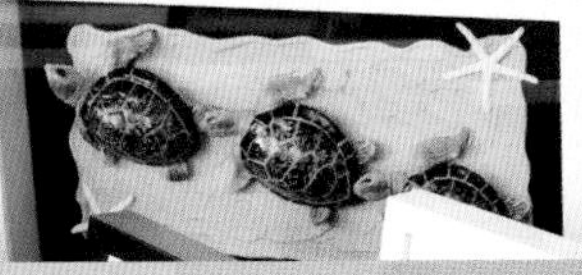

地址：The Foreshore, Surfers Paradise, Queensland
電話：61-7-5584 3700
營業時間：4:00pm-9:00pm（周三、五、六）
網頁：www.facebook.com/SurfersParadiseBeachfrontMarkets

周日限定

美食朝市 Farm Gate Market

MAP 14-3A/**B2**

交：乘 500 至 504、510 至 513 號巴士於 Elizabeth St 及 Melville St 交界下車，步行 3 分鐘

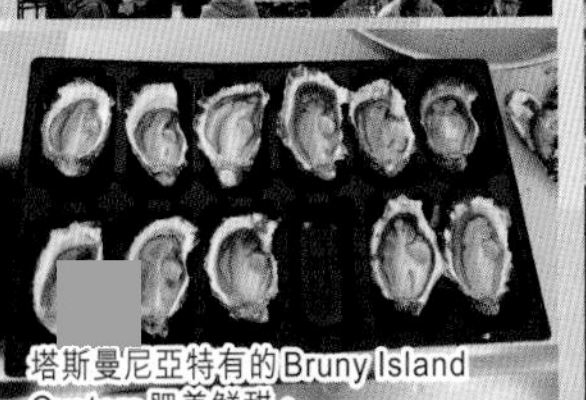

塔斯曼尼亞特有的Bruny Island Oysters肥美鮮甜。

塔斯曼尼亞除了Salamanca Market，位於Hobart的周日市場Farm Gate Market，也極具人氣。市場專售地道美食，堅持只賣當造的新鮮食材，且全部產自塔斯曼尼亞，包括蔬果、生蠔、蜂蜜、麵包等，吃貨們絕對不能錯過。

地址：104Bathurst St, Hobart, Tasmania
電話：61-3-6234 5625
營業時間：周日 8:30am-1:00pm
網頁：www.farmgatemarket.com.au

墨爾本

Melbourne

墨爾本廣域圖
Carlton
Carlton
Melbourne
Central
South Bank
South Bank
South Yarra
South Yarra & St Kilda
St Kilda
北

墨爾本機場交通

墨爾本機場巴士 Skybus

機場巴士每日24小時穿梭機場及市中心的Southern Cross Station，4:00 am至1:00pm每10至15分鐘1班，其餘時間約30至60分鐘1班。抵達Southern Cross Station後，乘客可以轉乘Skybus Hotel Shuttle前往各大小酒店旅館，回程時只須要求酒店職員預約即可。Skybus的收費如下：

票種	成人票	4-16歲兒童票	長者票
單程	AUD 22	AUD 4	AUD 18
來回	AUD 44	AUD 8	AUD 36

網址：www.skybus.com.au

*上述為正價，於官網購票可省AUD1.5-6

的士

的士站設於國際線及國內線大樓的地下，跟著機場內的指示便可輕易找到。由機場乘的士到市中心約AUD 45。而在機場內乘的士離開，乘客需付AUD 2.7的泊車附加費。

巴士

公共巴士連接機場至市中心各地點，班次可向機場詢問處職員查詢。

網址：www.melbourneairport.com.au/to_from_airport/

巴士公司資料

Ballarat Area

電話：61-3-5333 4181　　網址：www.airportshuttlebus.com.au

Bendigo Area

電話：61-3-5439 4044　　網址：www.bendigoairportservice.com.au

Dandenong Area

電話：61-3-9782 6766　　網址：www.airportbusdandenong.com.au

租車

機場1樓有多個租車公司的櫃位，打算租車或已在網上預約的遊客，可向這裡的職員查詢。以下為兩家主要國際性租車公司的資料：

Europcar
電話：61-3- 9241 6800
網址：www.europcar.com

Avis Australia
電話：61-3-9338 1800
網址：www.avis.com.au

Hertz Australia
電話：61-2-9338 4044
網址：www.hertz.com.au

墨爾本市內交通

巴士

墨爾本內有百多條巴士線，由20多間巴士公司營運，主要行駛於火車及電車服務較少的區域，只要使用Myki便可以乘搭任何路線。

網址：www.ptv.vic.gov.au

墨爾本電車及火車 Tram & Train

墨爾本市內的電車及火車都是以myki付款，電車行經的地區包括市中心及周邊一帶，從Queen Victoria Market至Docklands、Spring Street、Flinders Street Station和Federation Square被劃分為免費電車區，上下車無需刷卡。火車(Vline)更會駛至郊外地區。

網址：www.ptv.vic.gov.au

墨爾本觀光電車 City Circle Tram

觀光電車(35號)是免費任搭，只要在路線上的任何電車站上車便可。觀光電車主要行經市中心地區，包括Dockalnds、Parliament House及Princess Theatre等。

時間：周日至三10:00am-6:00pm，
周四至六10:00am-9:00pm，
每12分鐘一班

網址：www.yarratrams.com.au

的士

在墨爾本可隨處找到的士，你亦可電召以下熱線：

Silver Top Taxi
電話：131 008
網址：www.silvertop.com.au

13 Cabs
電話：132 227
網址：www.13cabs.com.au

Arrow Taxis
電話：132 211

myki

myki一般票價為AUD6，另可選擇myki Money及myki Pass，前者分為2小時票(AUD4.6)及全日票(AUD9.2)，可以在2小時內無限乘坐火車、電車和巴士。至於myki Pass用法跟香港的八達通差不多，單程車票正價為AUD6，如果停留時間較長可考慮購買7天或以上的myki Pass。

墨爾本的交通無論是火車、電車、巴士等，都是以區域(Zone)計算，包括免費電車區、Zone 1、Zone 2以及郊區部分。整個交通網絡主要分為12個區域，而遊客到訪的主要地區，分別是市中心的Zone1，例如CBD及St. Kilda等；另外Zone2就是較遠地區如Box Hill或Dandenong等。

7天myki Pass

票種	Zone1+2	Zone2
成人	AUD 46	AUD 31
小童/長者	AUD 23	AUD 15.5

網址：http://ptv.vic.gov.au/tickets/myki/

截至2023年3月資料

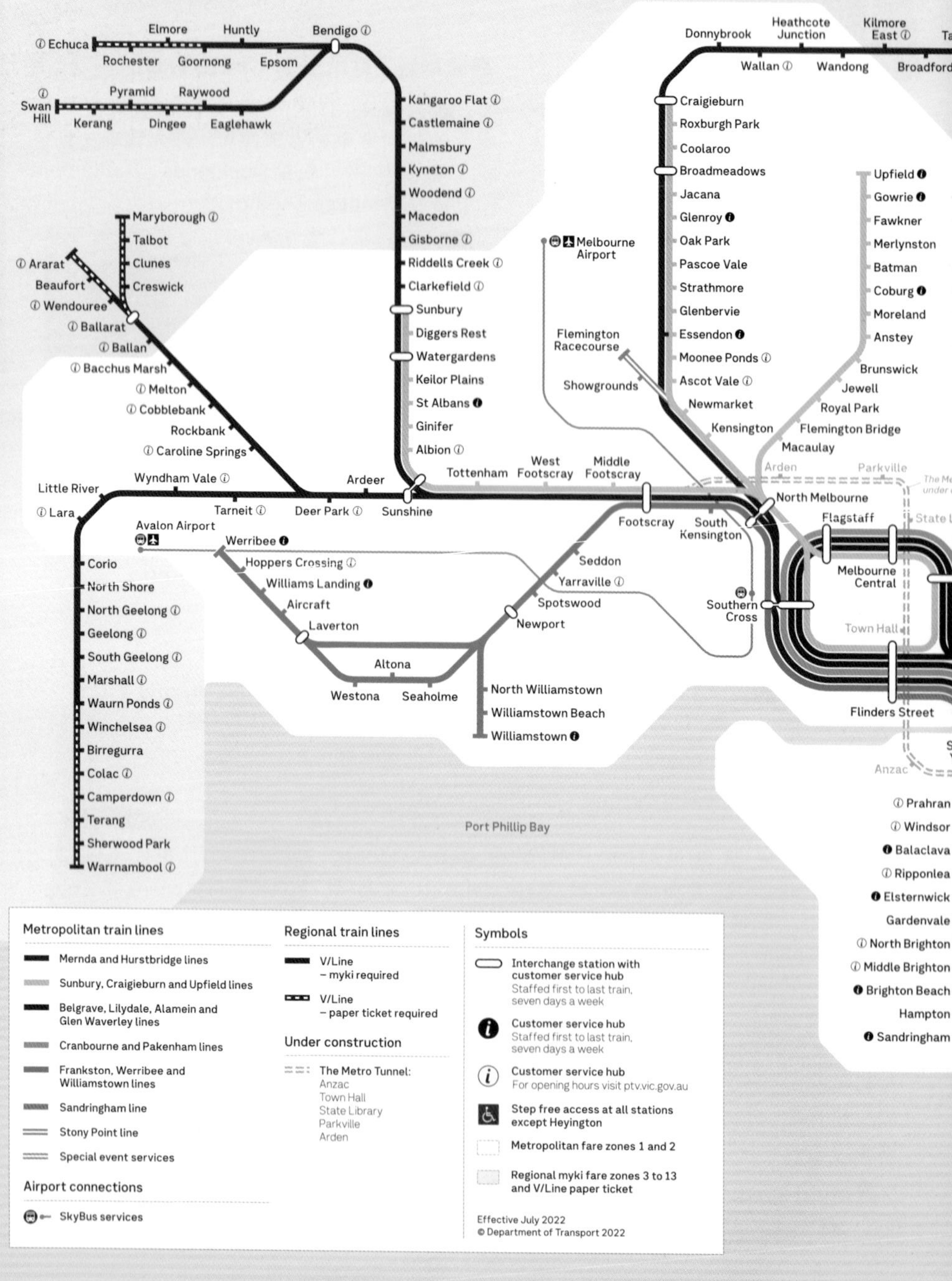

Echuca
Elmore
Huntly
Bendigo
Rochester
Goornong
Epsom
Swan Hill
Pyramid
Raywood
Kerang
Dingee
Eaglehawk
Kangaroo Flat
Castlemaine
Malmsbury
Kyneton
Woodend
Macedon
Gisborne
Riddells Creek
Clarkefield
Sunbury
Diggers Rest
Watergardens
Keilor Plains
St Albans
Ginifer
Albion
Maryborough
Talbot
Clunes
Creswick
Ararat
Beaufort
Wendouree
Ballarat
Ballan
Bacchus Marsh
Melton
Cobblebank
Rockbank
Caroline Springs
Little River
Lara
Wyndham Vale
Tarneit
Deer Park
Ardeer
Sunshine
Tottenham
West Footscray
Middle Footscray
Footscray
South Kensington
Avalon Airport
Werribee
Hoppers Crossing
Williams Landing
Aircraft
Laverton
Altona
Westona
Seaholme
Newport
Spotswood
Yarraville
Seddon
North Williamstown
Williamstown Beach
Williamstown
Corio
North Shore
North Geelong
Geelong
South Geelong
Marshall
Waurn Ponds
Winchelsea
Birregurra
Colac
Camperdown
Terang
Sherwood Park
Warrnambool
Port Phillip Bay
Donnybrook
Heathcote Junction
Kilmore East
Wallan
Wandong
Broadford
Craigieburn
Roxburgh Park
Coolaroo
Broadmeadows
Jacana
Glenroy
Oak Park
Pascoe Vale
Strathmore
Glenbervie
Essendon
Moonee Ponds
Ascot Vale
Newmarket
Kensington
Melbourne Airport
Flemington Racecourse
Showgrounds
Upfield
Gowrie
Fawkner
Merlynston
Batman
Coburg
Moreland
Anstey
Brunswick
Jewell
Royal Park
Flemington Bridge
Macaulay
Arden
Parkville
North Melbourne
Flagstaff
Melbourne Central
State Library
Southern Cross
Town Hall
Flinders Street
Anzac
Prahran
Windsor
Balaclava
Ripponlea
Elsternwick
Gardenvale
North Brighton
Middle Brighton
Brighton Beach
Hampton
Sandringham
Metropolitan train lines
Mernda and Hurstbridge lines
Sunbury, Craigieburn and Upfield lines
Belgrave, Lilydale, Alamein and Glen Waverley lines
Cranbourne and Pakenham lines
Frankston, Werribee and Williamstown lines
Sandringham line
Stony Point line
Special event services
Airport connections
SkyBus services
Regional train lines
V/Line – myki required
V/Line – paper ticket required
Under construction
The Metro Tunnel:
Anzac
Town Hall
State Library
Parkville
Arden
Symbols
Interchange station with customer service hub
Staffed first to last train, seven days a week
Customer service hub
Staffed first to last train, seven days a week
Customer service hub
For opening hours visit ptv.vic.gov.au
Step free access at all stations except Heyington
Metropolitan fare zones 1 and 2
Regional myki fare zones 3 to 13 and V/Line paper ticket
Effective July 2022
© Department of Transport 2022

墨爾本公共交通路線圖

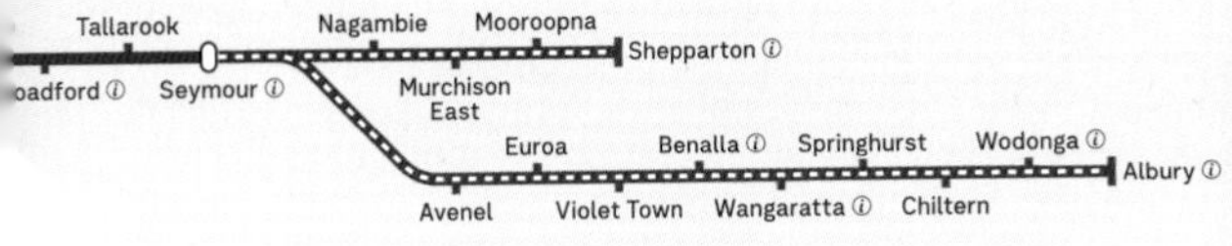

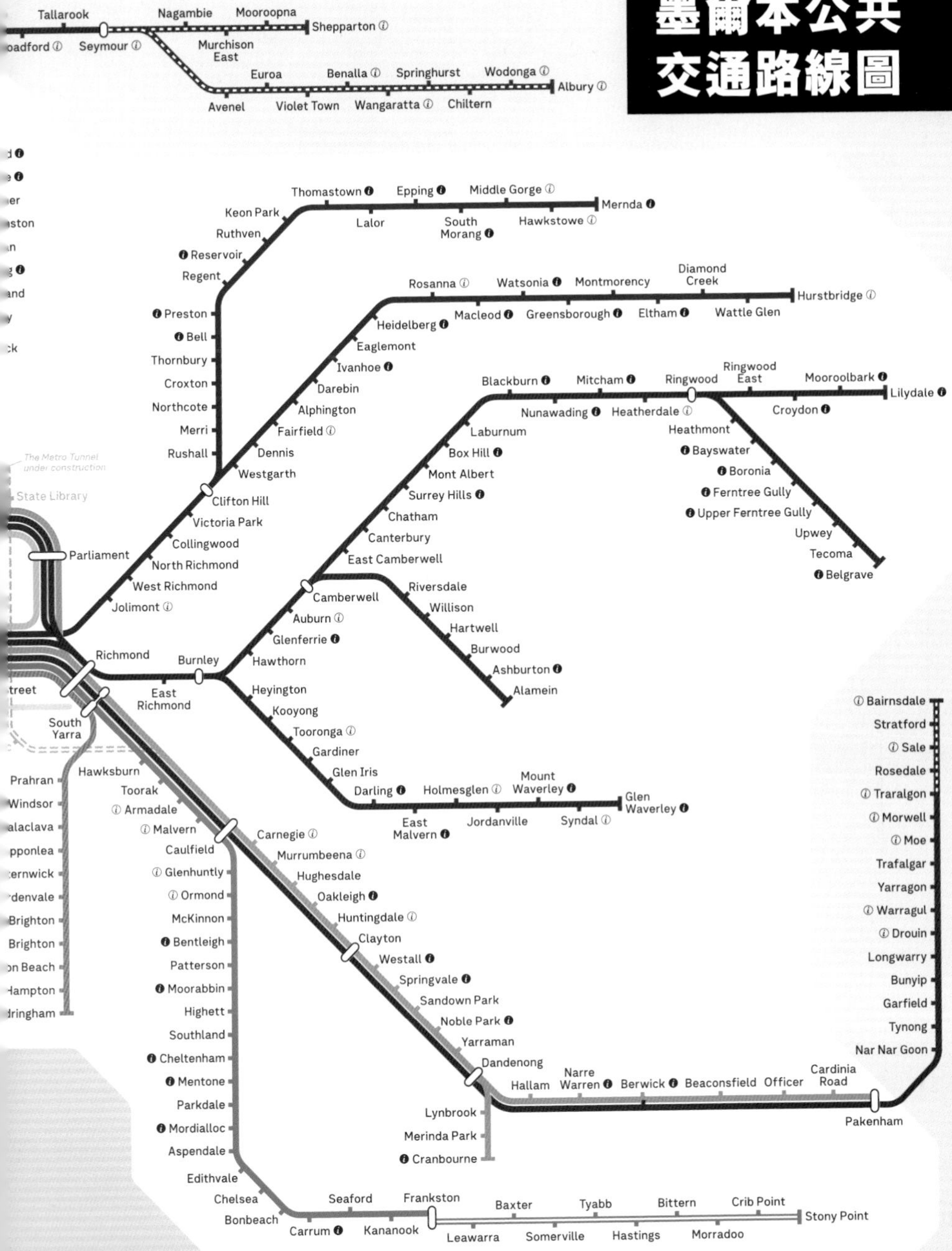

Tallarook
Nagambie
Mooroopna
Shepparton ⓘ
Seymour ⓘ
Murchison East
Euroa
Benalla ⓘ
Springhurst
Wodonga ⓘ
Albury ⓘ
Avenel
Violet Town
Wangaratta ⓘ
Chiltern

Thomastown
Epping
Middle Gorge ⓘ
Mernda
Keon Park
Lalor
South Morang
Hawkstowe ⓘ
Ruthven
Reservoir
Regent
Preston
Bell
Thornbury
Croxton
Northcote
Merri
Rushall
Rosanna ⓘ
Watsonia
Montmorency
Diamond Creek
Hurstbridge ⓘ
Heidelberg
Macleod
Greensborough
Eltham
Wattle Glen
Eaglemont
Ivanhoe
Darebin
Alphington
Fairfield ⓘ
Dennis
Westgarth
Clifton Hill
Victoria Park
Collingwood
North Richmond
West Richmond
Jolimont ⓘ
The Metro Tunnel under construction
State Library
Parliament
Blackburn
Mitcham
Ringwood
Ringwood East
Mooroolbark
Lilydale
Nunawading
Heatherdale ⓘ
Croydon
Laburnum
Heathmont
Box Hill
Bayswater
Mont Albert
Boronia
Surrey Hills
Ferntree Gully
Chatham
Upper Ferntree Gully
Canterbury
Upwey
East Camberwell
Tecoma
Belgrave
Camberwell
Riversdale
Auburn ⓘ
Willison
Glenferrie
Hartwell
Hawthorn
Burwood
Ashburton
Alamein
Richmond
Burnley
East Richmond
South Yarra
Heyington
Kooyong
Tooronga ⓘ
Gardiner
Glen Iris
Darling
Holmesglen ⓘ
Mount Waverley
Glen Waverley
East Malvern
Jordanville
Syndal ⓘ
Prahran
Windsor
Hawksburn
Toorak
Armadale ⓘ
Malvern ⓘ
Caulfield
Carnegie ⓘ
Murrumbeena ⓘ
Hughesdale
Oakleigh
Huntingdale ⓘ
Clayton
Westall
Springvale
Sandown Park
Noble Park
Yarraman
Dandenong
Glenhuntly ⓘ
Ormond ⓘ
McKinnon
Bentleigh
Patterson
Moorabbin
Highett
Southland
Cheltenham
Mentone
Parkdale
Mordialloc
Aspendale
Edithvale
Chelsea
Bonbeach
Carrum
Seaford
Kananook
Frankston
Baxter
Tyabb
Bittern
Crib Point
Stony Point
Leawarra
Somerville
Hastings
Morradoo
Lynbrook
Merinda Park
Cranbourne
Hallam
Narre Warren
Berwick
Beaconsfield
Officer
Cardinia Road
Pakenham
Bairnsdale ⓘ
Stratford
Sale ⓘ
Rosedale
Traralgon ⓘ
Morwell ⓘ
Moe ⓘ
Trafalgar
Yarragon
Warragul ⓘ
Drouin ⓘ
Longwarry
Bunyip
Garfield
Tynong
Nar Nar Goon

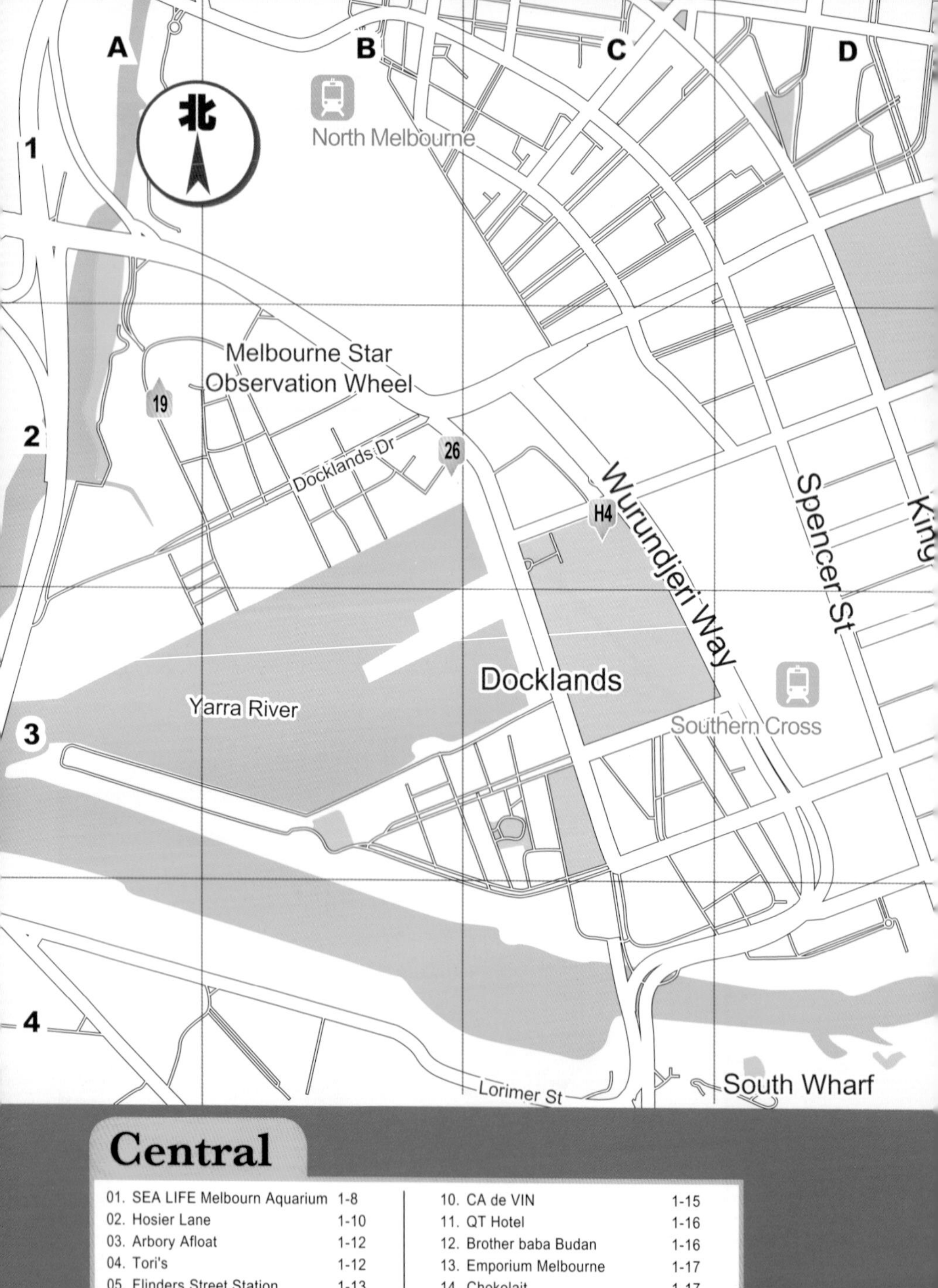
A
B
C
D
1
2
3
4
北
North Melbourne
Melbourne Star
Observation Wheel
19
26
Docklands Dr
H4
Wurundjeri Way
Spencer St
King
Docklands
Yarra River
Southern Cross
Lorimer St
South Wharf

Central

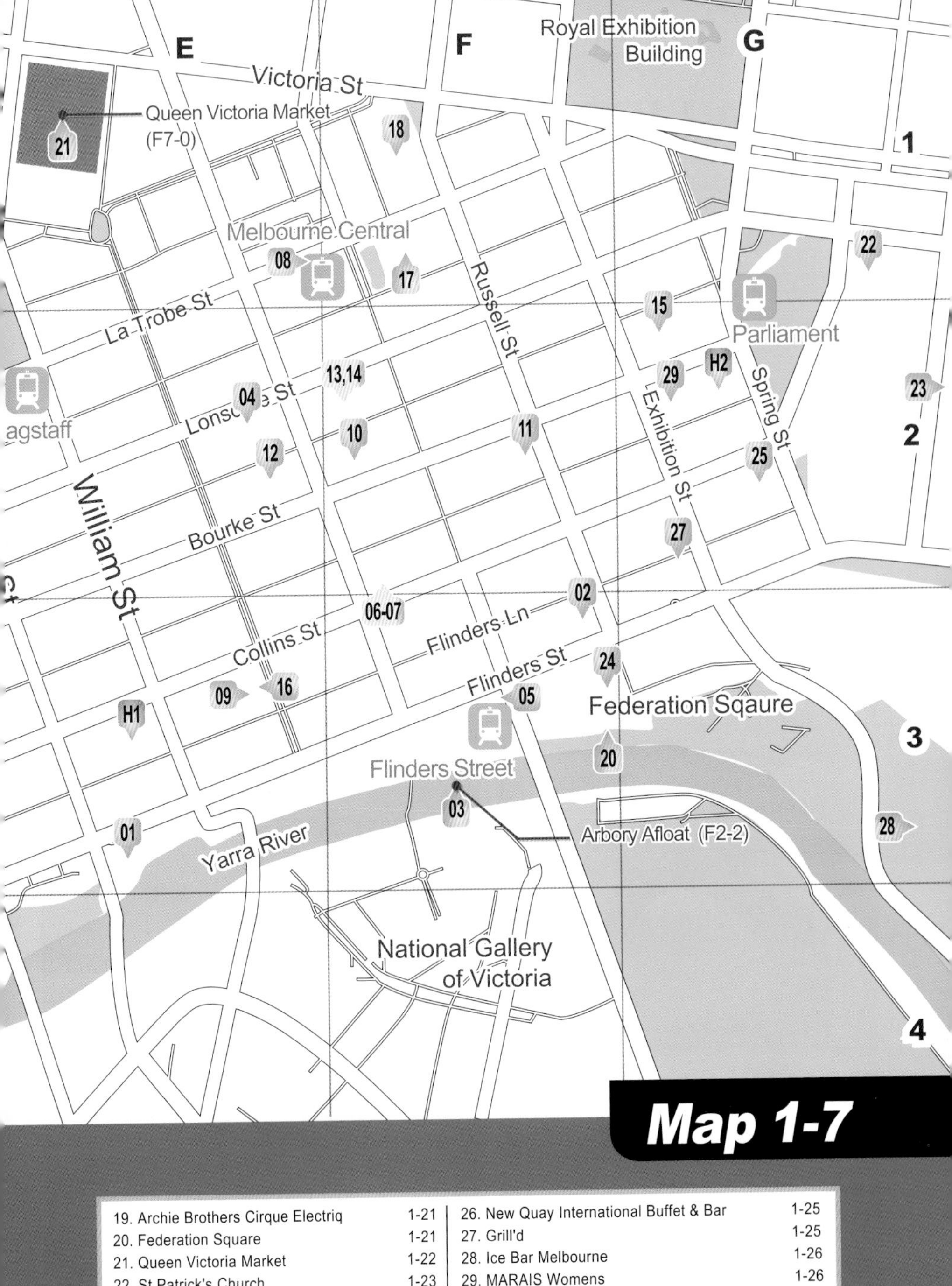

Map 1-7

19. Archie Brothers Cirque Electriq	1-21
20. Federation Square	1-21
21. Queen Victoria Market	1-22
22. St Patrick's Church	1-23
23. Fitzroy Gardens	1-23
24. Melbourne Park	1-24
25. Pope Joan	1-24
26. New Quay International Buffet & Bar	1-25
27. Grill'd	1-25
28. Ice Bar Melbourne	1-26
29. MARAIS Womens	1-26
H1. InterContinental Melbourne The Rialto	6-16
H2. The Windsor Melbourne	6-16
H4. Peppers Docklands	6-17

全球數一數二水族帝國 01 MAP 1-7 E3
SEA LIFE Melbourne Aquarium

墨爾本電車 35、70、75 號於 The SEA LIFE Melbourne Aquarium 車站下車，或於弗林德斯火車站 (Flinders St Station) / 南十字星火車站 (Southern Cross Station) 步行 10 分鐘

★★★

毗鄰Yarra河畔的水族館，佔地9千平方米，館內設有12個主題探索區，有數以萬計的水生動物，主要來自南太平洋和澳洲海域。參觀者除了透過水槽觀看繽紛的海底世界，更有動物餵食、與鯊魚同遊和海底漫步等活動可報名。而Behind The Scenes也 是值得探索的體驗，遊客可參觀獸醫區、研究實驗室等幕後工作區，以了解南太平洋的海中生態。

鋸鯊是海洋生物中最瀕危的物種之一。

地址：King Street, Melbourne, 3000 VIC
營業時間：周一至五 10:00am-5:00pm；周六、日 9:30am-5:00pm
費用：網上訂票價成人 AUD42.3，3-12 歲小童 AUD22.4，長者 AUD26
網頁：https://www.visitsealife.com/melbourne/

★ INFO

水族館必遊景區

ZONE6

觀看千萬變化的海底生物，在容量220萬升的魚缸內暢泳，身形龐大的刺魟、鯊魚及五彩斑斕的魚兒隨時出現在你身旁。

ZONE2

觀賞難得一見的澳洲虎鯊Port Jackson Shark、鋸鯊等水底生物。虎鯊跟一般的鯊魚不同，有突起的前額，體長不超過一米，對人沒有攻擊性；虎鯊每胎會產下十多顆卵，牠們的卵堅硬呈深色及螺旋形，相當特別。

ZONE13

企鵝樂園（Penguin Playground）

國王企鵝頭部和頸部有黃色羽毛為其特徵。

館內飼養了兩種企鵝，分別是國王企鵝以及巴布亞企鵝。成年的國王企鵝，其頭和頸有黃色羽毛，幼兒時則全身滿布咖啡色羽毛；巴布亞企鵝來自大西洋，是企鵝家族中最快的泳手，其眼睛上方有一條白眉，故有白眉企鵝的暱稱。

墨爾本塗鴉街 02 Hosier Lane

MAP 1-7 F3

Flinders Street 火車站出站步行 5 分鐘

★★★

Hosier Lane本是Flinders Street聯邦廣場對面的尋常小街巷，但卻被塗鴉愛好者選擇為展示作品的天堂，難得當地的商戶住客不介意，政府又隻眼開隻眼閉，造就了這都市奇景的誕生。Hosier Lane有幾個特色，首先是「換畫」極快，塗上的壁畫最快一天，最遲一個月便會「被消失」。而塗鴉亦分為兩大派系，分別是噴繪派和張貼派，前者主要是藝術字體，講求即興，後者則更講究構圖和佈局，是遊墨爾本的最佳免費娛樂。

地址：Hosier Lane, Melbourne VIC 3000

★INFO

橫街窄巷見藝術 MAP 1-7 F3

Hidden Secrets Tours

其實只要你留意細看墨爾本市內每個角落，都找得到藝術家創作痕跡。由街頭的塗鴉藝術、有趣生鬼的裝置藝術，至街頭真人騷，皆令這個城市充滿生命力。這些街頭藝術，有的背負歷史故事，有的充滿幽默感。這些一點一滴的作品會不定時、不定地點公開「展覽」，你要沿途多點留心、並帶點冒險精神，走進當地人稱為「Laneway」的小路，才體現墨爾本的真性情。

不過如果想知道更多有關城市塗鴉點滴，可參加名為Hidden Secrets Tours的市內導賞團，導賞員會在2小時內，帶大家穿梭於各大小街道，找尋最新、最有趣的藝術作品，本地薑導遊更會沿途逐一講解各地點和藝術品的歷史，讓大家了解到它們背後的故事。

修路工人坐在大幅的塗鴉牆下閱讀，令人感到當地人和藝術的和諧融合。

位於Dockland New Quay Promenade之上的大型雕塑，由雕塑家Adrian Mauriks創作，提醒大家注意身邊的自然事物。

集合地點：Federation Square 內的 Time Out Gate 門前
電話：61-3-9663 3358
導賞團時間：周一、二、五 10:00am-3:00pm，周三、四至 5:00pm，周六至 1:00pm
費用：Melbourne Lanes and Arcades Tour
AUD 99 起 (3 小時起)
網頁：www.hiddensecretstours.com
註：同時舉辦時裝及有趣小店等導賞團

INFO

這裡的街頭藝術家，就連垃圾桶都不放過。

河畔船上餐廳 Arbory Afloat 03

MAP 1-7 F3

Flinders St 火車站下車，往 Yarra River 方向步行約 2 分鐘

經歷了一場冬季後，Arbory Afloat已回歸墨爾本的河畔上。餐廳建在一艘能載滿120人的客船上並停泊於Yarra河岸，讓你靠在河邊的沙發上與朋友小酌一杯。餐廳設計以西班牙Balaeric海灘俱樂部為主題，並以沙發床、棕櫚樹和小屋作裝飾，還有很Chill的露天泳池。主打的美食也是以西班牙Tapas和海鮮為主，海鮮拼盤和西班牙海鮮焗飯絕對是必吃項目。晚上夜幕降臨時，水上餐廳在夜色下分外浪漫。

體會在河畔池邊，品嘗美食的感受。

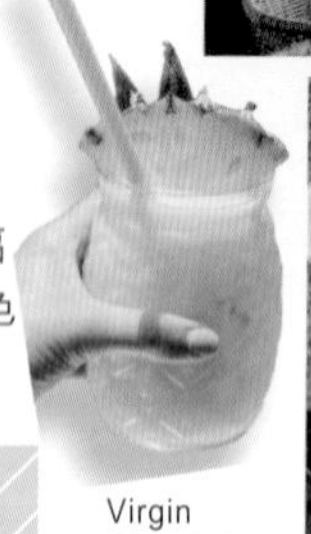

Virgin Pina Colada 菠蘿味沙冰。

地址：Yarra River,2 Flinders Walk, Melbourne VIC 3000
電話：61-3-9629 1547 **營業時間**：11:00am-1:00am
網頁：https://www.arboryafloat.com.au/

INFO

04 巷弄內小店 Tori's

MAP 1-7 E2

Melbourne Central 火車站出站步行 5 分鐘

墨爾本市中心的咖啡室，隱藏在巷弄內一座紅磚牆建築，店門配著綠色窗框，充滿復古文青感。店面不算大但裝潢很有居家感，讓人坐得舒適自在。店內只提供蛋糕和飲品，一股悠閒的氣氛，感覺可以在沙發上坐個半天。

地址：28 Niagara Lane, Melbourne VIC 3000
電話：61-4-2266 8866
營業時間：10:00am-6:00pm
網頁：https://www.toris.com.au/

INFO

南半球最繁忙的車站

 MAP 1-7 F3

Flinders Street Station

 Flinders Street 火車站出站即達

05

弗林德斯大街車站建於1909年，至今已有過百年歷史，雖然飽經風霜，但仍是全澳洲以至南半球最繁忙的車站。車站位於市中心，面向阿拉河，鄰近聯邦廣場和聖保羅教堂。車站以維多利亞時期的風格設計，外觀古典而華麗。遠望車站，最矚目的一定是青銅的圓頂及黃色石材的外牆。入夜時車站四周昏黃的燈光點亮時，景色格外迷人。

地址：Flinders St, Melbourne

INFO

歐陸風格購物街

 MAP 1-7 F2

06

Block Arcade

 Flinders Street 火車站出站步行 10 分鐘

布洛克拱廊建於1891年至1893年，由建築師David C. Askew 設計，是當時墨爾本最富麗堂皇的建築，也是維多利亞時代的重要建築。拱廊借鑒於米蘭的埃馬努埃爾二世拱廊(Galleria Vittorio Emanuele II)，玻璃穹蒼頂棚、馬賽克地磚，老式吊燈及古典風格石雕，令整條街道散發著古典高雅的氣氛。

地址：282 Collins Street Melbourne, 3000 VIC **電話**：61-3-9654 5244
營業時間：周一至四 8:00am-6:00pm，周五至 8:00pm，周六至 5:00pm，周日 9:00am-5:00pm (各商店營業時間不同)
網頁：http://theblock.com.au

INFO

原住民的藝術 07 MAP 1-7 F2
Australian By Design

Block Arcade 內

澳洲雖然建國只有百多年，但在歐洲人登陸前，原著民（Aboriginal）已經在這塊土地上住了數萬年。他們的繪畫和手工藝品被視為重要的歷史見證，更是極珍貴的藝術品。

在Australian By Design內，雖然沒有古董原住民藝術品出售（因為大部分都在博物館內），但卻有很多本地藝術家和設計師，模仿原著民畫風來設計的作品，充滿澳洲本土的特色。此外，這裡有很多象徵澳洲的手製精品出售，如玻璃製的樹熊、袋鼠，澳洲鴕鳥鴯鶓（Emu）銅製品等，用來做手信確是不錯。

地址：Room 303e, Level 3, Via Lift 1, opposite the Tea Rooms, The Block Arcade, 282 Collins Street, Melbourne, Victoria
電話：61-3-9663-9883
營業時間：周一至五 11:00am-4:00pm，周六、日及公眾假期休息
網頁：www.australianbydesign.com.au

INFO

玻璃樹熊擺設（左）
原居民藝術風格手製花瓶（右）

壯觀高塔 08 MAP 1-7 E1
Melbourne Central

Melbourne Central 火車站出站即達

墨爾本的大地標建築，購物中心內暗藏一座槍彈工廠Coop's Shot Tower，這座塔建於1888年，塔高50米，內有327級樓梯。目前塔底已搖身一變為服飾店，而塔上方還有圓錐玻璃罩頂，壯觀程度毫不遜色，成了商場的一大特色。商場的另一亮點，就是重達2千公斤的世界最大吊鐘，每個整點會從鐘的裡面垂下墜飾，並演奏澳洲民歌，歷時4分鐘。

地址：Cnr LaTrobe and Swanston Streets, Melbourne VIC 3000
電話：61-3-9922 1122
營業時間：10:00am-7:00pm，周四及五營業至 9:00pm
網頁：https://www.melbournecentral.com.au/

INFO

豪華地露營 09 MAP 1-7 E3
Notel Melbourne

Flinders Street 火車站步行 10 分鐘

墨爾本酒店業競爭激烈，業界各出奇謀。繼St. Jerome's Hotel推出天台豪華「帳幕房」之後，Notel亦加入「野外露宿」行列，引入6部豪華露營車，締進更豪華的露宿環境。露營車全出自美國名牌Airsteams，銀色車身全長31呎，非常有7-80年代科幻片特色，雖然是70年代出品並已退役，但經改裝後仍非常舒適。論方便程度未必及得上傳統的酒店房，但勝在住得招積，住一兩晚Post上FB或IG認真威威！

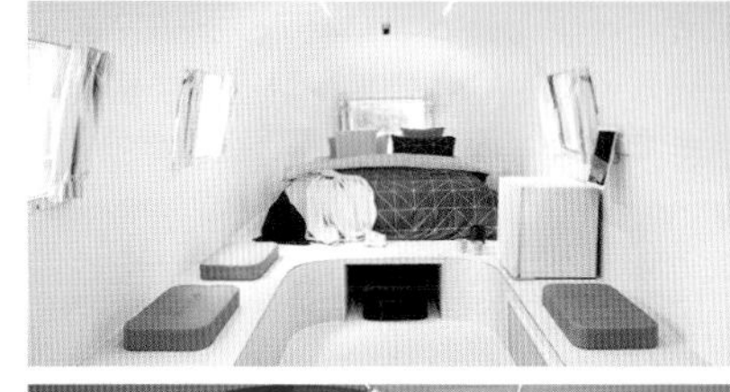

地址：388 Flinders Ln, Melbourne VIC 3000 Australia
電話：61-1300 146 567 **費用**：AUD399 起
網頁：http://notelmelbourne.com.au/

MAP 1-7 F2 後巷裡的廚房
10 CA de VIN

Melbourne Central 火車站出站步行 5 分鐘

CA de VIN位於墨爾本前中央郵局（General Post Office, GPO）旁邊的小巷子內，是這條隱密的小食街中，名氣最響最大的一間餐廳。

一張張黑色的木枱，放在本為馬車的通道上，郵局的牆身，掛著多幅大型海報，以及巨型的黑板餐牌，組合了一個既奇怪又獨特的空間。

這裡所做的是意大利及地中海菜式，款式多之餘更份量十足。他們所做的意大利薄餅非常出色，木盤上放著薄薄的餅底，香濃的芝士灑上客人所選的餡料，入口極之鬆軟，另外也要試試他們的Carbonara及自家製的土耳其麵包。若然經過這條充滿歷史的小巷，就算肚子不餓也不妨進去喝杯咖啡，享受一下這個大城市的獨特一角。

天氣好的時候，會打開上面的帳篷，感覺更加開揚。

酸辣汁本地青口 Mussels with Sweet, Chilli & Lime

鮮蝦香草意大利薄餅 Gamberi
濃濃的芝士配以爽口鮮蝦，是這裡的招牌菜式之一。

地址：GPO Melbourne, 350 Bourke Street, Melbourne, Victoria
電話：61-3-9654 3639 **費用**：AUD 20-30
營業時間：周二至四及日 12:00nn-9:00pm，周五至六營業至 9:30pm；周一休息
網頁：www.cadevin.com

INFO

型格靚酒店 ⑪ QT Hotel

MAP 1-7 F2

Melbourne Central 火車站出站步行 10 分鐘

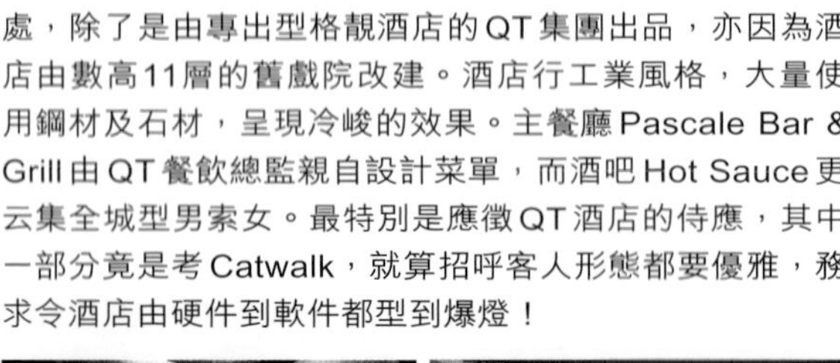

墨爾本每年都有新酒店落成，不過QT Hotel矚目之處，除了是由專出型格靚酒店的QT集團出品，亦因為酒店由數高11層的舊戲院改建。酒店行工業風格，大量使用鋼材及石材，呈現冷峻的效果。主餐廳Pascale Bar & Grill由QT餐飲總監親自設計菜單，而酒吧Hot Sauce更云集全城型男索女。最特別是應徵QT酒店的侍應，其中一部分竟是考Catwalk，就算招呼客人形態都要優雅，務求令酒店由硬件到軟件都型到爆燈！

Hot Sauce酒吧

Pascale餐廳

INFO

地址：133 Russell St, Melbourne VIC 3000 Australia
電話：61 3 8636 8800　**費用**：雙人房約 HK$1,368 起
網頁：https://www.qthotelsandresorts.com/

⑫ 澳洲的咖啡英雄 Brother baba Budan

MAP 1-7 E2

Melbourne Central 火車站出站步行 5 分鐘

Baba Budan是傳説中把咖啡豆由也門偷運往印度的奇人，他的「豐功偉業」，甚至被酷愛咖啡的墨爾本人稱為英雄。這咖啡店以英雄的名字命名，水準當然不會失禮。這裡咖啡的種類繁多，絕非大路連鎖店可比。挑選的都是全世界最優質的咖啡豆，其中來自中南美及印度的品種更被稱為「鎮店之寶」。所以墨爾本市雖有過千間咖啡店，但在傳媒嚴苛的品評下，仍能脱穎而出。

咖啡店除了水準超班外，還有一個抵死的綽頭——空中飛椅。據説這奇特的裝置藝術沒有甚麼高深含意，純粹是店主忽發奇想，不料卻成了該店的招牌。

INFO

地址：359 Little Bourke Street, Melbourne, Victoria
電話：61-3-9347-8664
營業時間：周一至五 7:00am-5:00pm
周六至日 8:00am-5:00p
網頁：https://sevenseeds.com.au/pages/brother_baba_budan

空中飛椅是店主的得意之作，但萬萬想不到成為店舖的生招牌。

除了好味的咖啡外，同場送上精緻的latte art!

墨爾本至潮地標 13 MAP 1-7 F2

Emporium Melbourne

Melbourne Central 火車站出站步行 2 分鐘

要數墨爾本的購物集中地，相信很多人會說南半球最大的購物商場Chadstone，但在2014年開業的Emporium Melbourne，雖然未算最大，但絕對夠潮！就連首次進軍澳洲的Uniqlo及Zoo York都選址在此，足可見它的實力！

耗資12億，花上7年時間由百年歷史的百貨公司Myer改建而成樓高四層的Emporium Melbourne，有多達225個進駐商戶，包括Topshop、sass & bide、UCLA、UGG Australia等。

地址：287 Lonsdale Street, Melbourne, Victoria
電話：61-3-8609 8221
營業時間：周六至三 10:00am-7:00pm
周四 10:00am-9:00pm
周五 10:00am-10:00pm
網頁：www.emporiummelbourne.com.au

INFO

日本時裝連鎖店Uniqlo在澳洲的第一間旗艦店

MAP 1-7 F2 從小巷到大商場

14 Chokolait

Emporium Melbourne 內

開在一個不起眼的地方，賣著一杯杯價格不過十元的朱古力，到底Chokolait是如何做到進駐大型商場Emporium Melbourne的呢？答案全靠店主Ross及Marianna夫婦二人用心經營，堅持採用來自比利時的材料，並且全手工製作，不偷工減料。朱古力造型精美，包裝高檔，每粒細緻得像藝術品，即使送禮亦得體大方。

登上殿堂，除了保持水準外，新店的裝修也做到一絲不苟，因為Ross認為要讓客人有視覺衝擊，也要每個人有一份溫馨的記憶，如此用心店鋪真的買少見少。

Hot Chokolait
絕非用朱古力粉沖調

Chocolate Pavlova

地址：Royal Arcade, Shop 8/318/322 Little Collins St, Melbourne VIC 3000
電話：9639 6188
營業時間：10:00am-5:00pm（周一至五）；
11:00am-4:30pm（周六、日）
網頁：www.chokolait.com.au

INFO

墨爾本 Melbourne

重組街頭美食 15 MAP 1-7 G2

Ginger Boy

Parliament 火車站出站步行約 3 分鐘

★★★

東南亞地區，特別是香港、泰國和台灣，街頭小食多不勝數，種類更層出不窮。Ginger Boy的大廚Chris Donnellan便是廉價美食的支持者。本著「什麼都要試食」的精神，他將非常欣賞的東南亞小食融入西方廚藝中，造成一道道具東方色彩的精美菜式，極受澳洲人歡迎，更被《2009 The Age Good Food Guide》評為1星級餐廳。Ginger Boy強調食物味道要夠濃、夠辣，聰明的廚師將本來大眾化的食物，加入自己的創意，配合高級的材料，如和牛及生蠔等，做成非常得體的菜色。

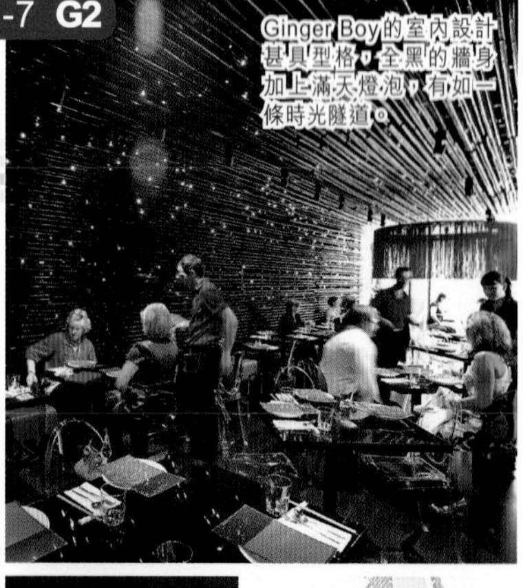

Ginger Boy的室內設計甚具型格，全黑的牆身加上滿天燈泡，有如一條時光隧道。

生蠔天婦羅 Tempura Oysters
外皮炸得香脆，生蠔多汁鮮甜。

鮮蝦芒果沙律 Pan seared crystal bay prawn with smashed green mango salad

地址：27-29 Crossley Street, Melbourne, Victoria
電話：61-3-9662 4200
營業時間：周一至六 12:00nn 至凌晨；周日休息
費用：AUD 40-55
網頁：www.gingerboy.com.au

★ INFO

Mussaman 咖喱羊髀
Mussaman curry of lamb shank
羊脾嫩滑沒有羶味，配合香辣的咖喱十分開胃。

動物標本餐廳 16 MAP 1-7 E3

Natural History Bar & Grill

Flinders Street 火車站出站步行 10 分鐘

是否有種錯覺以為身在博物館？

店內主打美式BBQ菜式，包括燒雞及扒類以及海鮮，由星級大廚Morgan McGlone操刀，嚴選澳洲本地食材，確保吃到時令新鮮食物。但這些都不是重點，餐廳的亮點在於室內的裝潢，以New York的同名博物館為主題，在室內櫥窗擺放動物標本，像置身於博物館中用餐。

地址：401 Collins St, Melbourne, VIC 3000
電話：61-3-9982 1811
時間：周一至五 12:00mn- 凌晨，周六接受私人訂場，周日休息
網頁：https://www.naturalhistorypublicbar.com/

★ INFO

Central | South Bank | Carlton | South Yarra & St Kilda | Phillip Island | 周邊地區

世界十大著名圖書館之一 

State Library of Victoria

Melbourne Central 火車站步行約 4 分鐘

維多利亞州立圖書館絕非普通的圖書館，它是墨爾本的地標，每年接待的讀者高達150萬人，無論你是否書迷都應到此一遊。圖書館建於1856年，擁有藏書200萬冊，簡直就是知識的殿堂。館內除了有無數的圖書，亦收藏了大量藝術精品。全幢圖書館最美輪美奂的是La Trobe閱覽室，在樓高34米的蒼穹式圓頂天窗下，細讀大文豪的曠世名著，個人修養瞬間一定大大提升。

地址：328 Swanston St, Melbourne VIC 3000 **電話**：61-3-8664-7000
營業時間：周一至日 10:00am-6:00pm
網頁：https://www.slv.vic.gov.au/

夜闖監獄 18 MAP 1-7 F1
Old Melbourne Gaol

Melbourne Central 火車站出站步行約 5 分鐘

★★★

即使探監，也不會在夜闌人靜的時分進行，更何況參觀荒廢了的陰森監獄？然而，這個老墨爾本監獄團卻在晚上7時半才開始，驚險及神秘感自然加倍提升！主辦單位還嫌未夠驚嚇，帶你暢遊監獄的領隊，都是一身吊頸佬打扮的「劊子手」；陰沉的神情配合命令式的語氣，約1小時的旅程就算沒有讓你嚇破膽，也絕對叫人難以忘懷。

展覽室放置了模仿當年囚犯下場的人形，比鬼屋還要恐怖。

導遊打扮成吊頸佬的模樣，手持蠟燭，鬼聲鬼氣的帶你暢遊監獄。

你夠膽跟曾處決無數犯人的刑具合照嗎？

地址：377, Russell Street, Melbourne, Victoria
電話：61-3-9656-9889
營業時間：10:00am-5:00pm；夜探團 8:00pm-9:00pm
（12 月 25 日及耶穌受難日休息）
費用：成人 AUD33，5 至 15 歲小童 AUD20；
* 另有不同票價種類，例如家庭票
網頁：www.oldmelbournegaol.com.au

★ INFO

老墨爾本監獄

興建於19世紀，被譽為當年最先進及最嚴苛的監獄，已廢棄了逾80年。當年的囚犯都要擠在不足50呎、伸手不見五指的斗室內，白天則在戶外幹活12小時。現時，3層高的監獄內仍放滿各種刑具，令人不寒而慄。

遊樂場X酒吧

Archie Brothers Cirque Electriq

19 MAP 1-7 A2

乘 35、70、86 號電車於 The District Docklands (D11) 站下車步行 5 分鐘

Archie Brothers是一個懷舊與創新並重的室內遊樂場，園內有6條保齡球道、67台遊戲機，和一些大家熟悉的懷舊電玩遊戲，例如食鬼遊戲、碰碰車、旋轉木馬、投籃等；除了古老玩意，也有先進的XD Theatre、3D虛擬實景遊戲等，令墨爾本多了個好玩新蒲點。園內還設有餐廳和酒吧，供應各式薄餅、漢堡和炸雞，招牌雞尾酒Electric Blue才是場中主角，加入各式糖果、鮮忌廉與伏特加炮製，充滿著嘉年華的繽紛色彩。

Salted Caramel Cirpresso，爆谷與伏特加的完美融合。

充滿Party氣氛的雞尾酒。

場內提供各類美式快餐。

地址：The District, 440 Docklands Drive, Docklands, Victoria
電話：61-3-7003 9203
營業時間：周一至四 12:00mn-10:00pm、
周五至六 10:00am- 凌晨、
周日 10:00am-10:00pm
網頁：www.archiebrothers.com.au

INFO

文化藝術薈萃

Federation Square

20 MAP 1-7 F3

Flinders Street 火車站出站步行 5 分鐘

Federation Square分為多個部分，如大型遊客資訊中心、20多個畫廊、展覽廳等。此外，廣場有餐廳、咖啡室、酒吧和精品店，基本上整天留在這裡都不愁沒節目。在廣闊的戶外廣場，經常舉行大型音樂會、演講和慶祝活動等，吸引成千上萬的市民和遊客參與，極為熱鬧。若想吸收這城市的文化藝術氣息，Federation Square絕對是不二之選。

地址：Swanston St & Flinders St, Melbourne VIC 3000
電話：61-3-9655 1900
營業時間：The Ian Potter Centre：
NGV Australia 10:00am-5:00pm；
ACMI 10:00am-5:00pm
費用：免費（露天廣場及大部分展覽）
網頁：www.fedsquare.com
備註：露天廣場全日 24 小時開放，但各場館的開放時間則各有不同，詳情可以參閱網址。

INFO

整個Federation Square的設計來自英國的Lab Architecture Studio，共花約4年時間建成，佔地38,000平方米。

歷史的見證  
Queen Victoria Market

乘 19、57、59 號電車於 Queen Victoria Market 站下車，步行約 1 分鐘

在墨爾本市內，隨處都可以見到最新、最前衛的建築物，但當地亦保留了許多富有歷史價值的建築，雖然新舊匯聚，卻不會顯得格格不入，反而令整個城市散發著獨特的氣息。

芸芸舊建築中，最具代表性和歷史價值的Queen Victoria Market，是當地人常到的市場。過去140年，它一直由當地市政府營運，現在已是南半球內最大的開放式市場。這裡總共有1,000多個檔攤，出售的貨物種類有蔬果、鮮魚、肉類、乾貨、成衣、工藝品及酒類等，幾乎每個家庭所需要的都找得到。細問之下，發覺不少商販已經是第二代，甚至是第三代承傳，可見這裡不僅是一個市場，也是孕育著墨爾本成長的其中一個元素。

Queen Victoria Market Tour

整個市場面積足有7公頃，有半個九龍公園般大。Queen Victoria Market每逢周五及周六都會舉行一個1至2小時的導遊團，帶大家在市場內到處搵食，以及教大家如何買到最好的東西。

Queen Victoria Market Ultimate Foodie Tour

內容：帶你走遍市場的大小熟食店，沿途試食試飲。

收費：成人AUD99、
小童 (5-14歲) AUD59

集合時間：周五、六10:00am

註：1. 集合地點：
69 Victoria Street,
Queen Victoria Market
2. 網上預約網頁：
http://www.qvm.com.au/tours/

地址：Queen Street, Melbourne, Victoria
電話：61-3-9320-5822
營業時間：周二、四、五 6:00am-3:00pm，周六 6:00am-4:00pm，
周日 9:00am-4:00pm
網頁：www.qvm.com.au

★INFO

最具代表性的哥德式教堂 22 MAP 1-7 G1

St Patrick's Church

Parliament 火車站出站即達

聖巴特利爵主教座堂被譽為是19世紀最具代表性的哥德式建築的大教堂，也是南半球最大最高的天主教堂。教堂由英國名建築師威廉華德爾(William Wardell)設計，並於1897年正式啟用。教堂最大特色，最是三座高達103公尺尖塔。據説三座塔直到1939年才完成，前後總共花了80年的時間建造，為紀念天主教會在維多利亞設立百年。教堂內部有細致的彩繪玻璃窗，內外都有栩栩如生的木雕及石像擺設，與附近菲茲洛伊花園形成一處美麗的區域。

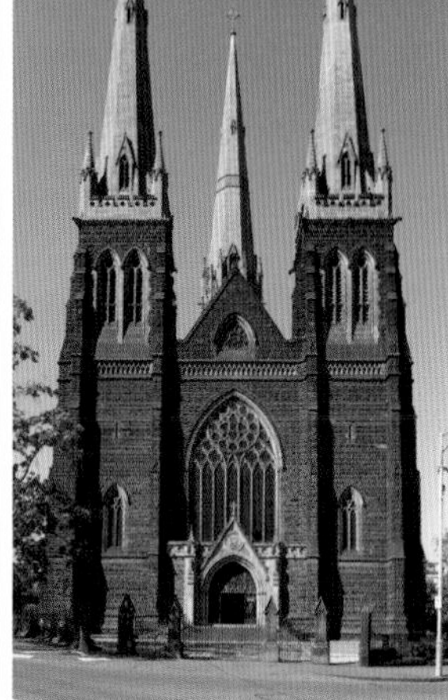

地址：1 Cathedral Pl, East Melbourne VIC 3002
電話：61-3- 9662-2233
網頁：https://melbournecatholic.org/about/st-patricks-cathedral

INFO

MAP 1-7 G2 隱藏的英國國旗

23 Fitzroy Gardens

Parliament 火車站出站步行 5 分鐘

菲茲洛伊花園是墨爾本市區5大花園之一，花園前身是石礦場，石頭採光後成為了美麗的花園。整個花園帶著濃濃英式庭園的特色，園藝師更悉心安排，把園內植物和道路分佈組成「米」字形，在高空俯瞰，便清楚看到一面巨大的英國國旗。園內除了翠綠的花卉，著名景點還有庫克船長的小屋。庫克船長於1770年登上澳洲大陸，被譽為澳洲的開拓者。1934年墨爾本建市100周年時，一位商人把庫克在英國的故居買下，拆開來裝在253個箱子裡運到墨爾本重新裝嵌，再在屋旁豎庫克的銅像，接受人們景仰。

地址：230 Wellington Parade, East Melbourne VIC 3002
電話：61-3-9658-9658
網頁：www.fitzroygardens.com

INFO

墨爾本 Melbourne

澳洲體育盛事集中地 24

Melbourne Park

墨爾本電車 70 號於 Rod Laver Arena (Stop 7B), Hisense Arena (Stop 7C) 或 AAMI Park (Stop 7D) 車站下車皆可達

澳洲網球公開賽是全球四大網球賽之一，舉行的地方就是墨爾本公園內的中央球場。

2000年，澳洲政府為紀念兩度取得大滿貫的澳洲傳奇球手Rod Laver，中央球場亦改名為拉德萊佛球場（Rod Laver Arena）。球場不但可容納 15,000人，其伸縮式屋頂更提供了全天候的功能，無論是體育比賽或大型音樂會，球場都是理想的場地。

地址：Melbourne VIC 3001 **電話**：61-3-9286-1600
網頁：https://www.mopt.com.au/

INFO

有機綠色美食

Pope Joan

MAP 1-7 G2 25

墨爾本電車 11、12、48、109 號 Spring St Stop 8 站下車，步行約 1 分鐘

Brunch有焓蛋、麵包條和煙肉，份量剛好。

Pope Joan在當地媒體曝光率頗高，自然小有名氣，2019年由East Brunswick區遷至Collins Place現址，仍有不少捧場客。這家主廚Matt Wilkinson熱愛有機農作物，常到各地農莊挑選蔬菜和肉類，亦因此屢獲美食獎項。餐廳主打以時令食材炮製美食，其招牌早午餐提供的Boiled Egg焓蛋，是來自Euroa區Kinross農場的放養雞蛋（Free Range Egg），食物質素有保證。

地址：45 Collins St, Melbourne VIC 3000
電話：61-4 9295 4245
時間：7:00am-4:00pm，周五營業至 7:00pm
網頁：https://www.popejoancity.com/

INFO

靚海景自助餐  

New Quay International Buffet & Bar

North Melbourne 或 South Cross 火車站步行 10 分鐘

位於Docklands Central Pier對岸，客人能看到碼頭景觀，應該會食慾大增。餐廳提供多達70款世界各地的風味的美食，包括不同冷盤、湯、壽司、刺身、熱盤等，當中最搶手必定要數海鮮了。另外自助餐的甜品也是另一焦點，因為款式非常之多，令你每樣都想試。

地址：4-6 New Quay Promenade, Docklands, Melbourne, Victoria
電話：61-3-9670 3889
營業時間：
午餐：周六、日 12:00nn-3:00pm；
晚餐：周三、四 6:00pm-9:00pm，周五、日至 6:00pm-10:00pm，周六至 10:15pm
費用：午餐：成人 AUD 50，
小童 (3-10 歲) AUD 25
晚餐：成人 AUD 78 (周三至五)，
AUD 83 (周六、日)，
小童 (3-7 歲) AUD 25
網頁：http://www.newquaybuffet.com.au/

INFO

健康快餐 27 MAP 1-7 G2

Grill'd

 Flinders Street 火車站出站步行 10 分鐘

美式快餐一向予人高脂高膽固醇的「健康殺手」印象，但Grill'd卻標榜健康至上。餐廳提供的漢堡包，材料都是自由放養的澳洲牛肉和羊肉，與及經RSPCA認證的雞肉，飼料不含任何激素。除了牛和雞，這裡還供應香港比較少嘗到的羊肉，與及Beyond Burge——以植物打造味道媲美真正肉類的漢堡。此外，Grill'd亦非常重視環保及可持續發展，所有餐具、布置都採用可回收材料，甚至為澳洲本地3萬多個社區團體籌集資金，讓幫襯的食客無論身心都得到健康飽足。

Beyond Simply Grill'd，以植物肉打造的新口味。

地址：83 Flinders Ln, Melbourne VIC 3000
電話：61-3 9650-5011
時間：周日至四 10:30am-10:00pm；周五、六 10:30am-10:30pm
網頁：https://www.grilld.com.au/

INFO

墨爾本
Melbourne

墨爾本最 Cool 的酒吧 28

MAP 1-7 F3

Ice Bar Melbourne

Flinders Street 火車站出站步行 5 分鐘

從大街走進室內，一推開門發現裡頭是冰天雪地的Ice Bar，酒吧內由一枱一櫈以至每隻杯子都是用真冰人手雕成，全部獨一無二。室內溫度控制在攝氏零度以下，即使穿著小背心來也不怕！因為店方會提供斗篷、手套及雪靴給客人禦寒。酒吧內設有Kids Corner，歡迎家長帶小朋友進場，齊齊同北極熊打卡影相。

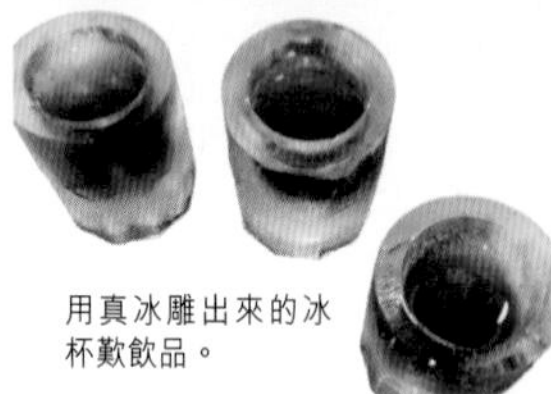

用真冰雕出來的冰杯歎飲品。

小朋友也可以進入酒吧歡樂一番。

地址：The Atrium, Fed Square, Melbourne VIC 3000
電話：61-3-9077 9716
營業時間：周日至四 2:00pm-7:00pm、周五及六營業至 9:00pm
入場費：成人 AUD39，小童 AUD19（費用包一杯飲料）
網頁：https://icebarmelbourne.com.au/

INFO

MAP 1-7 G2

雲集最強時裝 29

MARAIS Womens

Parliament 火車站出站步行約 3 分鐘

縱觀整個澳洲，最重視生活藝術的必定是墨爾本人。他們都非常注重打扮，對時裝很講究。而總公司源自法國巴黎的Marais便選擇了在這城市開店，專門代理各大歐美時裝品牌。這裡大部分服飾都來自意大利和法國，當中不乏響噹噹的名字，包括Viktor & Rolf、Yves Saint Laurent、Surface 2 Air及BALENCIAGA等，全都是「時裝精」的最愛。

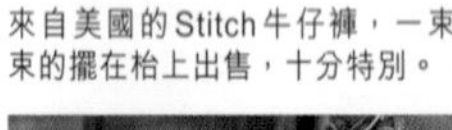

來自美國的Stitch牛仔褲，一束束的擺在枱上出售，十分特別。

店內裝修以全黑白為主，一貫高級時裝的有型風格。

BALENCIAGA 女裝外套線條簡約，黑色做主調，帶出爽朗明亮的個性。

地址：73-77 Bourke St, Melbourne VIC 3000
電話：61-3-8658 9555
營業時間：周一至日 11:00am-6:00pm
網頁：www.marais.com.au

INFO

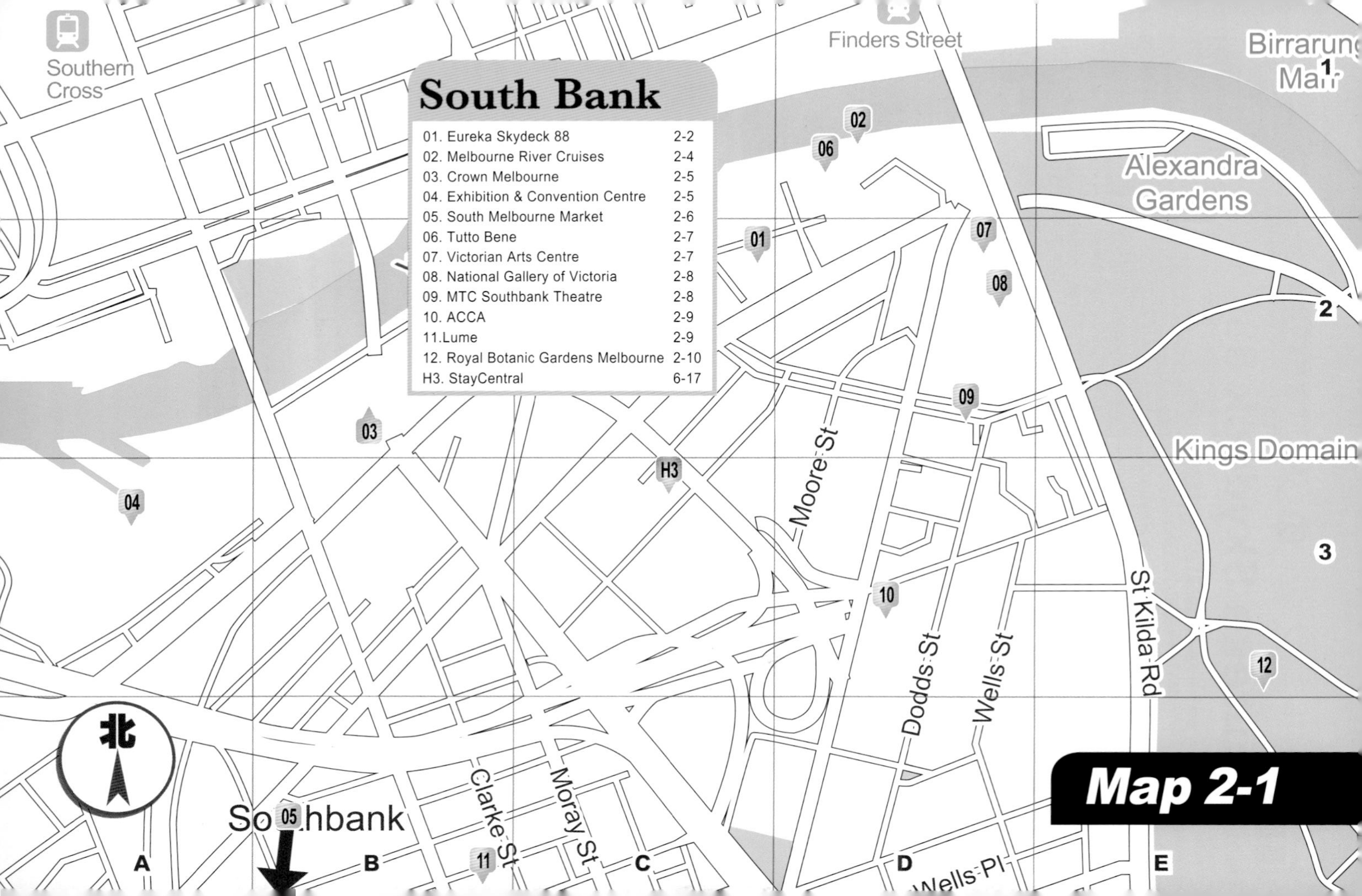
Map 2-1
South Bank
01. Eureka Skydeck 88 2-2
02. Melbourne River Cruises 2-4
03. Crown Melbourne 2-5
04. Exhibition & Convention Centre 2-5
05. South Melbourne Market 2-6
06. Tutto Bene 2-7
07. Victorian Arts Centre 2-7
08. National Gallery of Victoria 2-8
09. MTC Southbank Theatre 2-8
10. ACCA 2-9
11.Lume 2-9
12. Royal Botanic Gardens Melbourne 2-10
H3. StayCentral 6-17
Southern Cross
Finders Street
Alexandra Gardens
Kings Domain
St Kilda Rd
Moore St
Dodds St
Wells St
Wells Pl
Clarke St
Moray St
Southbank
北
A
B
C
D
E
1
2
3

墨爾本 Melbourne

南半球之最 01 MAP 2-1 C2

Eureka Skydeck 88

乘 55 號電車於 Casino East 站下車，步行約 5 分鐘

興建於墨爾本市區的Eureka Skydeck 88，曾是南半球最高的觀景台，較Sydney Tower還要高數十米，樓高300米共92層。位於88樓的觀景台，從地面乘搭極速升降機，40秒內便可到達，非常厲害。站在觀景台上，除可飽覽墨爾本的景色外，還設有30個定點望遠鏡，指向不同的景點地標，如Federation Square、聖保羅大教堂和Queen Victoria Market等。

此外，這裡最吸引是一個名為The Edge的觀景房間，全由玻璃製造，能容納12個人，當遊客進入房內，房間便會在88樓高空向外推展3米，地板更會突然變成透明，感覺就像懸浮半空，極之刺激，來到墨爾本一定要試試。

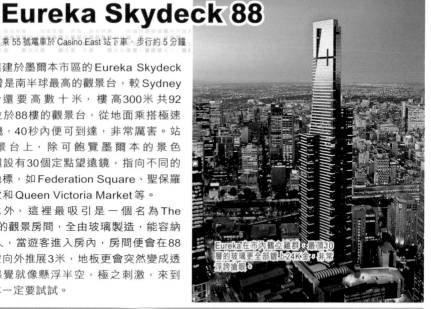

Eureka在市內鶴立雞群，最頂10層的玻璃更全部鍍上24K金，非常浮誇搶眼。

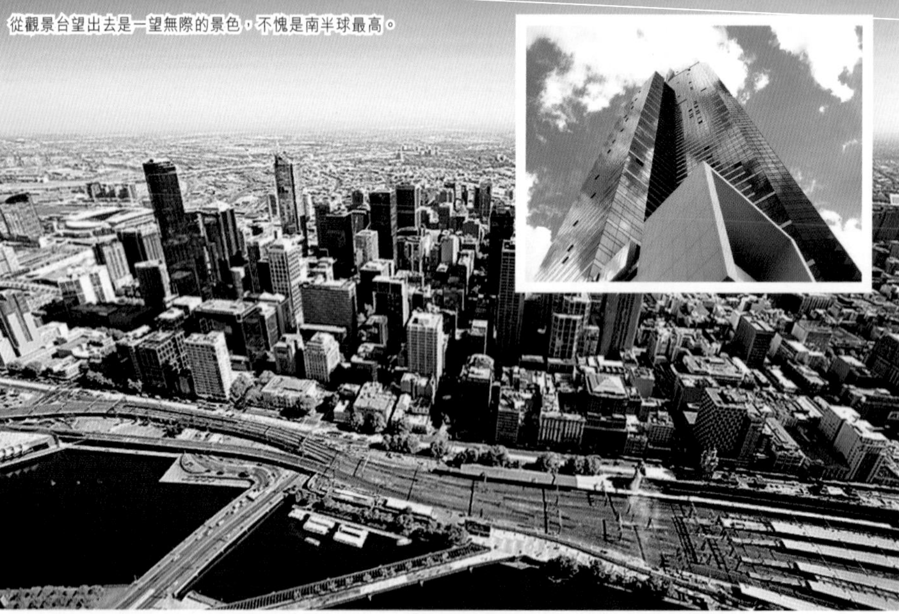
從觀景台望出去是一望無際的景色，不愧是南半球最高。

地址：7 Riverside Quay, Southbank, Melbourne, Victoria
電話：61-3-9693 8888
營業時間：12:00nn-10:00pm
費用：網上訂票價 Skydeck：成人 AUD 28 起，4-16 歲小童 AUD 18 起；連 The Edge：成人 AUD 40，4-16 歲小童 AUD 27
網頁：www.eurekaskydeck.com.au

INFO

The Edge
連環快拍睇

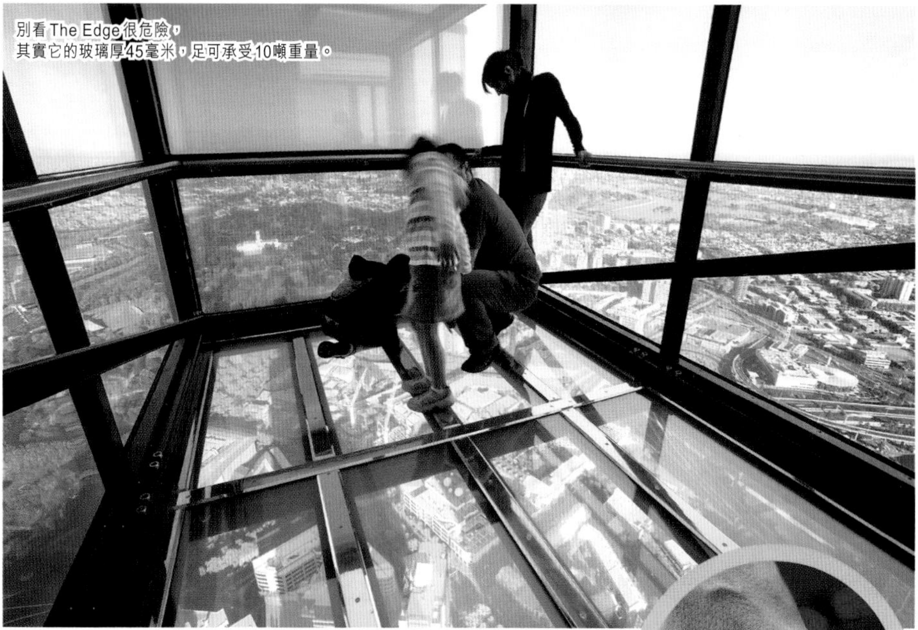

別看The Edge很危險，
其實它的玻璃厚45毫米，足可承受10噸重量。

在地下大堂，設有一個巨型互動輕觸式顯示屏，介紹墨爾本的歷史和建築，這玩意有點像電影《鐵金剛》內的高科技產品。

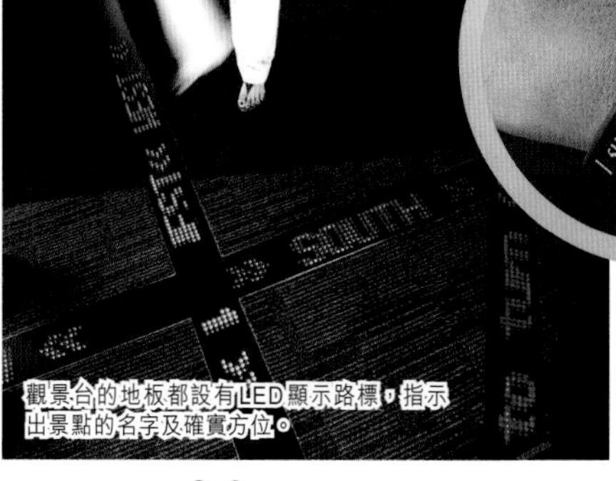

觀景台的地板都設有LED顯示路標，指示出景點的名字及確實方位。

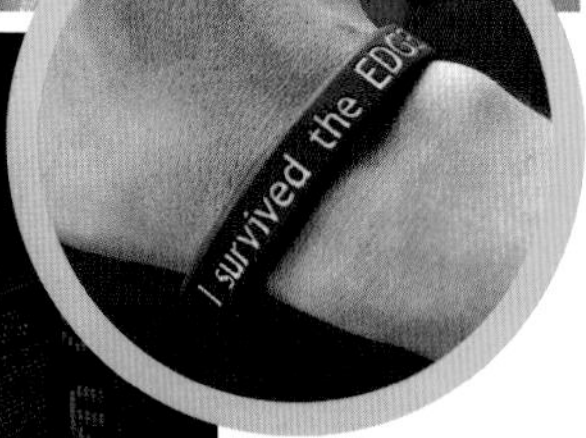

完成歷時5分鐘的The Edge體驗之後，可以得到這條印有「I survived The Edge」的手帶。

墨爾本 Melbourne

徜徉水天一色 02 MAP 2-1 D1
Melbourne River Cruises

由 Finders Street 火車站步行 5 分鐘

★★★

漂亮的亞拉河是每位到訪墨爾本遊客必到的景點，而要盡覽亞拉河兩岸的風光，最好當然是乘遊船欣賞。墨爾本遊船主要分兩條路線，分別是A線Port & Docklands及B線River Gardens。A線行駛墨爾本市中心，途經皇冠賭場、會展中心及Westgate Bridge等地標建築。B線則行駛墨爾本較綠化的地帶，包括Royal Botanic Gardens、Melbourne Park及Herring Island等。如果有時間，也可參加AB混合線，可欣賞墨爾本更多姿多彩的城市風貌。

*另有C線和D線，詳情請瀏覽官方網頁。

航班資料	A線 往PORTS & DOCKLANDS	B線 往RIVER GARDENS
全年	12:10nn、3 :00pm	11:00am、1:30pm、4:00pm

登船地點：Southgate Promenade, Berth 5, Southbank, Victoria
船票：成人 AUD35，小童 (3-12 歲) AUD18；AB 混合線成人 AUD58， 小童 (3-12 歲) AUD29
電話：61-3-8610-2600 **網頁**：https://www.melbcruises.com.au
備註：另有 Summer Twilight Cruise，在黃昏出發，欣賞墨爾本日落及夜景

★ INFO

南半球最大賭場 03 MAP 2-1 B2

Crown Melbourne

墨爾本電車 96、109 或 112 號於 Whiteman St 站下車

皇冠賭場在1997年開業，由澳洲首富凱利派克(Kerry Packer)家族擁有。賭場設有350張賭檯、2,500部吃角子老虎機外，還有四十多家餐廳及名牌精品專賣店，是墨爾本的美食消閒娛樂中心，也是市內數一數二的星級酒店。就算對賭錢沒興趣，也可以參觀每晚的兩項免費表現──在亞拉河畔的石柱群，會噴出火舌達10米，媲美火山爆發，感覺震撼。另在酒店門外的噴水池，定時會演出光影Show，水柱高達五層樓，非常壯麗。

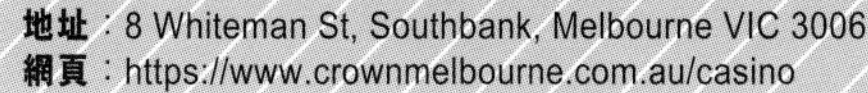

地址：8 Whiteman St, Southbank, Melbourne VIC 3006　**電話**：61-3-9292-8888
網頁：https://www.crownmelbourne.com.au/casino

INFO

04 六星級綠星 MAP 2-1 A3

Melbourne Exhibition & Convention Centre

墨爾本電車 12、96、109 號在 Melbourne Exhibition & Convention Centre 站下車

墨爾本會展中心是澳洲規模最大，最多功能的展覽及演出場館，也是世界上第一個及是唯一一個獲得「六星級」(6 Star Green Star) 環保評級的場館。會展中心面向美麗的亞拉河，建築採用三角形的設計，儘量橫向發展，務求不破壞四周景觀。館內大量採用各種先進技術，節約能源之餘又能提供貼心服務。除了展覽及會議，會展中心亦雲集幾百個商舖，其中不乏名牌商家，是墨爾本消閒的好去處。

地址：
Convention Centre:
Wurundjeri Woi Wurrung Country
1 Convention Centre Place, South Wharf, Victoria 3006

Exhibition Centre:
Wurundjeri Woi Wurrung Country
2 Clarendon Street, South Wharf, Victoria 3006

網頁：http://www.mcec.com.au/

INFO

墨爾本3大市場之一 05 MAP 2-1 B4
South Melbourne Market

乘 96 號電車於 South Melbourne 站下車即達

★★★

建於1867年的South Melbourne Market，是逾150年歷史的本地市場，由於較隔涉的關係，觀光客相對少，感覺更為地道。市場的一大特色是設有The Neff Market Kitchen烹飪班，邀請不同的澳洲名廚教授烹飪技巧，為市場添上一股魅力。Market內最老字號的海鮮店Aptus Seafood，有堆積如山的海鮮，即開的生蠔一打只需AUD20；其中Coffin Bay海水味濃兼帶海草味，簡單地撒上檸檬汁，吃起來脆口甘甜。

包羅萬有的市場，除了美食之外，也有許多文創商品。

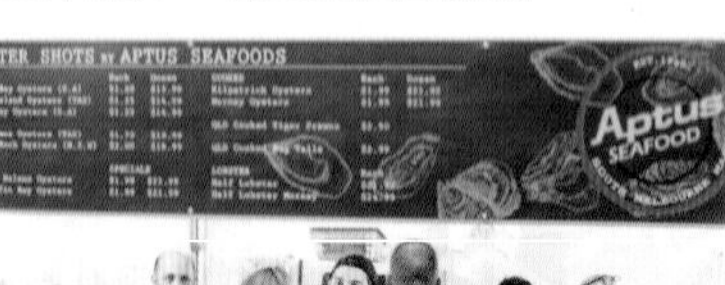

場內最老字號的海鮮店Aptus，所有海鮮明碼實價。

許多熟食海鮮檔，可以邊逛邊吃。

時令的海鮮平靚正，豈有不吃的道理？

地址：322-326 Coventry St, South Melbourne VIC 3205
電話：61-3-9209 6295
營業時間：周三、六、日 8:00am-4:00pm，周五至 5:00pm
網頁：https://southmelbournemarket.com.au

★ INFO

展現意大利本色 MAP 2-1 D1

Tutto Bene 06

乘1、3或5號電車於Arts Centre站下車，步行約5分鐘

在墨爾本想到意大利餐廳用膳，首選Southgate的Tutto Bene。意大利文解作「一切都很好」，而餐廳大廚Simon Humble便將這句説話完全實踐出來。在98年，他是唯一澳籍廚師能替訪澳的意大利總統準備晚餐，由此證明他的江湖地位。

Simon多年來不斷到意大利學藝，將最好的菜式帶回墨爾本，而他最拿手的意大利飯（risotto）為他帶來無數殊榮，更成為客人的必點菜式。此外，這兒的意大利雪糕（gelato）亦非常著名，口味包括蜜桃、黑提子、栗子及tiramisu等，入口滑溜香濃，是最佳飯後甜品。最近Simon更開始為電視主持飲食節目，可見其超卓的成就。

藍蟹番茄意大利飯Blue Swimmer Crab with Tomato Sauce Risotto

質感黏稠的意大利飯，帶著蟹肉的甜味，飯粒很有咬口。

Simon Humble曾經贏得「World Intercontinental Risotto Competition」銀獎殊榮。

地址：Mid Level Southgate, Melbourne, VIC 3006
電話：61-3-9696 3334
營業時間：周三 5:30pm-11:00pm、周四至六 12:00nn-3:00pm、5:30pm-11:00pm，周日 12:00nn-3:00pm
網頁：www.tuttobene.com.au

INFO

這裡的意大利雪糕，在2008 Sydney Royal Show的7個競賽類別中，共得到1金5銀的獎項。

MAP 2-1 D2 07 演藝匯粹

Victorian Arts Centre

墨爾本電車1、3、3a、5、6、8、16、64、67、72號，於Arts Centre站下車即達

維多利亞藝術中心是墨爾本的著名地標，1984年正式開幕，是大型音樂會、戲劇和舞蹈的首選演出地點。整項建築包括中心劇院（Theatres）和墨爾本音樂廳（Melbourne Concert Hall）。由於劇院附設一座162米高的尖塔，所以也稱為尖塔劇院，令這座樓高六層的劇院被譽為全世界最高的劇院。至於音樂廳則設有會議廳、宴會廳、餐廳、畫廊、博物館和藝術品店等，不看表演也歡迎遊客參觀。

中國著名劇目《紅色娘子軍》也曾在藝術中心演出。

墨爾本音樂廳充滿古雅風格。

地址：100 St Kilda Road Southbank Victoria
電話：61-1300-182-183
營業時間：周一至周五 7:00am-7:00pm，周六 8:30am-7:00pm，周日 9:00am-5:00pm
費用：免費（一些特別展覽或活動會有收費）
網頁：http://www.artscentremelbourne.com.au/

INFO

澳洲歷史最悠久的藝術館 08 MAP 2-1 D1&D2
National Gallery of Victoria(NGV)

澳洲館由 Flinders Street 火車站步行 5 分鐘，國際館乘墨爾本電車於 St Kilda Road 站 (Stop16) 下車

維多利亞州國立畫廊創建於1861年，是墨爾本第一家，也是澳洲歷史最悠久的藝術展覽館。藝術館設有兩個展館，分別是國際館和澳洲館，展品數量高達7萬件，包括The Great Hall裡的世界上最大彩繪玻璃天花板。國際館館藏有歐洲、亞洲、美洲和澳洲的大量藝術品，而澳洲館展示澳洲由殖民時期至今的原住民及非原住民的藝術作品。兩館分別設於亞拉河兩岸，中間隔著哈默爾廳(Hamer Hall)和墨爾本藝術中心，遊客可以順道暢遊，文青一番。

The Great Hall

澳洲館

國際館

★INFO
地址：國際館 180 St Kilda Road，澳洲館 Federation Square 內
電話：61-3-8620-2222
費用：免費參觀，部份專題展覽有特別票價
營業時間：10:00am-5:00pm
網頁：http://www.ngv.vic.gov.au/

MAP 2-1 D2 09 戲劇基地

MTC Southbank Theatre

墨爾本電車 1 號在 Sturt Street 站 (Stop17) 下車即達

南岸劇院位於南岸藝術區的南岸林蔭大道(Southbank Boulevard)上，是墨爾本劇團三大演出場所之一。劇院規模不大，最寬落的 Summer 劇場也只能容納500人。但有限的空間，同時拉近了演員與觀眾的距離。除了欣賞舞台劇，南岸劇院亦設有 Script Bar，提供意菜及21款美酒，最啱戲迷散場後留下來回味劇情，把酒談天。

地址：140 Southbank Boulevard, Southbank, Victoria, 3006
電話：61-3-8688-0800
網頁：http://www.mtc.com.au/your-visit/southbank-theatre
★INFO

文藝殿堂 10 MAP 2-1 D3

Australian Centre for Contemporary Art (ACCA)

墨爾本電車 1 號於 Grant Street 站 (Stop18) 下車

位於南岸的當代藝術中心於2002年開幕，外形可謂三尖八角，建築物本身已是一座非常前衛的雕塑。藝術中心前身曾是工廠也是貨倉，經改建後仍流露著金屬及工業的風格。藝術中心由 ACCA, Chunky Move 及 Playbox 三個機構組成，內裡既有展覽空間，亦有表演場地，更經常與不同藝術工作者合作，展示澳洲和世界最前衛的藝術。

地址：111 Sturt Street Southbank VIC 3006　**電話**：61-3-9697-9999　**費用**：免費參觀
營業時間：周二至周五 10:00 am-5:00pm，周六、日 11:00am-5:00pm，周一休息
網頁：http://acca.melbourne/

INFO

精雕細琢

Lûmé

York St/Clarendon St 電車站步行 3 分鐘

Lûmé由名廚Shaun Quade所創辦，餐廳曾入選「Australia's Top Resturant」之一。Lûmé坐落在一棟維多利亞式古宅之內，食物及布置都走fine dining路線，分3、5、7道菜，收費由AUD100起，未至高不可攀。其中一道名菜Aged Duck Smoked over Melaleuca，鴨肉以櫻桃木薰製，表面塗上澳洲獨有的茶樹精油(melaleuca)及皮革樹蜂蜜(leatherwood honey)，味道既道地又特別，是Lûmé招牌菜之一。

地址：226 Coventry St, South Melbourne VIC 3205
電話：61-3-9690-0185　**營業時間**：5:30pm-11:30pm，周日至二休息
FB：https://www.facebook.com/lumerestaurant/

INFO

植物大觀園 12 MAP 2-1 E3

Royal Botanic Gardens Victoria - Melbourne Gardens

★★★

墨爾本電車 8 號在 Birdwood Avenue 站 (Stop24) 下車即達

皇家植物園就在墨爾本公園對面，中間相隔了一條亞拉河。如果嫌墨爾本公園太嘈吵(特別是大型賽事如澳網期間)，皇家植物園的環境則完全相反。植物園內種滿超過50,000 種的植物，包括澳洲原生及世界各地移植來的品種。園區還為諸如黑天鵝、鰻魚、鈴鳥、鳳頭鸚鵡和笑翠鳥等野生動物提供了天然的保護區。遊客亦可往園區內的墨爾本天文台(Melbourne Observatory)參加天文導覽之旅；或深入吉爾福伊爾火山 (Guilfoyle's Volcano)，探索奇妙的生態。此外，園區亦闢有伊恩波特基金會兒童花園 (The Ian Potter Foundation Children's Garden)，提供小朋友「放電」的空間。

公園也不時會舉行戶外電影、現場表演和各種展覽等活動，歡迎居民和遊客參加。

地址：Birdwood Avenue, Melbourne VIC 3004
電話：61-3-9252 2300 **時間**：7:30am-7:30pm **費用**：免費
網頁：https://www.rbg.vic.gov.au/

INFO

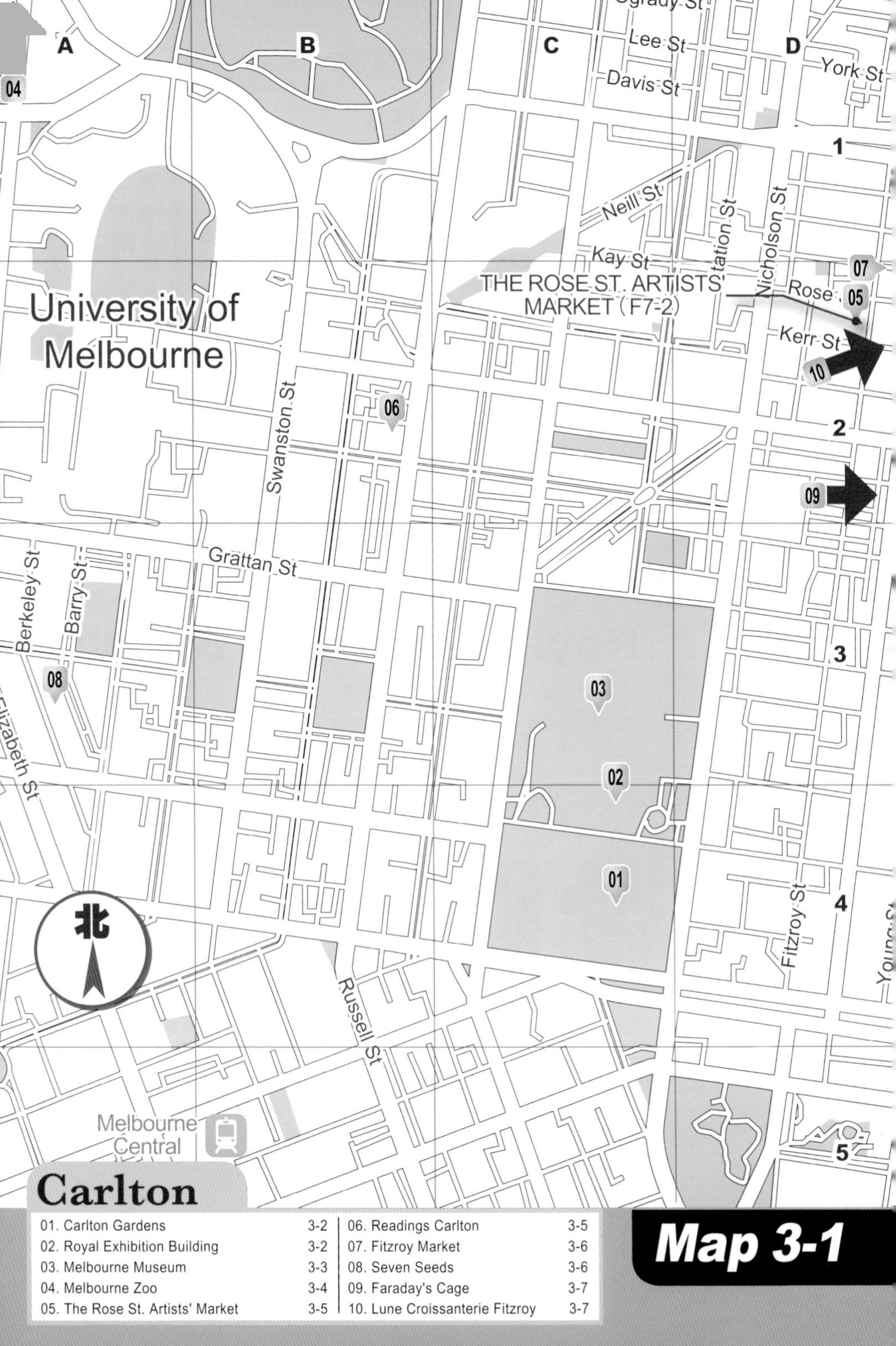

Ogrady St
Lee St
Davis St
York St
Neill St
Kay St
Station St
Nicholson St
THE ROSE ST. ARTISTS MARKET (F7-2)
Rose
Kerr St
University of Melbourne
Swanston St
Grattan St
Berkeley St
Barry St
Elizabeth St
Russell St
Fitzroy St
Melbourne Central
北
A
B
C
D
1
2
3
4
5
01
02
03
04
05
06
07
08
09
10
Carlton
Map 3-1
01. Carlton Gardens 3-2
02. Royal Exhibition Building 3-2
03. Melbourne Museum 3-3
04. Melbourne Zoo 3-4
05. The Rose St. Artists' Market 3-5
06. Readings Carlton 3-5
07. Fitzroy Market 3-6
08. Seven Seeds 3-6
09. Faraday's Cage 3-7
10. Lune Croissanterie Fitzroy 3-7

世界遺產 01 MAP 3-1 C4

Carlton Gardens

墨爾本電車 86、95、96 號於 Victoria Parade/Nicholson St 站下車

★★★

卡爾頓公園位於墨爾本市中心的東北部，佔地26公頃，始建於1839年。1880年，澳洲舉辦墨爾本世界博覽會，卡爾頓花園和其鄰近的皇家展覽館等建築就是主要的場館。2004年，卡爾頓花園和皇家展覽館更被列入了世界遺產。公園內有很多典雅的舊建設，包括噴水池及亭園等，是現時澳洲最大和最著名的園林建築。

地址：1-111 Carlton St, Carlton VIC 3053

INFO

MAP 3-1 C4 02 美輪美奐的維多利亞式建築

Royal Exhibition Building

墨爾本電車 86、95、96 號於 Melbourne Museum 站下車

皇家展覽館是於19世紀末期為了迎接世界博覽會而建。建築採用維多利亞式建築，外觀高貴典雅，內裡金碧輝煌，是墨爾本人引以為傲的建設。所以世界博覽會之後，這裡便成為澳洲議會舉行的地方。直至現在，展覽館仍是舉行不同種類活動的場地。2004年，它與卡爾頓公園一起被評為世界遺產。評選理由是皇家展覽館是澳洲現存最高老的展覽館，也是世界數一數二建於19世紀的展覽館。

地址：9 Nicholson St, Victoria, 3053
電話：61-3-9270 5000
費用：不同時段有不同收費，周一至五，非會員成人 AUD7 起
網頁：http://www.museumsvictoria.com.au/reb

INFO

南半球最大的博物館 03 MAP 3-1 C3

Melbourne Museum

墨爾本電車 86、95、96 號於 Melbourne Museum 站下車

墨爾本博物館是南半球最大的博物館，於2000年11月開幕，鄰近皇家展覽館，同樣位於卡爾頓花園中。博物館主要分為Forest Gallery、Science and Life Gallery、及Melbourne Gallery 三個主要展館，分別以森林生態、昆蟲動物及墨爾本百年歷史為主題，以生動有趣方式展示人與自然的關係，更可以一睹澳洲傳奇的競賽馬種Phar Lap的風采。而在Bunjilaka Aboriginal Cultural Centre中，你會對墨爾本的原住民庫里族(Koorie)的文化有更深入了解。不可不提的是館內的 IMAX影院屏幕高達八層樓，無論觀賞2D或3D的電影都無比震撼。館內的Children's Gallery 則是小朋友的天堂，透過互動動戲，讓小朋友對大自然有更深刻了解。

地址：Carlton Gardens, 11 Nicholson Street, Carlton, Victoria, 3053
電話：61-3-131102
營業時間：9:00am-5:00pm
費用：成人 AUD15，16 歲以下免費；IMAX 影院 AUD10 起
網頁：https://museumsvictoria.com.au/

INFO

澳洲最古老的動物園 04 MAP 3-1 A1

墨爾本動物園 Melbourne Zoo

乘火車至 Royal Park 站下車

墨爾本動物園開業於1862年，是澳洲歷史最古老的動物園。園內動物的種類高達320種，來自澳洲本土和世界各地。除了可與鴨嘴獸、袋鼠和鴯鶓等澳洲本土野生動物近距離接觸，亦可身體力行，參與瀕臨滅絕的動物如亞洲象 (Asian Elephant) 的保育工作。陸上野生動物外，動物園近年亦發展野生海洋 (Wild Sea) 項目，展示維多利亞州多樣化的沿海環境，以及維多利亞州標志性的的小企鵝 (Little Penguins)、澳洲海豹 (Australian Fur Seals) 和其他生活在維多利亞州水域的野生動物。由於動物園內容豐富，所以分別在2015及16年，獲票選為維多利亞旅遊大獎 (Victoria Tourism Awards)，可見景點深受墨爾本市民的歡迎。

INFO

地址：Elliott Ave, Parkville VIC 3052
電話：61-1300-966-784
營業時間：9:00am-5:00pm
費用：成人 AUD42；4-15 歲 AUD21；4 歲以下免費；周六日或公眾假期 15 歲以下免費
網頁：http://www.zoo.org.au/melbourne/

好賞藝術 05 MAP 3-1 D2

THE ROSE ST. ARTISTS' MARKET

墨爾本電車 11 號至 Leicester St/Brunswick St 站步行約 2 分鐘

Rose Street集市在2003年開始發展，在墨爾本有hidden treasures之稱，雲集約70名藝術家，逢周末和周日便在Rose Street街頭巷尾展銷他們的創作。當中的作品包括攝影作品、珠寶、繪畫、家居用品等等，都是他們獨一無二的心血結晶。老土啲講句，唔買都應該來睇下。

INFO

地址：60 Rose St, Fitzroy VIC 3065
電話：61-414 803 228
營業時間：周六及周日 10:00am-4:00pm
網頁：http://www.rosestmarket.com.au/

MAP 3-1 B2 06 讓肚子多點墨水

Readings Carlton

墨爾本電車 1、8 號至 Elgin St/Lygon St 站即達

Readings Carlton是墨爾本文青的icon，自1969年開始營業，在墨爾本一共有7家分店，分別位於Carlton、Hawthorn、Malvern、St Kilda和State Library of Victoria，而Carlton的則是元祖店。書店有豐富的書籍、電影和音樂產品，更不時會舉行新書發表會及其他藝文活動。2016年，Readings Carlton在倫敦書展及Australian Book Industry Awards中分別獲選為最佳書店，是當地很有人氣的文藝殿堂。

地址：309 Lygon St, Carlton, Melbourne, VIC 3053
電話：61-3-9347-6633
營業時間：周一至周四 9:00am-9:00pm，周五、六 9:00am-10:00pm，周日 10:00am-9:00pm
網頁：http://www.readings.com.au/carlton

INFO

潮人街區

Fitzroy Market

07 MAP 3-1 D2

墨爾本電車 11、112 號至 Leicester St/ Brunswick St 站下車，步行約 1 分鐘鐘

Fitzroy可說是墨爾本最具文藝氣息的地區之一，街頭巷尾都是鋪天蓋地的塗鴉區。Fitzroy Market原是一個停車場，在政府推動下化身成塗鴉畫廊，逢周六會擺滿各式攤檔變成Fitzroy Market。逛完市集建議你留在此區，在附近的Burnswick Street、Gertude Street和Smith Street等街道探索，沿街有不少畫廊、二手復古店，還有潮人聚集的咖啡店、酒吧和餐館，可以玩足半日。

Fitzroy的私營停車場化身塗鴉區和市集。

地址：75 Rose St, Fitzroy VIC 3065
營業時間：周六 9:00am-2:00pm
網頁：https://www.fitzroymarket.com/

INFO

MAP 3-1 A3

得獎名店

08 Seven Seeds

墨爾本電車 19、59 號至 Haymarket Walk/ Elizabeth St 站即達

墨爾本是全澳洲對咖啡最狂熱的城市，同時對咖啡的要求可能亦最高。Seven Seeds店名，來自17世紀時印度人Baba Budan把咖啡豆由也門偷運往印度時，對這批無價貨品的稱呼。Seven Seeds老闆Mark Dundon可以稱為咖啡達人，除了Seven Seeds，同時亦經營另一間咖啡名店Brother Baba Budan。他不但由全世界進口咖啡豆再自家烘焙，甚至自行種植，為的是找出最合澳洲的口味。所以小店在2012年曾被評選為最佳咖啡店，絕對是實至名歸。

地址：114 Berkeley Street, Carlton, Victoria 3053
電話：61-3-93478664
營業時間：周一至五 7:00am-5:00pm，周六、日 8:00am-5:00pm
網頁：http://sevenseeds.com.au/

INFO

清爽早午餐

MAP 3-1 D2

Faraday' s Cage

09

墨爾本電車 86 號至 Johnston St/ Smith St 站下車，步行約 3 分鐘

餐館坐落在Fitzroy藝文地區，同區聚集了許多人氣咖啡店，此店用餐環境很舒服，紅磚屋的周遭一片綠意盎然。店內的食物擺盤也十分精緻，招牌House-made Pear Granola原粒啤梨上碟，配上燕麥片、乳酪和水果擺滿一盤，口味清新，色彩豐富且有飽足感。

地址：325-329 Gore Street, Fitzroy, VIC 30655
電話：61-3-8589 1568
營業時間：7:30am-4:00pm，周六及日 8:00am-4:00pm
網頁：https://www.faradayscage.com.au/

INFO

MAP 3-1 D2

10 牛角包界愛馬仕

Lune Croissanterie Fitzroy

墨爾本電車 11 號至 Leicester St/ Brunswick St 站下車，步行約 2 分鐘

有牛角包界愛馬仕之稱的Lune Croissanterie，曾被紐約時報週刊以標題寫下「Is the World ' s Best Croissant Made in Australia?」。在Fitzroy的分店是由一座舊倉庫改建而成，設計簡單俐落，正中央設有開放式廚房可觀看製作過程。Lune的牛角包款式多元化，光看到牛角包蜂巢狀的橫切面，就讓人垂涎三尺；必試的有杏仁牛角包，外面鋪滿杏仁脆片，酥脆的外層與鬆軟的內層配合得天衣無縫。

地址：114 Berkeley Street, Carlton, Victoria 3053
電話：61-3-93478664
營業時間：周一至五 7:00am-5:00pm，
周六、日 8:00am-5:00pm
網頁：http://sevenseeds.com.au/

INFO

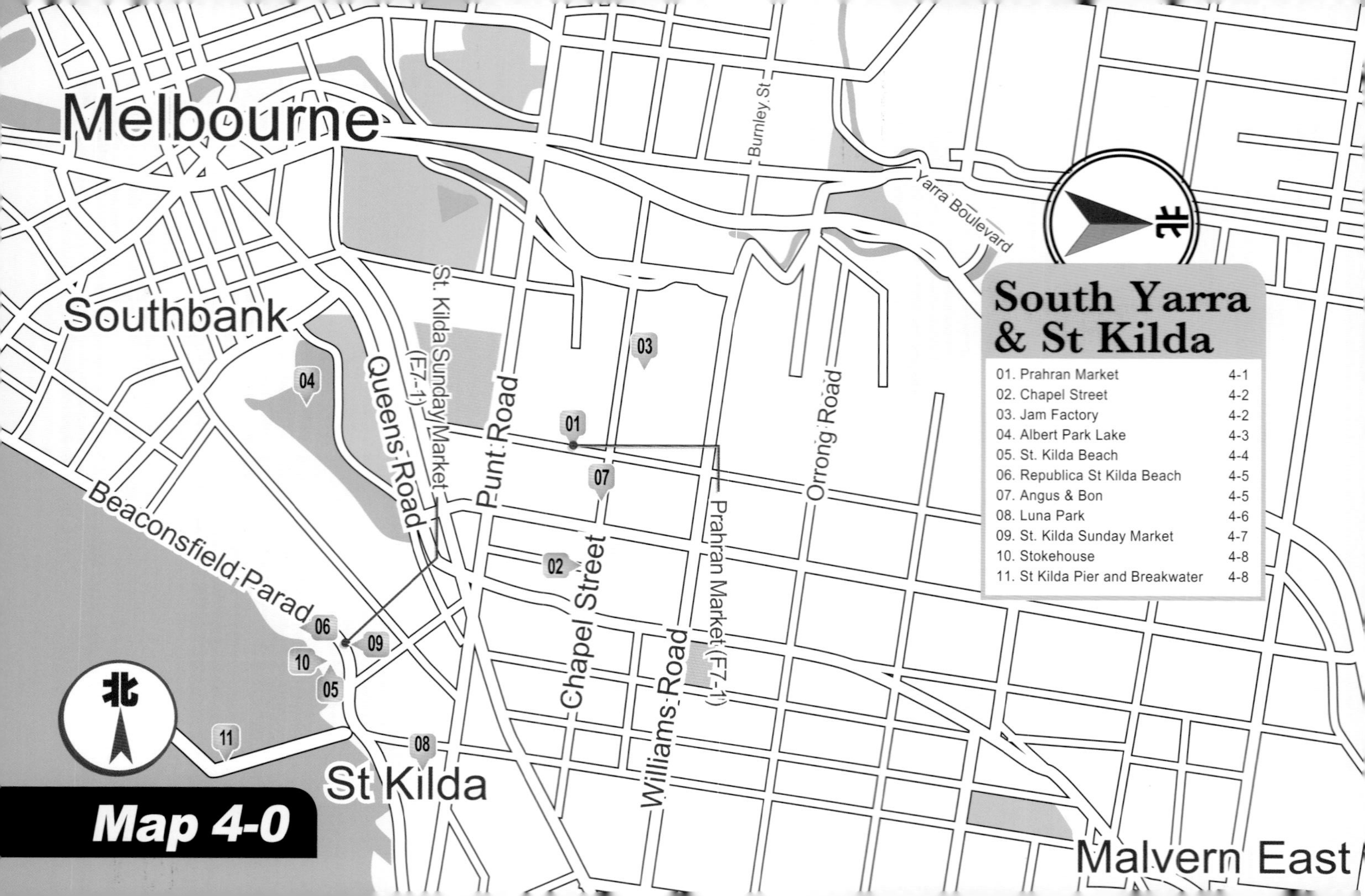

Map 4-0
South Yarra & St Kilda
01. Prahran Market 4-1
02. Chapel Street 4-2
03. Jam Factory 4-2
04. Albert Park Lake 4-3
05. St. Kilda Beach 4-4
06. Republica St Kilda Beach 4-5
07. Angus & Bon 4-5
08. Luna Park 4-6
09. St. Kilda Sunday Market 4-7
10. Stokehouse 4-8
11. St Kilda Pier and Breakwater 4-8
Melbourne
Southbank
St Kilda
Malvern East
Burnley St
Yarra Boulevard
Orrong Road
Punt Road
Queens Road
Chapel Street
Williams Road
Beaconsfield Parad
Prahran Market (F7-1)
St. Kilda Sunday Market (F7-1)
北

美食市場 01 

Prahran Market

乘火車至 Prahran 站下車，步行約 6 分鐘或乘 72 號電車於 Prahran Market Commercial Road 下車

Prahran Market是墨爾本歷史最悠久的三大市場，由1864年開始營業至今，亦是本地人購買新鮮美食的首選。市場分蔬菜、肉類及家具三個區域，有售賣150種乾果的Sweet & Nut Shop、40種不同風乾肉及熟火腿的Pete n Rosie's Deli等。這裡更經常舉辦活動，當中最有名的就是由The Cheese Shop Deli發起的芝士節（Say Cheese Festival），好玩好食之餘更獲益良多。

售賣40款不同品種咖啡的Jasper's Coffee。

蔬果區域的建築像個大貨倉，樓底有四至五層樓高。

Market Lane Prahran有適合素食人士的蘑菇漢堡。

地址：163 Commercial Road, South Yarra, VIC 3141
電話：64-3-8290-8220
營業時間：周二、四至六 7:00am-5:00pm；周日 10:00am-3:00pm
網頁：www.prahranmarket.com.au

INFO

墨爾本最有個性街道 Chapel Street 02

MAP 4-0

乘 78 或 79 號電車於 Chapel Street 和 Wilson Street 交界下車，步行約 1 分鐘

不喜歡逛商場及大品牌的話，可以到Chapel Street，這條街佈滿藝廊、小書店、工藝品店、生活雜貨、二手古董店等，每間店舖都各有個性，你可以在這裡找到獨一無二的精品。另外，這裡亦有很多非常有格調的露天Cafe和餐廳，當中最有名的要數Caffe e Cucina及Journeyman，適合「Chill」上大半天。

Chapel Street Bazaar由三十多位收藏家的特賣場組成，裡面雜亂無章地放了懷舊古物如皮袋、油畫、舊衣服、黑膠碟、舊玩具等，適合喜歡古董尋寶的朋友。

坐在戶外露天席享受咖啡，欣賞路上熙來攘往的人群，怡然自得。

地址：Chapel St, Prahran, Melbourne, Victoria
營業時間：一般商店 10:00am-6:00pm
網頁：www.chapelstreet.com.au

果醬購物中心 03 Jam Factory

MAP 4-0

乘 78 或 79 號電車於 Chapel Street 和 Wilson Street 交界下車，步行約 1 分鐘

位於熱門購物區Chapel Street的Jam Factory，已有150年歷史，是這區著名的大型購物商場。原址是啤酒廠，幾經轉折成為果醬工場，之後又因果醬業蕭條，工場倒閉而改建為購物中心。於1979年正式開張，花費2千萬澳幣發展的Jam Factory，室內面積雖不算大，但勝在五臟俱全，裡面設有餐廳、咖啡室、唱片店、書店及家品店等，既有得買又有得食。2樓更設有大型戲院，食飽飯不妨看場電影，輕鬆一下。此外，這裡亦有一間中式按摩店，在Chapel Street血拼完，可以充充電，然後再繼續掃貨。

在F1賽道奔馳
Albert Park Lake

墨爾本電車 96 號在 Middle Park 站 (Stop130) 下車即達

雖然普通人未必有機會坐上一級方程式賽車，卻可以一嘗在F1賽道奔馳的滋味。阿爾伯特湖公園附近有公司提供另類導遊服務——邀請遊客坐上特製的電單車，不單行經F1沿湖的賽道，更順道兼遊St Kilda當地的名勝如 Luna Park、Palais Theatre及 St Kilda Pier等。行程由1小時至一整天都有，最遠甚至可駛至12門徒石附近。不過因為電單車無遮無擋，遇著下雨或寒冷天氣就要諗清楚。

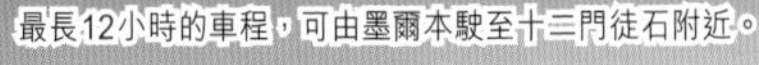
最長12小時的車程，可由墨爾本駛至十二門徒石附近。

地址：（辦公室）Level 2, Riverside Quay, 1 Southbank Boulevard, Southbank, Victoria, 3006
電話：61-1800 874 538　**費用**：AUD150-525
網頁：http://www.triketoursmelbourne.com.au/

野生捕獲小企鵝 05

St. Kilda Beach

墨爾本電車 16 或 96 號在 Jacka Blvd 站 (Stop135) 下車即達

聖科達海灘是距離墨爾本市區最近的沙灘，由市區乘電車約30分鐘即達。聖科達比澳洲其他著名海灘如邦迪及黃金海岸，明顯人流較少，非常適合情侶們在海邊漫步，或坐在岸邊的餐廳或咖啡館欣賞夕陽。沙灘一般的衝浪客並不多，但卻流行玩風箏衝浪(Kitesurfing)，藉在天空滑翔的大風箏拖帶著衝浪客風馳電製，在岸邊觀看也很刺激。另一項聖科達著名的活動，就是近距離觀察企鵝。原來很多企鵝喜愛集結在聖科達的長堤一帶，遊客可以沿海灘的超長木棧道走到近處觀看這些可愛的小精靈，輕輕鬆鬆度過半天歡樂時光。

地址：St Kilda Foreshore, St Kilda, Victoria, 3182

INFO

美景入餚 06 MAP 4-0

Republica St Kilda Beach

墨爾本電車 16 或 96 號在 Jacka Blvd 站 (Stop135) 下車即達

St Kilda Beach岸邊有不少漂亮的海邊食肆，其中Republica St Kilda Beach吸引人的地方，除了地方寬敞外，餐廳分為戶內區及戶外區令人大大加分。戶外區貼心地添置了幾張吊椅，最啱女生們自由自在地談天説地，難怪在Tripadvisor有四顆星的評價。這裡的菜式精緻，酒類的選擇亦超多，特別是黃昏時段氣氛極好，美酒佳餚加靚景，相信無人可抗拒。

地址：10-18 Jacka Boulevard, 1A-1D, St Kilda, Victoria, 3182
電話：61-3 8598 9055
營業時間：11:30am - 11:00pm，周一至日 12:00nn-10:30pm 或深夜
網頁：https://republica.net.au/

INFO

舊郵局變身扒房 07 MAP 4-0

Angus & Bon

乘 78 號電車於 Chatham St/Chapel St 站下車步行 2 分鐘

Angus & Bon是一間走紐約風格的扒房餐廳，坐落於已有90年歷史的Prahran舊郵局原址。雖然店名叫Angus，但店內的招牌牛扒並非安格斯牛，而是澳洲牧場產的草飼牛、和牛等優質肉扒類，其餘尚有豬腩、羊扒及海鮮之選。

地址：168 Greville Street, Prahran, Victoria, 3181 **電話**：61-3-9533-9593
營業時間：周二至六 4:00pm-10:00pm 或深夜；周日 12:00mn-9:00pm 或深夜
網頁：www.angusandbon.com.au

INFO

闔府統請 08 MAP 4-0
Luna Park

墨爾本電車 16 或 96 號在 Luna Park/The Esplanade (St Kilda) 站 (Stop138) 下車即達

★★★

月亮公園是澳洲「土生土長」的主題樂園，墨爾本的月亮公園開業於1912年，比悉尼的月亮公園更年長。雖然月亮公園已有超過100歲高齡，不過絕對是「老當益壯，與時並進」。主題樂園必備的機動遊戲如過山車、海盜船、跳樓機等都有供應。較刺激的有「法老的詛咒」(Pharaoh's Curse)，乘客坐在360度的離心機連續轉多個圈，保證個心不只「離一離」咁簡單。整體而言月亮公園的機動遊戲較適合小朋友，所以也是一家同遊的好去處。

地址：18 Lower Esplanade, St Kilda, Victoria, 3182
電話：61-3 95 255 033
營業時間：周一至五休息；周六 11:00am-10:00pm，周日 11:00pm-7:00pm
費用：單次遊戲票成人 AUD15，4-12 歲 AUD15， 0-3 歲 AUD5
* 另有其他票價組合，詳情請參閱官方網站
網頁：https://lunapark.com.au

★INFO

藝術品市集 09 MAP 4-0

The Esplanade St. Kilda Sunday Market

乘 16 號電車於 Luna Park 站下車

這位木雕工藝家，以原塊澳洲尤加利樹木頭，造成大大小小的儲物箱。

手製木造錢箱

木頭儲物箱

自1970年起，每到周日，St. Kilda海灘旁邊的The Esplanade大道便聚滿了本地藝術家，成為他們發表和售賣作品的根據地。現時約有超過200個檔攤，檔主多數都是來自維多利亞州的工匠和藝術家，出售他們最新及最引以為傲的手製作品。曾經奪得奧斯卡最佳短片大獎的導演Adam Elliot都在這裡待過5年，售賣其自家設計的Tee Shirt。這裡的藝術小檔有木雕、現代畫、玻璃製品及循環再造的裝飾品等，幾乎每件都是由人手製作，因此不難在這裡買到獨一無二的手信。

地址：The Esplanade, St. Kilda, Melbourne, Victoria, 3182　**電話**：61-3-9209 6777
營業時間：逢周日 10:00am-4:00pm(5-9 月)；10:00am-5pm(10-4 月)
網頁：http://www.stkildaesplanademarket.com.au/

★ INFO

名店重生 10 MAP 4-0

Stokehouse

乘 11 或 42 號電車於 Collins St. 站下車即達

Stokehouse 坐落於St. Kilda Beach旁，食盡無敵靚景。餐廳主要融合亞洲、中東和歐洲風格的菜式，08年更獲《The Age Good Food Guide》評為2星級餐廳。這裡的煎鴨胸甚為出色，鴨肉質感軟滑，配上美洲南瓜、葡萄乾和石榴汁，吃起來味道清新。

香煎鴨胸
軟綿鴨肉，汁豐肉嫩，值得推介。

煙香拿魚沙律 Seared Tuna Nicoise with Spring Beans, Tomato, White Anchovy & Anchoiade Mayonnaise

地址：30 Jacka Boulevard, St Kilda, VIC, 3182
電話：61-3-9525 5555
營業時間：12:00nn-12:00mn
費用：AUD 50-70
網頁：www.stokehouse.com.au

INFO

長堤漫步 11 MAP 4-0

St Kilda Pier and Breakwater

由 St. Kilda Beach 步行 5 分鐘

St Kilda Pier聖科達碼頭是St Kilda的地標，長長的海濱走廊可以欣賞墨爾本的天際線和菲利普港灣(Port Phillip Bay)的全景。走廊盡頭，是著名的Little Blue Restaurant所在地。除了漫步、垂釣，這裡最熱門的活動就是觀看企鵝及Rakali(水老鼠)的出沒，原來牠們都喜愛在沿岸的岩石叢曬太陽。不過為免過度騷擾牠們，閃光燈和自拍神棍都嚴禁使用。

地址：Pier Rd, St Kilda VIC 3182
營業時間：24 小時
**** 碼頭維修中，預計於 2024 年中開放 ****

INFO

Map 5-1

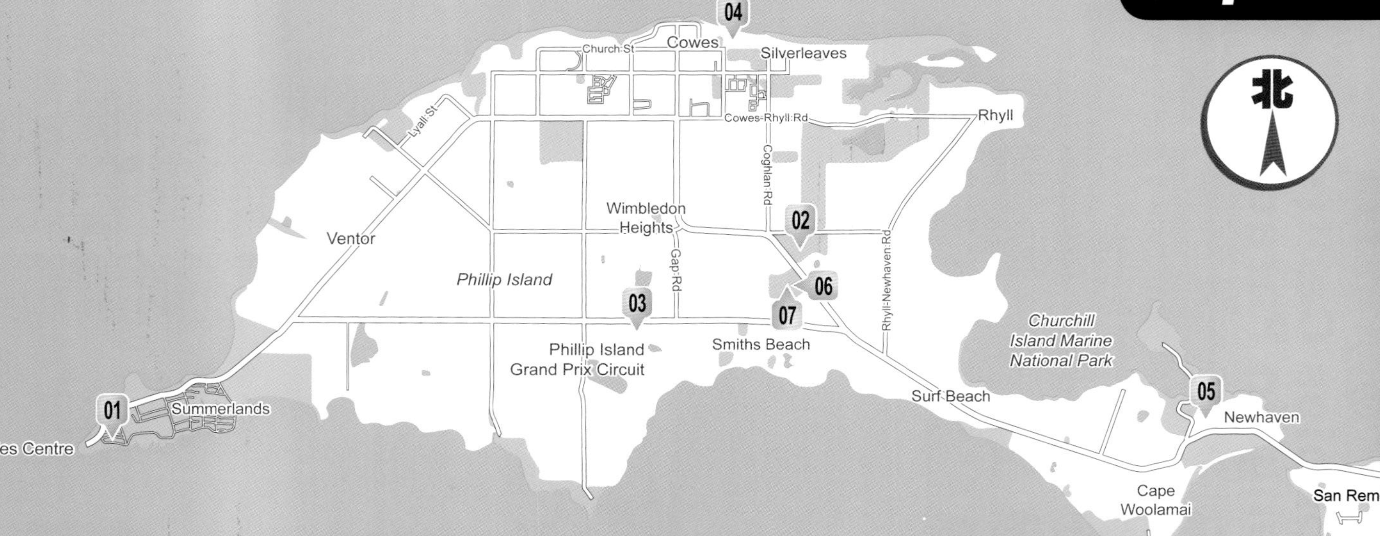

Phillip Island

01. The Nobbies Centre and Penguin Parade	5-2
02. Koala Conservation Centre	5-4
03. Philip Island Grand Prix Circuit	5-6
04. Holmwood Guesthouse	5-7
05. Panny's Chocolate Factory	5-8
06. Rusty Water	5-9

親親海洋世界 01 MAP 5-1
The Nobbies Centre and Penguin Parade

★★★

乘坐 V/Line coach 巴士由墨爾本往 Cowes，再轉乘的士前往

在Phillip Island上，由Phillip Island Nature Parks營運的The Nobbies Centre和Penguin Parade，是島上最受歡迎的景點。遊客既可接近野生海洋動物，又學到生態知識。位於島上東南面的The Nobbies Centre，坐落在Bass Strait海峽的懸崖上，崖下是澳洲最大海豹族群的聚居地，遊客可透過熒光幕，即時看到牠們可愛的樣子。

除了肥嘟嘟的海豹外，距離The Nobbies Centre 5分鐘車程的Penguin Parade海岸，更有全世界最小的企鵝Little Penguins出巡。每天黃昏時分，數以百計的小企鵝都會從岸邊走回巢穴休息。為了保育和讓遊客一睹風采，這一帶已發展成保護區，在企鵝所行走路線上加建木欄，讓遊客既能近距離觀察企鵝，又不會打擾牠們的作息。

有關 Phillip Island

距離墨爾本市約2小時車程的Phillip Island，有多種玩意，除可看到野生動物外，還有刺激的活動，又有新奇有趣的博物館，適合一家大細齊來遊玩。

小企鵝巡遊每年吸引超過65萬人來參觀，而遊客主要是坐在觀景台，等待小企鵝的來臨。

Little Penguins小知識

隨著不同的月份，走到岸上的小企鵝數目都有不同，10月至1月期間，是牠們的產卵和孵化期，數目是一年中最多的，可達1,000隻。而在6、7月期間，成長的企鵝都會忙於築巢和覓食，數目可能只有300至400隻。

想不到能這麼近距離，觀察到小企鵝的一舉一動。

中心外設有行人徑，遊客可一直往下走，更接近海豹的聚居地。

Penguin Parade內設有資訊中心，介紹小企鵝的生態，讓遊客更了解牠們的習性。

★ INFO

地址：1320 Ventnor Road, Summerlands, Victoria 3922 (Nobbies Centre)
1019 Ventnor Road, Summerlands, Victoria 3922 (Penguin Parade)

電話：61-3-5951 2800

營業時間：每天從 10:00am 或 11:00am 起開放，下午日落前一小時停止入場，四季不同，詳情可致電查詢或參閱官方網站（The Nobbies Centre）；
Penguin Parade 開始的時間會隨入夜的時間改變，詳情可致電查詢

費用：免費（The Nobbies Centre）；成人 AUD 27.7；4 至 15 歲小童 AUD 13.7（Penguin Parade）

網頁：www.penguins.org.au

備註：Penguin Parade 亦設有其他種類的門票，收費請參考網頁。在 Penguin Parade 的觀賞範圍內不可拍照，以保護小企鵝敏感的眼睛

保育小樹熊 02 MAP 5-1
Koala Conservation Centre

乘坐 V/Line coach 巴士由墨爾本往 Cowes，再轉乘的士前往

★★★

在澳洲想看到樹熊並不困難，不過多數都飼養在動物園裡，較難欣賞到野生樹熊的真面目。不過只要來到同樣由Phillip Island Nature Parks所營運的Koala Conservation Centre，便能看到樹熊在原始棲息地的生活模樣。

整個園區共分為兩個部分，從正門往內走，先會到達叢林區域，這裡的樹頂上都會住著樹熊，因為上面的樹葉比較好吃，但礙於樹身較高，遊客較難看得清楚。走遠一點，會到達木板步路區域，遊客走在距離地面數米的木板上，便可輕易見到牠們有的在睡覺、有的在吃樹葉，樣子十分可愛。幸運的話，還有機會遇上較活潑的樹熊走在路上，跟大家打招呼。

難得樹熊醒了走到木板路上，興奮的攝影師都不禁走到面前跟牠「對峙」。

樹上睡寶寶

樹熊在澳洲土著語意思是「不用喝水」，因為牠們主要食含大量水份的尤加利樹葉，水份和養份都可以從中吸收。牠們初次被發現是在1798年，後來遭到大量捕殺，數量一度只剩下1,000多隻，但現在牠們已經被列為受保護動物。而樹熊的新陳代謝很慢，平均1天都要睡20小時，所以給人一種懶惰的印象。

4 Parks Pass

想一次過玩盡 Penguin Parade、Antarctic Journey、Koala Conservation Centre 及 Churchill Island Heritage Farm，買套票就最好不過！

成人 AUD 58起　小童 (4-15)AUD29 起

網站：www.penguins.org.au

地址：1810 Phillip Island Road, Phillip Island, Victoria 3923
電話：61-3-5951 2800
營業時間：10:00am-5:30pm
費用：成人 AUD 13.7，4 至 15 歲小童 AUD 6.85
網頁：www.penguins.org.au

★INFO

這些圍牆沿著整個園區而建，以防樹熊們「逃走」。

這兒有很多工作人員為大家介紹各位樹熊大哥，更能認出每隻樹熊的名字。

平時在動物園極少看到四腳觸地的樹熊！

園內還有沙袋鼠（Wallaby）、袋貂（Possum）和約有100種雀鳥棲息，在這個觀鳥台可利用望遠鏡賞鳥。

園內有遊客資訊中心，展示關於樹熊生態和保育的知識。

挑戰專業賽道 03 MAP 5-1

Phillip Island Grand Prix Circuit

乘坐 V/Line coach 巴士由墨爾本往 Cowes，再轉乘 967 號巴士，於 Wimbledon Heights 下車，轉乘的士約 8 分鐘

★★★

別以為Phillip Island只有野生動物，這兒也有非常刺激的小型賽車（Go Kart）。Phillip Island Grand Prix Circuit是澳洲非常著名的賽車場地，每年都會舉行很多大大小小的賽事，其中更包括電單車界盛事MotoGP和Superbike World Championship，吸引過萬觀眾到島上欣賞。

這裡平日會開放給大眾進場玩小型賽車，賽道上分別有高速的直路、急窄的彎位和高低不平的小山丘，十分刺激。他們所採用的車輛從瑞士入口，控制時非常扎實，速度高之餘又很安全，現場更有工作人員作指導和計時，十足專業比賽一樣。

Phillip Island Grand Prix Circuit內亦設有賽車博物館，在這裡可看到賽車史的發展和多部古董賽車。

這裡的Go Kart都沒有設置波段，右邊的是油門，左邊的是腳掣，操控十分容易。

★ INFO

地址：381 Back Beach Road, Phillip Island, Victoria
電話：61-3-5952 2710 (查詢賽事)；
61-3-5952 9400 (查詢 Go Kart 及其他活動)
營業時間：9:00am-6:00pm
費用：(10 分鐘)AUD 35，(30 分鐘)AUD 80
網頁：http://www.phillipislandcircuit.com.au/the-circuit

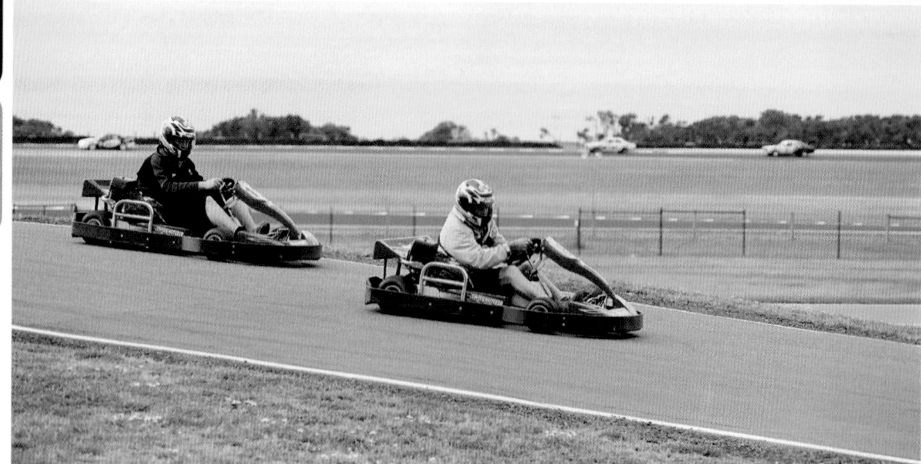

尋找大文豪的足跡  

Holmwood Guesthouse

乘坐 V/Line coach 巴士由墨爾本往 Cowes，沿 Chapel Street 步行至 Steele Street 街口約 7 分鐘，或可選乘的士約 2 分鐘

雖說Holmwood Guesthouse是一間民宿，不過其充滿閒適的田園風，實在叫人為它著迷。來自荷蘭的Serena和Eric自94年買下民宿後，便把只有3間房的民宿改建，變成既有格調又舒適的住處。主樓內的3間房間各有主題，布置都很考究。其中一間全紅設計的房間以著名女作家Jane Austen作主題，房間優雅之餘，更擺放了她的著作。雖然你未必會住在這兒，但建議一定要來吃件餅、喝杯茶，因為曾當大廚的Eric所炮製的美食，用料新鮮又好吃，而且店面小小，有種溫暖感。順帶一提，這兒距離Cowes市中心只有300米路程，附近亦有海灘和網球場，方便住客到處去。

Jane Austen主題客房，酒紅色的牆身跟英式家具十分搭配。

Eric每天都會到市場選購最新鮮的材料，為住客準備早餐和晚餐。Serena更會將自己的畫作放在民宿內，十分溫馨。

這裡有兩間獨立的小屋，適合喜歡更多私人空間的住客。

Serena和Eric自多年前來澳洲旅行後便愛上這地方，並決定在此定居。

地址：37 Chapel Street, Cowes,Phillip Island, Victoria, 3922
電話：61-3-5952 3082
費用：AUD 250 起
網頁：www.holmwoodguesthouse.com.au

★ INFO

看得到的朱古力  

Panny's Phillip Island Chocolate Factory

★★★

乘坐 V/Line coach 巴士由墨爾本往 Cowes，再轉乘 V15 號巴士，於 Forrest Avenue 及 Phillip Island Rd 交界下車，步行約 7 分鐘

無論大人小朋友，都喜歡吃朱古力，近年更有報告指出低糖分的黑朱古力對心臟有益，一改不健康零食的形象。開設兩年多的Panny's Chocolate Factory，其老闆Panny已有22年造朱古力的經驗，一直鑽研成分和技巧，致力造出最優質的朱古力。這裡的朱古力豆都來自比利時，成分方面保留最傳統的處方，製造過程全以人手監控，由煮朱古力豆到包裝都一手包辦，客人更可參觀整個生產過程及了解其工序。據Panny說他們最多只會做6個周的存貨，以保證味道夠新鮮，而且不會分銷到其他地方。想吃，就只有在這裡品嘗。

亮點之一的室內展品「朱古力村莊」。

參觀完工廠，例牌都要逛下手信店。

埃德娜．埃弗烈治夫人(Dame Edna Everage)的朱古力砌圖，由萬三塊朱古力鑲嵌而成。

Sides Show Alley遊戲區，娛樂之餘還有機會贏到朱古力禮品。

熱門手信之一的朱古力高跟鞋。

INFO

地址：930 Phillip Island Road, Newhaven, Phillip Island, Victoria, 3925

電話：61-3-5956 6600

營業時間：10:00am-5:00pm

費用：成人 AUD18，4-15 歲小童 AUD12，4 歲以下免費

網頁：www.phillipislandchocolatefactory.com.au

新鮮啤酒自家製 06 MAP 5-1

Rusty Water Brewery Restaurant & Bar

★★★

乘坐 V/Line coach 巴士由墨爾本往 Cowes，再轉乘的士前往

如果計劃在Phillip Island留宿，Rusty Water Brewery Restaurant & Bar絕對是與知己晚餐吹水的最佳選擇。食肆堅持以最新鮮的在地食材，炮製最可口的美食。店家還不怕麻煩，自釀多款手工啤酒，味道絕不大路。逢周五晚，食肆都有拉闊音樂表演，靚歌、美酒、美食加靚景，怎不令人陶醉？

地址：1821 Phillip Island Rd, Cowes, Victoria 3922
電話：61 3 5952 1666
營業時間：
周二、三 4:30pm-8:00pm；
周四至六 11:30am-9:00pm；
周日 11:30am-8:00pm
網頁：http://www.rustywater-brewery.com.au

★ INFO

進入奇幻世界 07 MAP 5-1
A Maze'N Things

乘坐 V/Line coach 巴士由墨爾本往 Cowes，再轉乘的士前往

★★★

在Phillip Island上，有一個叫人迷失、疑惑，但又令人會心微笑的地方，就是A Maze'N Things樂園。這裡布滿古靈精怪裝置，有著多種令人產生錯覺的玩意。由於創辦人Geoff和Sandy都非常喜愛趣怪玩意，便在91年興建了這間古怪屋。經過多年的加建和更新，現已成為維多利亞州內，同類型樂園的佼佼者，05年更奪得了Victorian Tourism Awards大獎。這裡有著千奇百怪的房間，包括令人看上去矮了一半的神奇照相館、找不到出口的玻璃迷宮、體驗free falling的垂直滑梯，以及使人失去平衡的時光隧道等。現場所見，有些大人較小孩玩得更投入，故絕對是享受家庭樂的好去處。

令人變成小矮人的照相館，可以一試變成姚明的感覺。

進入這個房間，可以輕易使出Michael Jackson 45度傾斜的絕技！

地址：1805 Phillip Island Road, Cowes, Phillip Island, Victoria, 3922
電話：61-3-5952 2283
營業時間：9:00am-5:00pm
費用：成人 AUD 39，4 至 15 歲小童 AUD 26
網頁：www.amazenthings.com.au

INFO

這裡設有1個室外的大型迷宮，據Geoff說曾有人被困2小時後，想發難打破木板離去。

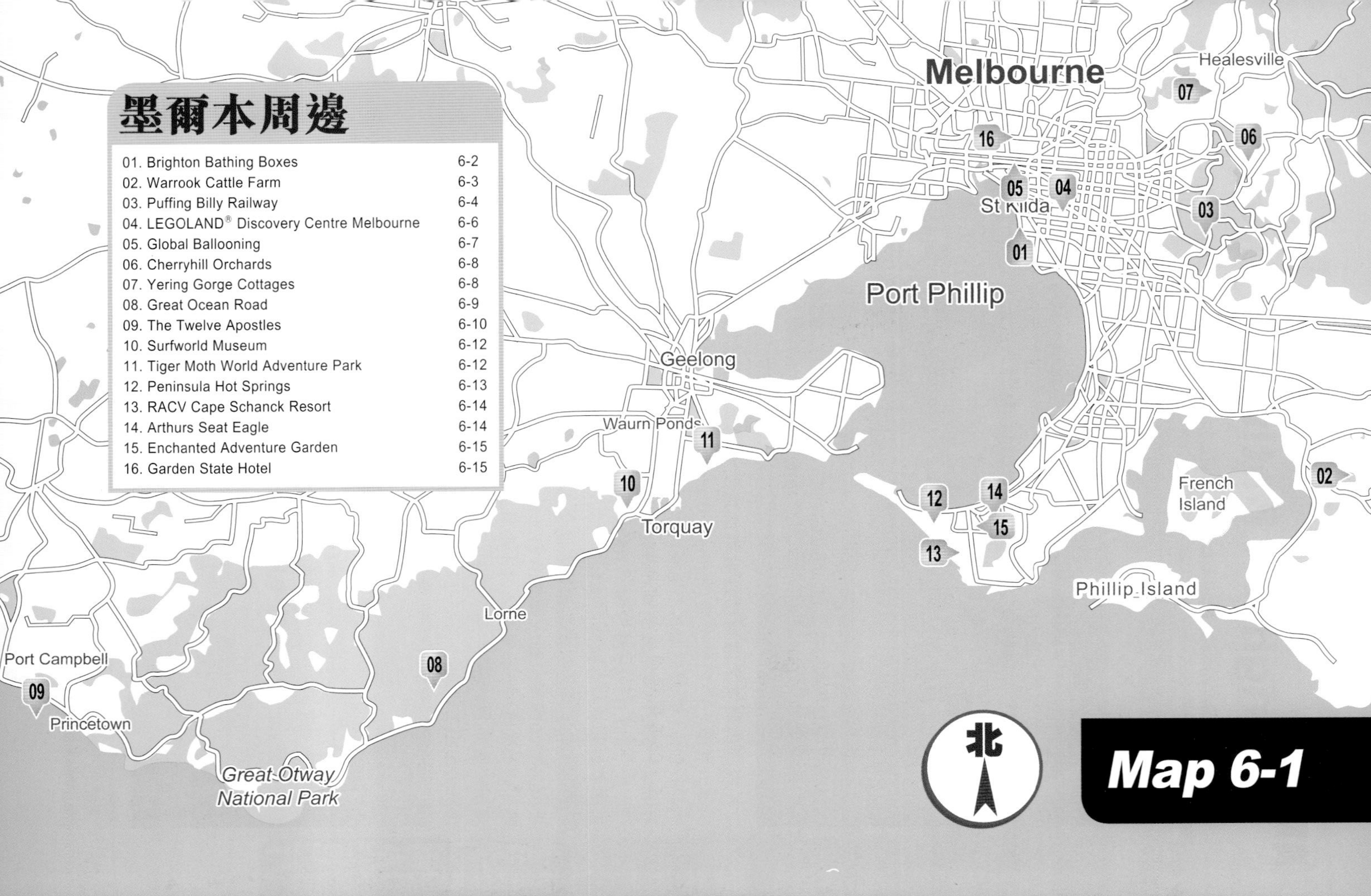

Map 6-1
墨爾本周邊
01. Brighton Bathing Boxes 6-2
02. Warrook Cattle Farm 6-3
03. Puffing Billy Railway 6-4
04. LEGOLAND® Discovery Centre Melbourne 6-6
05. Global Ballooning 6-7
06. Cherryhill Orchards 6-8
07. Yering Gorge Cottages 6-8
08. Great Ocean Road 6-9
09. The Twelve Apostles 6-10
10. Surfworld Museum 6-12
11. Tiger Moth World Adventure Park 6-12
12. Peninsula Hot Springs 6-13
13. RACV Cape Schanck Resort 6-14
14. Arthurs Seat Eagle 6-14
15. Enchanted Adventure Garden 6-15
16. Garden State Hotel 6-15
Melbourne
Healesville
St Kilda
Port Phillip
Geelong
Waurn Ponds
Torquay
French Island
Phillip Island
Lorne
Port Campbell
Princetown
Great Otway National Park
北

海灘彩虹小屋 01  MAP 6-1

Brighton Bathing Boxes

由墨爾本 Flinder Street 乘火車於 Middle Brighton 站下車，步行約 15 分鐘

逾百年歷史的海灘小屋，是墨爾本周邊地區的 Icon 地標。

說到墨爾本周邊地區最吸引的景點，莫過於Brighton Beach海灘上的彩虹小屋(Bathing Boxes)。這裡面向Port Phillip Bay，距離墨爾本市區僅約半小時車程，中午來這邊打卡後，黃昏再順路去St Kilda Pier觀看企鵝歸巢也很方便。

Bathing Boxes最早建於1862年，當時只作公眾的更衣室，現在有部分單位出售給私人用途，由於面積只有6.5 x 6.5 x 8呎，屋主只能用作更衣或倉庫使用。一整排的彩虹小屋共有80餘間，每一間都有自己的特色圖案，例如袋鼠圖、螃蟹圖等，十分搶眼！其中最具人氣的一間，就是畫上澳洲國旗的2號深藍小屋，周末人潮更是不間斷，分分鐘要排隊等影相！

最具人氣的一間Bathing Boxes海灘小屋。

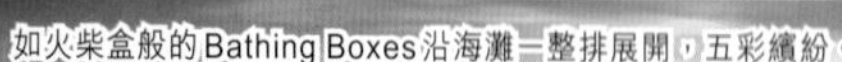
如火柴盒般的Bathing Boxes沿海灘一整排展開，五彩繽紛。

地址：Beach Road, Esplanade, Brighton, Victoria, 3186
電話：61-3-9599 4444
營業時間：周一至五 8:30am - 5:00pm；周六、日休息

★INFO

趣味農莊  

Warrook Cattle Farm

由於附近沒有公共車站，建議參加本地團，詳情可參考：Grayline, Tour 366，網址：www.grayline.com.au

雖然澳洲農場很多，但真正會開放給遊客參觀的卻不算多。距離墨爾本約1個多小時車程，有近百年歷史的Warrook Cattle Farm便提供多種的娛樂給大眾。遊客可以看到原本一隻隻毛茸茸的綿羊，經過專業的「髮型師」修理後，剃得光禿禿；你又可以欣賞聰敏的小狗在主人的口哨聲下，5分鐘內將20多隻綿羊趕入圍欄內。此外大家亦可以落手落腳，嘗試餵小動物、揸牛奶、學回力鏢及到小型動物園跟袋鼠和袋熊玩耍拍照。另外推介這裡餐廳內的牛肉批，剛焗起的香脆鬆軟，去到一定要點兩個來吃。

地址：4170 South Gippsland Highway, Monomeith, Victoria, 3984
電話：61-3-5997 1321
營業時間：每天 10:00am-4:00pm；
Tour 每天 11:00am 及 1:00pm 開始
費用：成人 AUD17.5，4 至 12 歲小童 AUD 5；
（Tour）成人 AUD30，小童 AUD 17.5
網頁：www.warrook.com.au

全澳最古老蒸汽火車 03 MAP 6-1
Puffing Billy Railway

乘火車在Belgrave站下車，步行約3分鐘

★★★

想試試重溫古老的火車之旅，位於維多利亞州內Belgrave地區的蒸汽火車便是最佳選擇。Puffing Billy鐵路建於上世紀初，已有過百年歷史，它亦是澳洲仍然運行的最古老蒸汽火車路線。當年Puffing Billy鐵路是用於開發州內偏遠地區的交通工具，但50年代時候，因山路崩塌堵塞路軌，而一度停駛。

當火車馬力全開的時候，頭頂和兩旁都會噴出大量蒸汽，非常壯觀。

Photo Credit：Dean Gifford

地址：1 Old Monbulk Road, Belgrave, Victoria, 3160
電話：61-3-9757 0700
營業時間：每天有多班火車來往 Belgrave 及 Lakeside、Menzies Creek 和 Gembrook 之間。另有不同服務組合，以及聖誕特別班車；首班車開出時間約為 9:15am
費用：來回票價約由 AUD21.5 至 196.5 起
網頁：www.puffingbilly.com.au

★INFO

小朋友們都會坐上窗框上，把雙腳伸到外面，十分可愛。

重新再出發

在62至65年，有關方面成功繞過倒塌處，這條古老鐵路得以重開，成為由Belgrave至Gembrook地區的觀光路線。在這29公里長的軌道上，沿途會經過風光明媚的樹林Sherbrooke Forest、擁有漂亮小橋流水的Trestle Bridge和Emerald的宜人農莊地區。Puffing Billy每年更會舉行人和火車的競賽，吸引3,000多人參加，為了讓參賽者有勝出的機會，他們會以馬力較小的火車出賽，因此平均都會有5、6百人打敗這古老的蒸汽火車。

司機就是用這個控制器，將儲滿的蒸汽放出，推動火車前進。

這裡大部分的員工都是Puffing Billy保護協會的義工，十分值得敬佩。

Puffing Billy 鐵路還提供Thomas火車之旅，但班次日期不定，Fans可密切留意官網公告。

這裡的蒸汽火車都以煤炭作燃料，沿途工作人員會不停為火車加炭，放進火爐中燃燒，以產生蒸汽。

南半球首家 LEGOLAND® Discovery Centre Melbourne

MAP 6-1

04

★★★

乘火車至 Oakleigh 站，轉乘 900 號巴士到 Chadstone 下車

澳洲墨爾本最近在Chadstone Shopping Centre開設南半球首家樂高積木探索中心，佔地約2,800平方米，內裏設有多個互動遊樂區，更增設機動遊戲區及小型4D電影院，包括用150萬塊Lego搭建而成的城市Miniland、騎上戰車手持武器拯救公主的Kingdom Quest等。注意探索中心把每個月的第四個星期四訂為「Adults Night」，是專屬給大人的場次，一般時間18歲以上成人需和小孩一同入內。

地址：Level 2, Chadstone Shopping Centre, 1341 Dandenong Rd, Chadstone, Victoria, 3148
營業時間：周一至三 10:00am-5:00pm，周四至日 9:30am-6:00pm
費用：AUD27.6 **網頁**：https://melbourne.legolanddiscoverycentre.com.au/

INFO

大地在我腳下 05 MAP 6-1

亞拉河谷熱氣球飛行 Global Ballooning

熱氣球公司安排接送

墨爾本近郊的亞拉河谷風景如畫，因為氣候得宜，河谷內遍佈農莊及葡萄園。在旭日初昇的清晨，乘坐熱氣球以360度無死角欣賞河谷莊麗景致，俯瞰晨霧繚繞的起伏山巒，令人一生難忘。熱氣球飛行航程一小時，完結後更可在葡萄酒莊園享用五星級香檳早餐。假如你對大自然風光沒興趣，也可選擇乘熱氣球欣賞墨爾本鬧市夜景，在摩天大樓之間穿梭，展開新奇又刺激之旅。

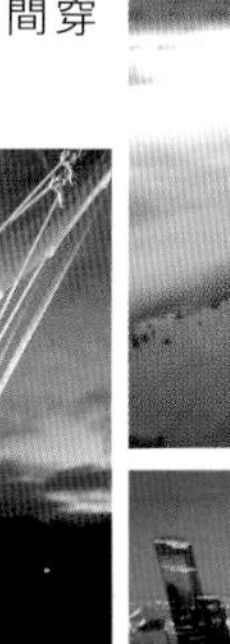

乘熱氣球欣賞亞拉河谷在清晨4-5時便要出發，確保以最佳高度欣賞日出。

除了郊區，也有熱氣球欣賞鬧市的航程。

地址：Balgownie Estate, 1309 Melba Hwy, Yarra Glen(集合地點)
電話：61 3 9428 5703
營業時間：有日航及夜航，日航出發時間在日出前 2 小時，約 4:00am-6:00am 左右，視乎不同季節的日出時間。整個活動從集合到解散，維時約 4 至 5 小時
費用：亞拉河谷熱氣球飛行 成人 (13 歲以上)：AUD405、AUD440(+ 香檳早餐)；兒童 (6-12 歲)AUD325、AUD345(+ 早餐)
網頁：https://www.globalballooning.com.au/
註 1：熱氣球公司會於 10:30am-11:30am 把客人送回維多利亞女皇市場 (Queen Victoria Market) 或聯邦廣場 (Federation Square)。
註 2：熱氣球公司會透過手機應用程式及網站，預先通知客人明天的飛行集合及接人時間，如天氣欠佳，亦會預早通知乘客取消飛行

INFO

不勞而獲 06 MAP 6-1

Cherryhill Orchards

Cherryhill Orchards 乘火車到 Lilydale 車站，再轉乘的士車程約 20 分鐘

★★★

亞拉河谷氣候宜人，除了適合種植葡萄，也是澳洲車厘子(櫻桃)重要的生產地。Cherryhill Orchards創立於1940年，至今已是澳洲車厘子龍頭供應商。除了種植，農莊在每年12月初到1月中旬，也會開放予公眾進場盡情任採任食。只要付AUD30的入場費，甚至可又食又拎拿走1.5公斤的車厘子回家。客人在莊園內更可品嘗及購買一系列車厘子製品，如啤酒、雪糕及果醬等。雖然正值澳洲的夏天，仍不減大家當假日農夫的熱情。

地址：474 Queens Road, Wandin East, VIC, 3139
電話：611300 243 779
營業時間：每年在十二月前後，維時一至兩個月。每天分不同時段，約從 9:00am-5:30pm，每段兩個半小時，必須預約
費用：入場費 成人 (14 歲以上)AUD19.5、兒童 (4-13 歲) AUD10.5；又食又拎 (Grab & Go Pick Your Own): 車厘子 1.5 公斤，每位另加 AUD22；0.5 公斤，每位另加 AUD8.5
網頁：https://cherryhill.com.au/

★ INFO

與袋鼠做鄰居 07 MAP 6-1

Yering Gorge Cottage

乘火車到 Lilydale 車站，再轉乘的士車程約 10 分鐘

Yering Gorge Cottages位於亞拉河谷的保育地，佔地120公頃，相當於6個維園面積。莊園佔地極廣，卻只有13座獨立屋，以及200隻可愛的原住民──灰袋鼠。除了袋鼠，莊園的住客還包括200種不同品種的鳥類，與及鴨咀獸、袋熊等澳洲土生動物，又可以參與莊園安排的野外活動，對喜愛大自然的朋友，絕對是渡假天堂。

地址：215 Victoria Rd , Yering, VIC, 3770
電話：61 3 9739 0110
費用：雙人獨立屋 AUD335/ 晚起
網頁：https://www.yeringcottages.com.au/

★ INFO

海岸大觀 

Great Ocean Road

從墨爾本 SouthernCross 火車站乘搭 V-line 火車至 Geelong，再轉乘巴士往大洋路的 Torquay、Anglesea、Lorne、Apollo Bay 等地，或參加當地旅行團

★★★

大洋路(Great Ocean Road)位於墨爾本西部，全長300多米，以壯麗的海岸景觀聞名遐邇。在大洋路上的沉船灣岸(Shipwreck Coast)，目下盡是各種奇形怪狀的岩石，當中被稱為阿德湖峽谷的Lord Ard Gorge，多年來吞噬了很多艘漂洋大船。沿路下去，還可一睹形狀酷似倫敦橋(London Bridge)的斷石，以及被侵蝕得只剩下一片的「剃刀石」。

這麼多年來，百多艘於Lord Ard Gorge沉沒的船中，只有兩名生還者。

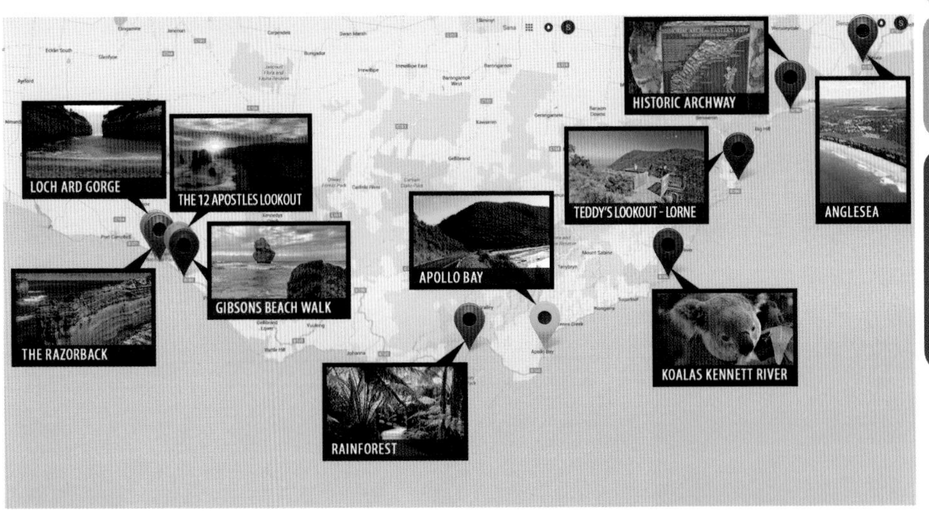

地址：Great Ocean Road, Melbourne, Victoria

備註：從墨爾本開車走 Princes Highway，於 Geelong 銜接大洋路

★ INFO

二千萬年的遺石 The Twelve Apostles

可從 Princetown 或 Port Campbell 開車前往，或參加當地旅行團

★★★

大洋路上的奇石景色中，以十二門徒石（The Twelve Apostles）最具代表性，也是澳洲的地標之一。這些奇石有逾2,000萬年歷史，最高的一塊門徒石約有65米，據當地人說，這裡很多岩石因不斷遭海水、雨水侵蝕已倒下來了，可見大自然的威力有多大。

Princetown、Port Campbell 和 Peterborough之間一段長達30公里的大洋路，囊括了這一帶最著名、最壯觀的海岸風光，是欣賞十二門徒石的最佳位置。至於觀景與拍照的最佳時間為日出後 3 小時與日落前 2 小時，如果不想錯過這些Magic Moment，在附近投宿是一個最好的方法。

其實除了十二門徒石，這一帶的海岸還有很多漂亮的景點，到訪時記緊不要錯過！

最高的門徒石高達65米。

從高處所見，十二門徒石經海浪日積月累的侵蝕下，已不復舊觀。

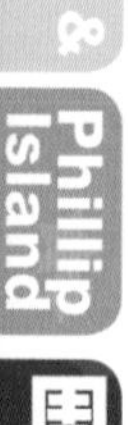

(a) 石階 Gibson Steps

到Gibson Steps，遊客不但能近距離欣賞十二門徒石，更可以感受由南太平洋撲面而來的驚濤駭浪，箇中震撼非筆墨可以形容。

(b) 阿德湖峽 Loch Ard Gorge

阿德湖峽有著澳洲最壯觀的海灘美譽，但亦是著名海難事故的發生地，據説有多艘輪船曾在此遭難，在欣賞大自然美景之餘，也令人驚嘆它的破壞力。

(c) 拱門 The Arch

拱門最適合於午後觀賞，此時這一美景沐浴在一片溫暖的金色陽光之中。遠看拱門也許覺得比十二門徒石小，不過這全是錯覺，拱門其實極寬，理論上一輛直升機穿過去毫無問題！

(d) 倫敦橋 London Bridge

London Bridge是國家公園西端最富盛名的自然奇觀，至於取名倫敦橋，當然是抽「falling down」的水。話說它原與大陸相連，1990 年卻突然坍塌，橋消失了，但人氣仍高企。

(e) 大岩穴 The Grotto

十二門徒石一望無際的海景，透過大岩穴觀看又有特別的感受。由於觀景點的地勢較低，當海浪濺時，形成了一片濃密的水霧，陽光照射過來，在空中幻化出彩虹，美不勝收。

(f) 群島灣 Bay of Islands

Bay of Islands的石灰岩為蒼白色，光照質感極為特殊，在陰暗的天氣裡也可拍出美侖美奐的照片！

(g) 船灣 Boat Bay

在船灣懸崖頂部的瞭望台，遊客可以看到沿岸的小孤島真的如一艘巨輪一樣停泊在避風港，雖然不能「登船」探險，但隔岸觀看也感受到大自然的鬼斧神工。

地址：位於 Princetown 與 Port Campbell 之間

INFO

全球最大衝浪博物館 10 MAP 6-1

Surfworld Museum

從 Greenlong V-line 火車站，乘搭往 Jan Juc 的巴士，於 Beach Road 下車

★★★

位於澳洲衝浪勝地Torquay的Surfworld Museum，於1993年12月開幕，是世上最大的衝浪博物館。館內分為5個展覽室，展示逾500件衝浪相關物品。當中包括由1919年改良後的衝浪板、衝浪裝束、宣傳海報及本土衝浪高手的圖文介紹及影片等，還有海洋模擬機，模擬海浪湧上沙灘時，如何形成巨浪的原理。

這些屬於60年代的展品，讓參觀者一睹當年的衝浪文化。

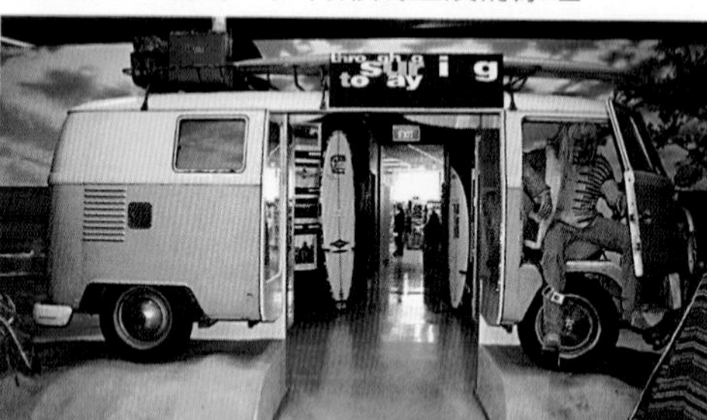

INFO

地址：77 Beach Road Torquay Victoria 3228
電話：61-3-5261 4606
營業時間：9:00am-5:00pm；12 月 25 日休息
費用：成人 AUD 12；學生及 16 歲或以下小童 AUD 8
網頁：https://australiannationalsurfingmuseum.com.au/

激玩古董花式戰機 11 MAP 6-1

Tiger Moth World Adventure Park

從墨爾本開車走 Dual Highway，約 1 個半小時

到澳洲尋刺激玩意，挑戰自己膽量，不妨玩這個主題公園的花式飛行活動。有多刺激？機師會以這架手動單引擎無頂古董飛機載你飛到空中，然後做出各種打圈、旋轉、俯衝，甚至短暫停下螺旋槳讓飛機像失控似的左搖右擺等花式動作，讓你在空中飽嘗驚險滋味。

坐在無頂古董飛機在天際翱翔，感覺特別刺激！

飛機以90°直衝上雲霄，再以360°轉體，膽子小一點也不行。

地址：Torquay Airport, 325 Blackgate Road, Torquay, Victoria
電話：61-447-615 100
營業時間：9:30am-5:00pm（只有周五至日營業）
費用：（花式飛行）每位 AUD 325 起
網頁：www.tigermothworld.com

INFO

升級版溫泉 12 MAP 6-1

Peninsula Hot Springs

乘火車於 Frankston 站下車，轉乘 788 號巴士於 Rye 站下車，再坐的士約 10 分鐘到達

坐落於Mornington的Peninsula溫泉，耗資了1,300萬澳元動工改造，於2018年9月重新開幕。升級版的溫泉館繼續走日式風格，總數共有25個溫泉池，包括湖邊池、洞穴池、木桶浴池、套房湯屋等，水溫由36°C- 43°C，最值得推薦的一個泉池隱藏在山頂，當夕陽西下時從該處可盡覽無敵日落靚景。戶外Bath House更以梯田式設計，浸在池中可以觀賞舞台表演。增建項目還有一個亮點，就是全澳洲首創的「冰洞」Ice Cave（常溫為-4°C），不時會有人工飄雪效果，從天花板落下，十分有氣氛。

木桶浴池，有高人一等的感覺。

日式庭園設計，甚至有鳥居。

全澳洲獨有的冰洞Ice Cave。

Peninsula Hot Springs自2005年開幕以來，一直獲獎無數，分別在2014、2016及2017年取得The World Luxury Spa Awards，其泉水來自地底637米以下的天然溫泉。

地址：140 Springs lane, Fingal 3939, Mornington Peninsula, Victoria
電話：61-3-5950 8777 **營業時間**：7:00am-10:00pm
費用：成人 AUD35-70
網頁：www.peninsulahotsprings.com

INFO

臨海酒店  

RACV Cape Schanck Resort

摩頓半島弗蘭克斯頓 (Frankston) 鎮轉乘的士約 30 分鐘

★★★

RACV Cape Schanck Resort位於摩頓半島的最南端，前臨Bass Strait，視野無限，是島內受歡迎的星級酒店。酒店外型獨特，在高處望下像一個「8」字，以似一只巨型的「手指陀螺」。酒店佔地極廣，包括一個18洞的高球場、溫泉、Spa，甚至私家行山徑至附近的Cape Schanck燈塔。

地址：Trent Jones Dr, Cape Schanck VIC 3939
電話：61 3 5950 8000
費用：雙人房 AUD250/ 晚起
FB：https://www.facebook.com/RACVCapeSchanckResort/

★INFO

MAP 6-1 14

纜車高空睇景

Arthurs Seat Eagle

乘火車至 Frankston 站，轉乘 788 號巴士至摩靈頓半島 Dromana Visitor Information Centre，步行 15 分鐘

要由山腳的Dromana登上314米高的Arthurs Seat山頂，除了自駕，現在更可選擇摩靈頓半島的新景點 — Arthurs Seat Eagle。登頂只需15分鐘，一邊乘搭之餘，亦可一邊欣賞Port Phillip Bay的景色。1960年的舊吊車類似滑雪場接載滑雪人士上山的吊車，曾因意外暫停。現在新建的觀景纜車，四面通透的玻璃窗，每輛可接載8人，非常安全。山頂上更建有Eagle Cafe、講解中心及玻璃觀景台。

地址：1085 Arthurs Seat Road, Dromana, Victoria, 3936　**電話**：61-3-5987-0600
營業時間：周二至五 10:00am-4:00pm；周六至一 10:00am-5:00pm
費用：來回成人 AUD29.5，4 至 16 歲小童 AUD18.5　**網頁**：https://aseagle.com.au

★INFO

高山樂園 15 MAP 6-1
Enchanted Adventure Garden

乘 Arthurs Seat Eagle 至山頂 Summit，出站步行 10 分鐘即達

Enchanted Adventure Garden就在Arthurs Seat Eagle纜車站附近，可以串連成為Arthurs Seat登頂後的節目。這裡以戶外歷奇活動為主，包括迷宮、叢林衝浪、繩網、滑梯等，可選擇刺激的程度，啱晒一家大細共同參與。其中叢林沖浪(Tree surfing)設有50個空中障礙連接在樹林之間，共有五種不同難度的空中路線，挑戰遊客的身手與智慧。

地址：55 Purves Road, Arthurs Seat, VIC 3936
電話：61-3-5981-8449
營業時間：9:00am-5:00pm(周一至五)
費用：入場費成人 AUD35，小童 AUD25；不同活動有不同收費
網頁：https://www.enchantedmaze.com.au/

INFO

工業風啤酒餐廳 16 MAP 6-1
Garden State Hotel

乘 35 號 City Circle 電車至 Exhibition St 或 Russell St/ Flinders St 下車，步行 5 分鐘

前身是1896年的舊紡織廠，現在是一間容納850名顧客的啤酒花園餐廳，設計走簡約工業風格，裡面分五個不同的部分——包括專門製作午餐三文治的Kiosk；適合聚會的Beer Garden Tiers與地下室The Rose Garden；頂層可欣賞墨爾本市區街景的The Observatory；及沒有菜單、客人可嘗到最新鮮當造食物的Balcony Dining Room。

地址：101 Flinders Lane, Melbourne, VIC 3000
電話：61-3-8396 5777
營業時間：12:00nn-11:00pm，周五、六至 3:00am
網頁：www.gardenstatehotel.com.au

INFO

入住過百年古宅 H1 MAP 1-7 E3

InterContinental Melbourne The Rialto

Flinders Street 火車站出站步行 5 分鐘

The Rialto坐落於一幢建於1891年的大廈內，並於2008年改建為酒店，是墨爾本19世紀維多利亞時代僅存的哥德式建築。酒店除了裡外的風格古雅，更坐擁四通八達的位置——位於墨爾本中央的科林斯街（Collins Street），距離Flinders Street火車站只有5分鐘腳程，無論往市中心或南岸的景點都超級方便。酒店內設有名廚Guy Grossi掌勺的Merchant Restaurant餐廳和Shannon Bennett主廚的Vue de Monde餐廳，又有Bluestone Bar and Market Lane酒吧供應種類繁多的飲料，是身心放鬆的好去處。

INFO

地址：495 Collins St, Melbourne VIC 3000
電話：61-3-8627 1400
費用：AUD285 起
網頁：www.melbourne.intercontinental.com/

MAP 1-7 G2 H2 澳洲憲法簽署地

The Windsor Melbourne

Parliament 火車站出站步行5分鐘

除了The Rialto，The Hotel Windsor是墨爾本另一幢古蹟活化酒店的成功案例，而且該處更是1898年澳洲憲法的簽署和發表地方，所以更具歷史意義。The Hotel Windsor建於1883年，比The Rialto更古老，百多年來接待過的澳洲及國際名人多不勝數，包括「梅姨」梅麗史翠普及安東尼鶴堅士等。酒店雖然經歷多次重修，但裡外都盡量保持原貌，其中的The Grand Ballroom更曾接待過無數澳洲政商及演藝界猛人，就算不是入住酒店，也記得幫襯這裡遠近馳名的Afternoon Tea套餐。

地址：11 Spring Street, Melbourne 3000, Victoria **電話**：61-3-9633 6000
費用：房租AUD290起，AfternoonTea 成人平日AUD89，周六日AUD140
網頁：http://www.thehotelwindsor.com.au/

INFO

地靈人傑 H3 MAP 2-1 C3

StayCentral - NGV Arts Centre Retreat

墨爾本電車 Grand Street 站 (Stop18) 下車即達

所謂NGV就是National Gallery of Victoria，酒店正正位於墨爾本南岸最具人文藝術氣息的地段，鄰近不但有國家畫廊，還有Arts Centre、ACCA及MTC Southbank Theatre等，甚至行往對面岸的Federation Square也不太遠，充滿文青氛圍。由於以公寓形式出租，每套房間都設有廳房、廚房及陽台，方便住客隨時一展身手大顯廚藝，感覺似住屋企多過住酒店。

地址：152-166 Sturt Street, Southbank VIC 3006
費用：房租 AUD320 起 / 晚（最少住 3 晚）

INFO

MAP 1-7 C2 H4 海岸風光

Peppers Docklands

墨爾本電車Etihad Stadium站下車即達

Peppers Docklands位於墨爾本河濱地段Docklands，面對美麗的亞拉河，前臨宏偉的Etihad Stadium體育館。酒店外形時尚，更設有陽台套房，讓住客舒適地欣賞日落河景。除了散步，住客也可選擇由酒店出發，騎自行車沿著亞拉河岸邊前進，悠閒地認識這個美麗城市。

地址：679 La Trobe Street, Docklands, Melbourne 3008, Victoria
電話：61-7-5665 4426　**費用**：房租AUD235起
網頁：http://www.peppers.com.au/docklands/

INFO

悉尼

悉尼機場交通

悉尼機場快線 Airport Link

Airport Link是往返機場及市中心最快捷的交通工具，車程大概只要15至20分鐘。車站設於國際線1號客運大樓的地庫。由機場至市中心的單程成人票價錢為成人AUD18.39、4-16歲AUD15.41。

網址：www.airportlink.com.au

巴士

由機場前往悉尼市中心及其他地區的巴士，都只接受預約車票，較為麻煩，故很多旅客寧願選擇乘搭機場快線或的士前往市區。

的士

機場各個客運大樓都設有的士站，而國際客運大樓（T1）的士站就在入境大堂外。的士起錶為AUD 3.6，每公里跳錶AUD 2.19，而由10:00pm至6:00am時段，每公里跳錶AUD 2.63，周五、六10:00pm-6:00am，起錶費另加AUD2.5，每公里跳錶AUD2.63。

由機場前往主要地區大約車資			
Sydney City	AUD 57	**North Sydney**	AUD 72
Manly	AUD 103	**Parramatta**	AUD 165
Liverpool	AUD 114	**Cronulla**	AUD 89

電召的士熱線

Taxis Combined Services

電話：133 2227　網址：https://book.13cabs.com.au

Silver Service Fleet

電話：133 100　網址：www.silverservice.com.au

Premier Cabs

電話：131 017　網址：www.premiercabs.com.au

租車

機場入境大堂內有多個租車櫃位，打算租車或已在網上預約的遊客可向這裡的職員查詢。以下為兩家主要租車公司的資料：

Avis Australia

電話：136 333 / 61-2-9353 9000

網址：www.avis.com.au

Hertz Australia

電話：133 039

網址：www.hertz.com.au

悉尼市內交通

悉尼觀光巴士 Big Bus

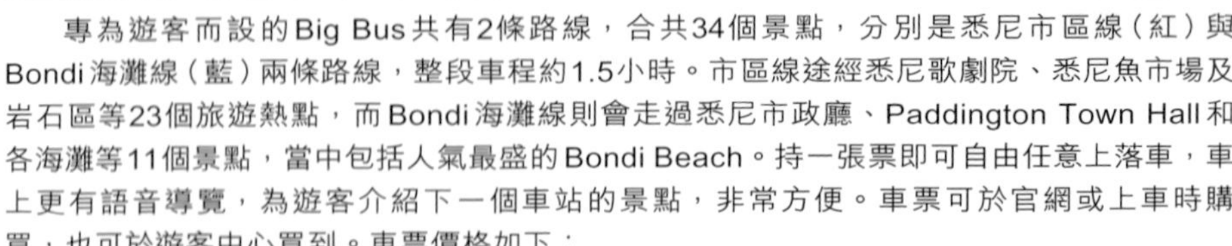

專為遊客而設的Big Bus共有2條路線，合共34個景點，分別是悉尼市區線（紅）與Bondi海灘線（藍）兩條路線，整段車程約1.5小時。市區線途經悉尼歌劇院、悉尼魚市場及岩石區等23個旅遊熱點，而Bondi海灘線則會走過悉尼市政廳、Paddington Town Hall和各海灘等11個景點，當中包括人氣最盛的Bondi Beach。持一張票即可自由任意上落車，車上更有語音導覽，為遊客介紹下一個車站的景點，非常方便。車票可於官網或上車時購買，也可於遊客中心買到。車票價格如下：

票種	成人	小童（3至15歲）	3歲以下	City Tour（紅線）	Bondi Tour（藍線）
1日票	AUD59	AUD39	免費	9:00am-4:00pm *每30-45分鐘一班 頭/尾站：Circular Quay	9:30am-3:15pm *每1小時一班 頭/尾站：Central Station
2日票	AUD79	AUD49			

網址：https://www.bigbustours.com/

澳寶卡 (Opal Card)

以往遊悉尼慣用的MyMulti Card，在2016年頭已正式退役被澳寶卡 (Opal Card) 所取代。新卡不單比MyMulti Card抵用，使用範圍更由悉尼市伸延至整個新南威爾斯省。澳寶卡可用於全省的公共交通網絡，包括巴士、火車、輕軌鐵路及渡輪。

澳寶卡的好處

1) 每天AUD16.8封頂：乘火車、巴士、渡輪和輕軌的交通費，成人每天AUD16.8封頂，兒童每天AUD8.4封頂，之後在同日繼續用卡乘坐交通工具都不再扣錢。

2) 每周AUD50封頂：成人交通費每周AUD50封頂，兒童每周AUD25封頂，之後在同周繼續用卡乘坐交通工具都不再扣錢。

3) 周六、周日或公眾假期日封頂：所有持澳寶卡的乘客，其交通費成人AUD8.4、兒童AUD4.2封頂。

4) 一小時無限轉乘：一小時內使用同樣的交通工具轉乘只計算一次的費用。

*澳寶卡的周按照周一至周日計算，如果在該周中間或周末才開始使用便不太划算。

**封頂價及半價優惠不包括悉尼機場快線。另周一至周日期間計費八次後，餘下一周內的交通費將有半價優惠。

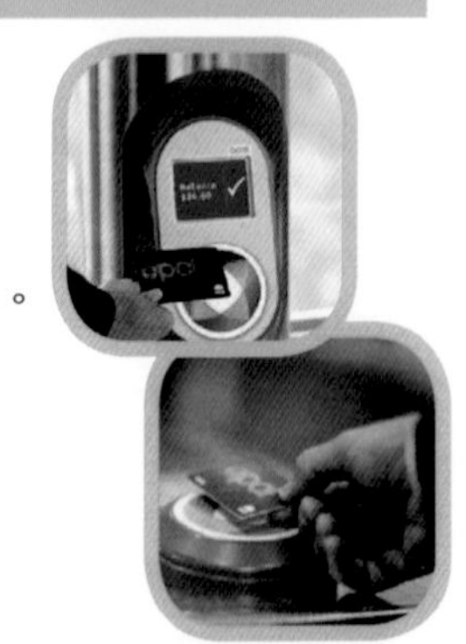

如何購卡

可以在2千家澳寶零售店購買，請瀏覽 https://transportnsw.info/trip#/opal-retailers 或者尋找帶有澳寶卡標志的零售店。

如何拍卡

每次行程開始時將澳寶卡在澳寶卡讀卡器上拍上，行程結束時拍下。注意聽拍卡時發出的「叮」聲並查看屏幕，確保您已正確地使用。

如何充值

可在澳寶卡網絡中的特定車站和碼頭隨時充值。

網址：https://transportnsw.info/tickets-opal/opal#/login

輕便鐵路 Light Rail

Light Rail 連接 Central 車站至Haymarket、Paddy's Market、Sydney Fish Market、Star Casino、Darling Harbour 及Chinatown等地，每隔10-15分鐘1班車，單程成人票價為AUD 3.2-5.05。

網址：www.transportnsw.info

悉尼市巴士 Sydney Buses

悉尼的巴士線貫通全市及郊區，各巴士總站設於Circular Quay、Town Hall及Central火車站。部分巴士線可於上車後以現金向車長購票，但部分的巴士線只接受預付（PrePay）的車票，因此上車前要小心看清楚是否接受現金。預付車票可於各大便利店、火車站和渡輪碼頭購買。

網址：www.sydneybuses.info

票種	0-3公里			3-8公里			8公里以上		
	繁忙	非繁忙	單程	繁忙	非繁忙	單程	繁忙	非繁忙	單程
成人	3.2	2.24	4	3.93	2.75	4.7	5.05	3.53	6.1

悉尼火車 Sydney Train

覆蓋悉尼市內及周邊，是遊客經常乘搭的交通工具，主要車站分別有Wynyard、Town Hall、Circular Quay和Central站，此外，亦有到較遠地方如Blue Mountains和Newcastle的路線。

票種	0-10公里	10-20公里	20-35公里	35-65公里	65公里以上
繁忙	3.79	4.71	5.42	7.24	9.31
非繁忙	2.65	3.29	3.79	5.06	6.51
單程	4.6	5.7	6.5	8.7	11.2

悉尼渡輪 Sydney Ferries

從Circular Quay開出的渡輪，分別連接Manly、Darling Harbour、Watsons Bay、Rose Bay、DoubleBay北岸及Balmain。船票可於Circular Quay和Manly的票站購買，部分也可即時在船上購票。

網址：www.transportnsw.info

票種	0-9公里		9公里以上		Newcastle Stockton	
	全時段	單程	全時段	單程	全時段	單程
成人	6.43	7.7	8.04	9.7	3.2	4

悉尼公共交通路線圖（局部）

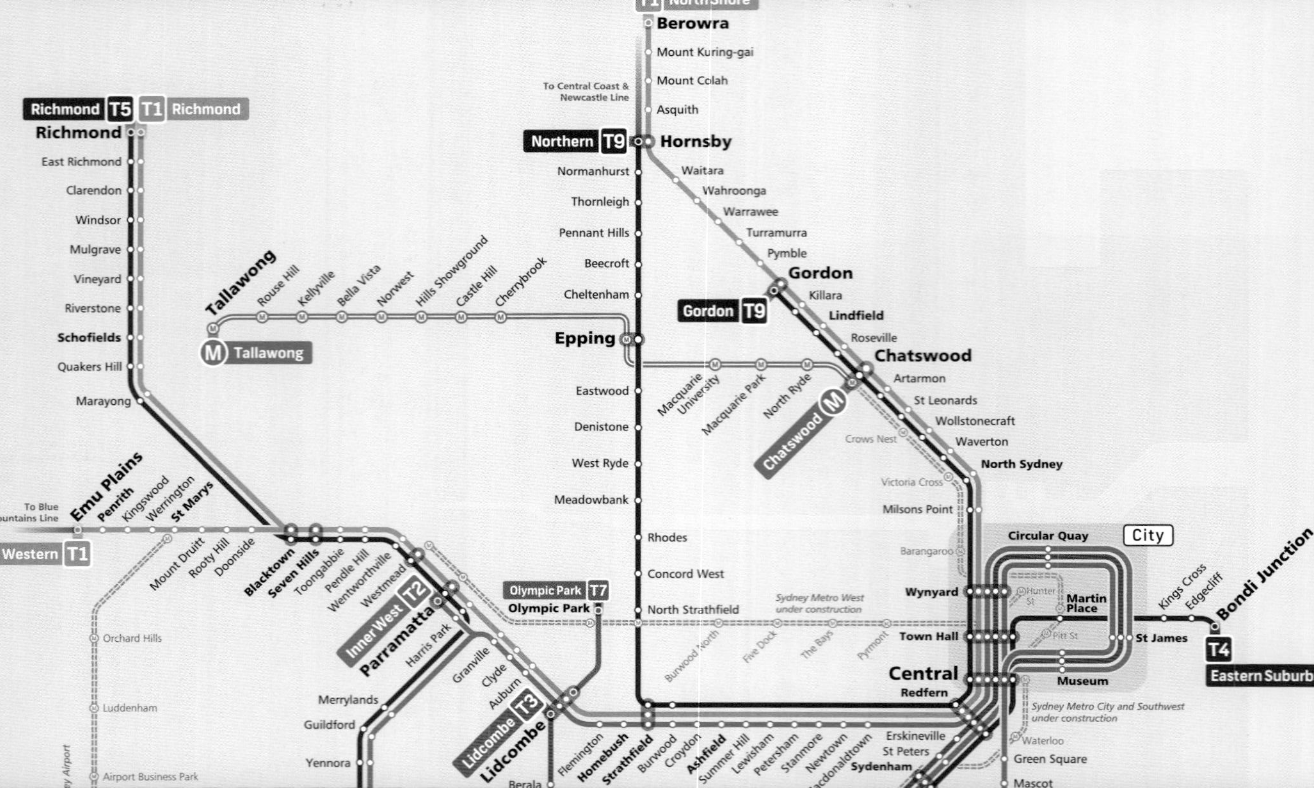

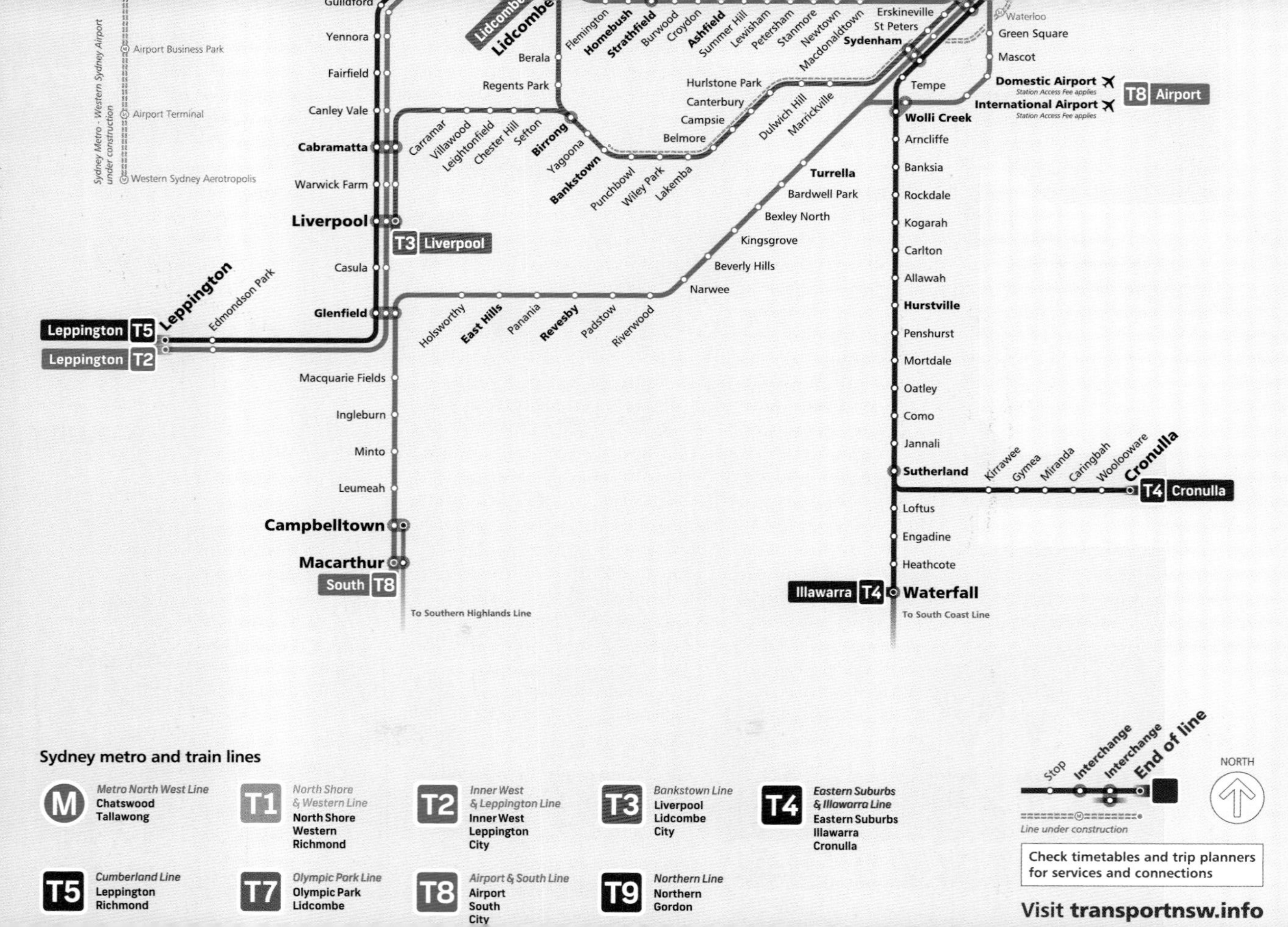

Sydney metro and train lines

M	*Metro North West Line*	Chatswood, Tallawong
T1	*North Shore & Western Line*	North Shore, Western, Richmond
T2	*Inner West & Leppington Line*	Inner West, Leppington, City
T3	*Bankstown Line*	Liverpool, Lidcombe, City
T4	*Eastern Suburbs & Illawarra Line*	Eastern Suburbs, Illawarra, Cronulla
T5	*Cumberland Line*	Leppington, Richmond
T7	*Olympic Park Line*	Olympic Park, Lidcombe
T8	*Airport & South Line*	Airport, South, City
T9	*Northern Line*	Northern, Gordon

Stop
Interchange
Interchange
End of line
Line under construction
NORTH

Check timetables and trip planners for services and connections

Visit transportnsw.info

悉尼市廣域地圖
北
Vaucluse
The Rocks
The Rocks
Finger Wharf (8-18)
Ovolo Woolloomooloo (11-23)
Bel & Brio (11-21)
Art Gallery NSW (8-18)
City Centre
Sydney
Woolloomooloo
Darling Point
Rose Bay
Double Bay
Victoria Rd
Sydney Fish Market (8-9)
Surry Hills
Ultimo
Paddington
Paddington
Woollahra
Surry Hills
One Central Park (9-11)
Bondi
Bondi Beach
Bondi Rd
Birrell St
Map 7-6

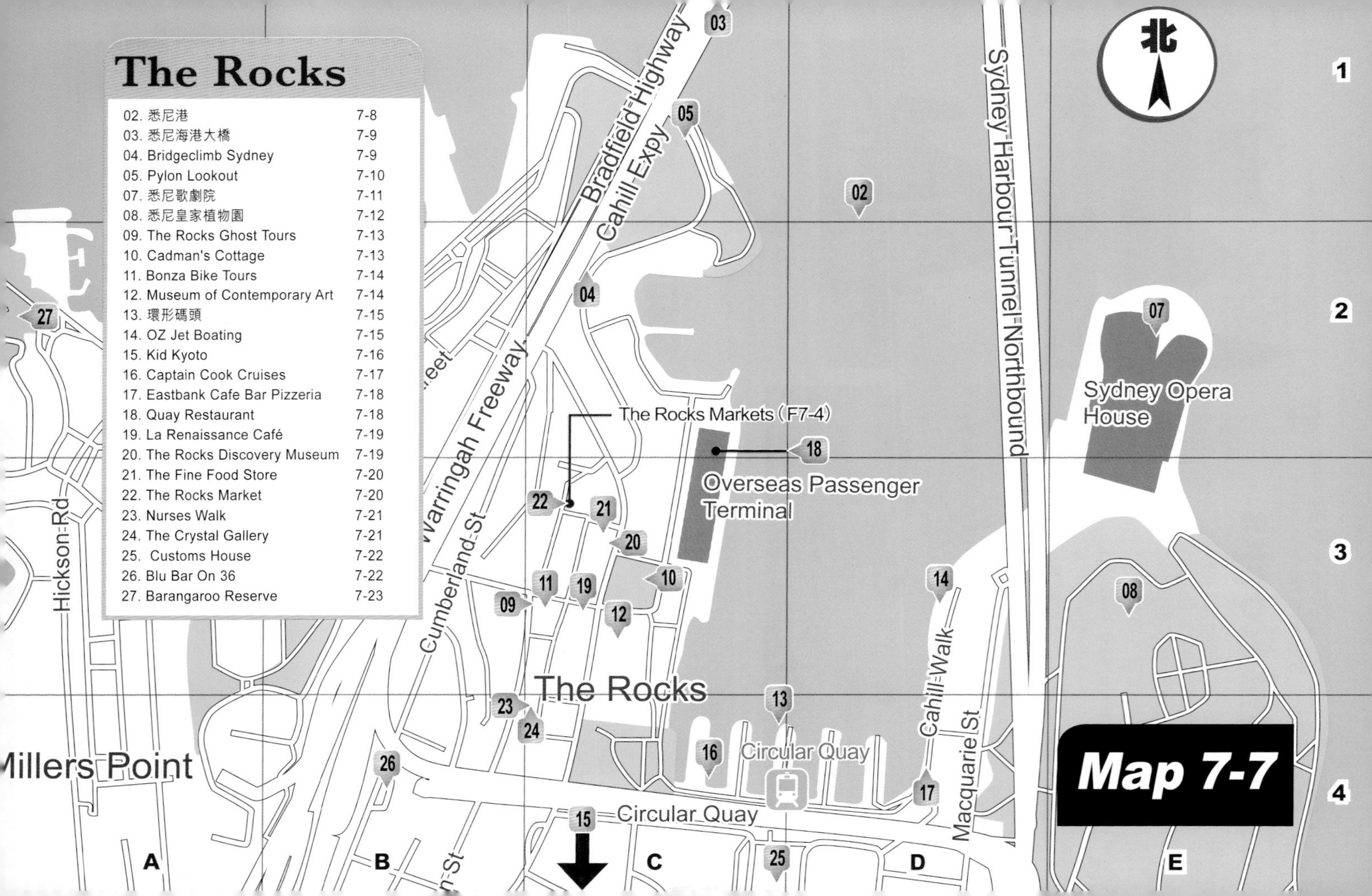

The Rocks

02. 悉尼港	7-8
03. 悉尼海港大橋	7-9
04. Bridgeclimb Sydney	7-9
05. Pylon Lookout	7-10
07. 悉尼歌劇院	7-11
08. 悉尼皇家植物園	7-12
09. The Rocks Ghost Tours	7-13
10. Cadman's Cottage	7-13
11. Bonza Bike Tours	7-14
12. Museum of Contemporary Art	7-14
13. 環形碼頭	7-15
14. OZ Jet Boating	7-15
15. Kid Kyoto	7-16
16. Captain Cook Cruises	7-17
17. Eastbank Cafe Bar Pizzeria	7-18
18. Quay Restaurant	7-18
19. La Renaissance Café	7-19
20. The Rocks Discovery Museum	7-19
21. The Fine Food Store	7-20
22. The Rocks Market	7-20
23. Nurses Walk	7-21
24. The Crystal Gallery	7-21
25. Customs House	7-22
26. Blu Bar On 36	7-22
27. Barangaroo Reserve	7-23

悉尼最早開發地區 01
The Rocks

乘火車到 Circular Quay 站下車即達

★★★

岩石區是悉尼甚至是澳洲最早發展的地區，約有二百多年的歷史。話說1787年，英國的菲力船長(Arthur Phillip)就在該地登陸，開始了澳洲的殖民地歷史。由於有深遠歷史背景，這裡有很多古舊建築。加上前臨美麗的悉尼港，令該區充滿了悠閒的度假風情。由悉尼海港大橋沿著喬治街(George Street)、環形碼頭(Circular Quay)至悉尼歌劇院(Sydney Opera House)，是悉尼最經典的海濱觀光路線，也是悉尼必遊之地。

地址：The Rocks, Sydney, NSW

★INFO

南半球第一大港

MAP 7-7 D1

02 悉尼港

悉尼港可算是澳洲重要的門戶，港灣總面積為55平方公里，口小灣大，是世界上著名的天然良港。海岸的南北兩岸，都是悉尼最繁盛的地帶。遊客可在環形碼頭(Circular Quay)或達令港(Darling Harbour)登上遊輪，沿著港灣欣賞著名的悉尼海港大橋、歌劇院，與及海港中的小島——丹尼森堡（Fort Denison）及鯊魚島（Shark Island）、克拉克島（ClarkIsland）、羅德島（RoddIsland）和山羊島（GoatIsland）等，悠閒地把悉尼最美麗的景色盡收眼底。

悉尼港口的大衣架 03 MAP 7-7 C1

Sydney Harbor Bridge

悉尼海港大橋及歌劇院可算是悉尼的經典地標。大橋建於1932年，橋最高處高於海平面134米，是世界上第5長的拱橋，更曾是全球最高的鋼鐵拱橋。澳洲人形容海港大橋的造型像一個「老式的大衣架」，特別是晚上橋身亮起燈飾時，橋的鋼架和欄杆像掛上深色和淺色、直線和曲線的彩帶，構成了一幅令人難忘的美麗圖畫。

地址：Sydney Harbour Bridge, Sydney NSW

INFO

MAP 7-7 C2 04 登上大橋頂峰

Bridgeclimb Sydney

乘火車到 Circular Quay 站下車，沿 George Street 步行約 10 分鐘

悉尼兩大舉世聞名的地標，悉尼歌劇院（Sydney Opera House）和悉尼海港大橋（Harbour Bridge），前者是藝術及娛樂的象徵，後者則是繁榮都市的標誌。自1998年開始，悉尼海港大橋增設 The Bridgeclimb，公開給大眾攀登，參加者可以沿著橋頂的弧形路線，由橋面一直攀上大橋的頂點，俯瞰歌劇院及悉尼港灣的壯麗景色。而由2006年起，主辦單位開創了另一條名為 The Discovery Climb 的路線，讓參加者穿過橋底及維修員工通道，體驗悉尼大橋的另一面。參加者全程都會穿上專用攀橋服和扣上橋身鋼索，非常安全，更有極富經驗的領隊從旁介紹大橋和悉尼歷史，歷時足有3.5小時。

在 Discovery Climb 路線上，教練會講解興建悉尼大橋時鮮為人知的趣事。

Bridgeclimb收費表

	日間	晚間	黃昏	黎明（特別提供）
	周一至日	周一至日	周一至日	不定期
成人	AUD 328-348	AUD 268-288	AUD 374-394	AUD 388-408
小童	AUD 149-168	AUD 149-169	AUD 189-209	AUD 189-209

*8至15歲為小童　*12月底至1月初為高峰期，收費將有所調升。
*截至2023年3月

地址：3 Cumberland Street, The Rocks, Sydney, New South Wales 2000
電話：61-2-8274 7777
網頁：www.bridgeclimb.com
備註：完成攀橋後可獲發紀念證書

INFO

一睹廬山真面目 05 MAP 7-7 C1

Pylon Lookout at Sydney Harbour Bridge

★★★

乘火車到 Circular Quay 站下車，沿 George Street 步行約 10 分鐘

想一睹悉尼海港大橋的全貌，又沒有勇氣攀上大橋的朋友，可以考慮登上大橋旁的展望塔，在海平面87米的塔頂，不但可近距離欣賞宏偉的悉尼海港大橋，更可盡覽悉尼港及悉尼市景色。除了睇景，塔內三個展廳，亦會詳盡介紹悉尼海港大橋的歷史和特色。不過展望塔沒有裝備升降機，上落塔頂要「撐」200級樓梯，或許會考驗一下閣下的腳力。

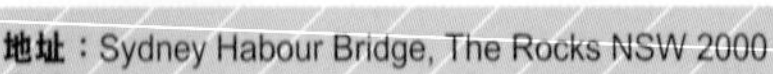

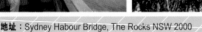

地址：Sydney Habour Bridge, The Rocks NSW 2000
電話：61 -2 9240 1100
營業時間：10:00am -4:00pm
費用：成人 AUD19、學生及長者 AUD15、4-13 歲小童 AUD9.5
網頁：http://www.pylonlookout.com.au/

★ INFO

06 今夜星光燦爛

活力悉尼燈光音樂節 Vivid Sydney

活力悉尼燈光音樂節由2009年開始，每年在5月底至6月中舉行。「節期」雖然只有20多個晚上，卻把悉尼港璀璨的夜色向全世界展示。在燈光音樂節期間，創意的3D炫彩燈光會把悉尼港兩岸的建築打扮得花枝招展，其中的悉尼歌劇院、海關大樓、現代藝術館，都換上潮爆的新裝，而市內也會舉行廣邀全球的音樂人，主辦多場音樂會，由古典民謠Hip-hop到電子全部有齊，令步入冬季的悉尼一點都不會冷。

★ INFO

地址：每年 5 月底至 6 月中
網頁：https://www.vividsydney.com/

古為今用  

Sydney Opera House

Circular Quay 火車站步行 10 分鐘即達

悉尼歌劇院由丹麥建築師約恩·伍重（Jorn Utzon）設計，該建築由1959年動工，至1973年完成，共耗時14年。歌劇院最令人印象深刻的，一定是貝殼形屋頂的設計。原來該設計是仿效瑪雅文化和阿茲特克神廟，帆型橢圓的結構不但和悉尼港的環境絕配，更是令聲音傳播得更完善，為觀眾帶來最完美的享受。悉尼歌劇院主要由兩個主廳組成，其中最大的主廳是音樂廳最多可容納2,679人。音樂廳內有一個由10,500根風管組成的大風琴，號稱是全世界最大的機械木連杆風琴。由於歌劇院是20世紀最具特色的建築之一，所以2007年被聯合國教科文組織評為世界文化遺產，可算是最年輕的世界文化遺產之一。

地址：Bennelong Point, Sydney NSW 2000　**電話**：61-2-9250 7111
營業時間：8:45am -5:00pm，備有不同語言的導賞團，包括普通話，行程半小時至一小時
費用：成人 AUD43，小童 AUD22，可於網站查詢日期及預約　**網頁**：www.sydneyoperahouse.com

二百年歷史植物公園 08  MAP 7-7 E3

Royal Botanic Gardens

Martin Place 火車站步行 10 分鐘即達

★★★

悉尼皇家植物園原是農場，建於1816年。植物園佔地30公頃，園內收集展示了大量熱帶和亞熱帶的植物共7,000多種。公園主要建築和設施有：宮廷花園、棕櫚園、蕨類植物區、第一農場、低地園、展覽溫室、南威爾士國家標本館等。每年吸引了300多萬遊客來參觀。

植物園自家出產的蜂蜜肯定是最佳手信。

園內小火車 Choo Choo Express 每半小時開出，車程25分鐘，成人AUD10，小童AUD5，啱晒懶行的遊客。

園 / 區 / 簡 / 介

棕櫚園（The Palm Grove）

棕櫚園建於1851年，是植物園歷史最長的園區之一，裡面不乏過百年的古木。區內收集展示了140多種棕櫚科植物，而在1853年種植的昆士蘭貝殼杉（Agathis Robusta），更是植物園中最高大的一棵植物。

蕨類植物區（The Fernery）

原來是總督的家庭花園，現集中種植澳洲和世界各地的蕨類植物，令人大開眼界。

第一農場（First Farm）

不但展示殖民地時期澳洲農場的風格，更會認識該時期主要栽培的農作物。

展覽溫室（Tropical Centre）

由兩座現代化的建築物組成，塔形建築展示澳大利亞熱帶植物，弧形建築收集了澳洲以外的熱帶植物。而區內的南威爾士國家標本館是澳洲兩大標本館之一，收藏了約100萬份標本，最老的可追溯至1770年。

宮廷花園（The Palace Garden）

原址是一幢大型的維多利亞式花園宮殿，可惜在1882年被火燒毀。現時花園中央仍保留著幸存下來的雕像，以及後來加建的紀念噴泉和下沉式花園。

地址：Mrs Macquaries Road Sydney NSW 2000 **電話**：61-2-9231 8111
營業時間：7:00am -6:30pm（不同月份有不同關門時間）
費用：免費入場
網頁：https://www.rbgsyd.nsw.gov.au/

★ INFO

鬼怪大作戰 09 MAP 7-7 C3

The Rocks Ghost Tours

乘火車到 Circular Quay 站下車，沿岸步行 5 分鐘

悉尼歌劇院及悉尼海港大橋等地標，都只會讓人聯想到悉尼是一個非常現代化的大城市，但追溯至數十年前，現時繁盛的岩石區（The Rocks）卻是一個充斥着詭異事件的地方。Ghost Tours 的創辦人Brian兒時經常聽婆婆親述關於這裡的鬼故事，加上從前發生了不少謀殺自殺等恐怖案件，令本來從事旅遊業的他跟老婆Colleen決定創辦別開生面的猛鬼團，揭示The Rocks神秘的一面。歷時2小時的Ghost Tour帶團友穿梭橫街小巷、地道兇宅，導遊逐一講述各地點耐人尋味的前塵往事，大膽又充滿好奇心的遊客不能錯過！

導遊在行程中會一直講述以往發生的靈異事件，更會帶團友到兇案現場探險。

地址：110 George St, The Rocks NSW 2000
電話：61-4-5677-4748　**營業時間**：11:00am-6:00pm
費用：成人 AUD 45；小童 AUD 40；周五、周六 AUD 45
網頁：www.ghosttours.com.au
備註：Adult Nightly Tours4 月至 9 月的出發時間為 6:45pm，10 月至 3 月則是 7:45pm

想不到這間小小的石屋，已經有超過190年的歷史。

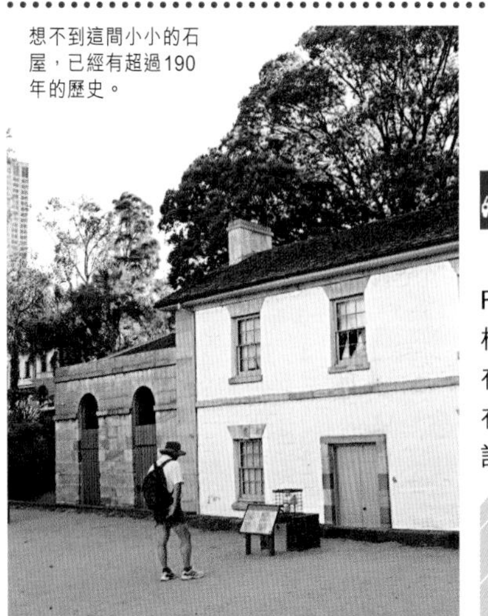

MAP 7-7 C3 10 百年見證

Cadman's Cottage

乘火車於 Circular Quay 下車，步行 5 分鐘

這間白色小屋建於1816年，是岩石區（The Rocks）現存最古老的建築物。由於曾被多個政府機構，如住宅、水警基地及水手營房等使用，故仍能保存完整，並見證了The Rocks一帶的繁華更替，現在是National Parks and Wildlife Service的旅客資訊中心。

地址：110 George Street, The Rocks, Sydney, New South Wales 2000
電話：61-2-9337-5511
營業時間：周五至二 9:00am-5:00pm；周三、四休息

INFO

踩單車遊悉尼 11 MAP 7-7 C3

Bonza Bike Tours

乘火車到 Circular Quay 站下車，向 Harrington Street 方向步行約 10 分鐘

★★★

悉尼的名勝景點多不勝數，單是決定行程，都令人頭痛。若嫌乘旅遊巴士觀光乏味，可考慮參加單車旅行團。由Bonza Bike Tours舉辦的導賞團非常受遊客歡迎，歷時半日的Sydney Classic Tour涵蓋大部分主要景點，包括Sydney Opera House、Sydney Harbour Bridge、Darling Harbour及The Rocks等，每到達一個景點，導遊都會繪影繪聲作介紹，拍照留念後，便跳上「戰車」繼續往下一站出力踩呀踩，甚有征服悉尼的感覺。對自己有信心的遊客也可只租單車，自行遊走悉尼市，輕鬆寫意。

Bonza Bike Tours有多款單車供客人選擇，除了男女車款外，更有嬰兒座提供，非常體貼。

各單車團收費	成人	小童
Sydney Classic 帶你遊悉尼市最經典的觀光勝地	AUD 129	AUD 99
Sydney Harbour Bridge Ride 沿著海港邊踩單車，邊觀賞海港景色	AUD 149	AUD 129
Manly Beach & Sunset Cruise 帶你到悉尼最美麗的沙灘看絕色日落	AUD 149	AUD 129
Sydney Highlights 以重點觀光為主的快速遊	AUD 99	AUD 79

地址：30 Harrington Street, The Rocks, Sydney, New South Wales 2000
電話：61-2-9247 8800　營業時間：10:00am-4:00pm
費用：淨租單車 AUD 15/ 小時；AUD 40/ 天
網頁：www.bonzabiketours.com
備註：所有單車團都接受網上及電話報名

★INFO

MAP 7-7 C3 12 藝術集中地

Museum of Contemporary Art

乘火車於 Circular Quay 下車，步行 5 分鐘

位於岩石區的當代藝術博物館以前是海事服務大廈（Maritime Services），其本身就是Art Deco建築的完美代表。博物館會定期展出澳洲本土及國際藝術家的作品，內容非常多元化，包括繪畫、攝影、裝置藝術及原住民的藝術品等。

地址：140 George Street, The Rocks, Sydney, NSW 2000
電話：61-2-9245 2400　**費用**：免費
營業時間：10:00am-5:00pm；周五 10:00am-9:00pm；周一休息
網頁：www.mca.com.au

★INFO

水天一色 13 MAP 7-7 C4

環形碼頭 Circular Quay

Circular Quay 火車站出站即達

環形碼頭可算是悉尼的交通樞紐，是遊艇、小輪、巴士、火車和的士的集中地。碼頭由5個小碼頭組成，可以從這裡乘船前往28個不同的目的地，包括悉尼港兩岸的不同目的地，塔龍加動物園(Taronga Zoo)、北悉尼的Milsons Point，甚至遠至曼利(Manly)等。遊客也可漫步至悉尼歌劇院及皇家植物園，而著名的當代藝術博物館、海關大樓及Cadmans Cottage等古蹟也在附近，是當地人消閒的好去處。

地址：Circular Quay, Sydney NSW

INFO

每艘Jet Boat都擁有自己的名字，這艘外形像鯊魚般的快艇便叫「Mako」。

MAP 7-7 D3 水上飄移

14 OZ Jet Boating

乘火車到 Circular Quay 站下車

來到悉尼港，除了參加一般的港灣觀光渡輪欣賞風景外，原來這裡還有更刺激、更瘋狂的觀光快艇——Jet Boating。每艘快艇可乘坐23人，在歷時30分鐘中的旅程中，導遊除了會「循例」介紹岸上的明媚景色外，大部分時間都會是高速飄移「掟彎」、急煞停船的花式表演時段。以時速80公里航行，最後再來個270° 大旋轉結束，感覺像參加亡命賽車般，肯定令人畢生難忘。

當船長使出270° 旋轉急煞時，船尾立時濺起巨浪。

嘩！在嚇破膽的旅程中，還想拍照留念，那就要記得緊握扶手喇！

工作人員會為參加者提供防水衣，不想全身濕透者記緊穿好。

地址：Eastern Pontoon, Circular Quay, Sydney, New South Wales
電話：61-2-9808 3700
營業時間：9:00am-5:00pm
費用：成人 AUD 89；16 歲以下小童 AUD 49
網頁：www.ozjetboating.com
備註：接受網上及電話報名

INFO

京都 Fusion ⑮ MAP 7-7 C4
Kid Kyoto

乘 343 號巴士於 Pitt St opp Australia Square 下車，步行 1 分鐘

Kid Kyoto背後的主題靈感，源於店主在京都乘車時，在車廂內聽著播放90年代Nirvana的搖滾音樂，便有了將日本料理與搖滾結合的主題概念，因此餐廳內不時有搖滾音樂播放或樂隊演奏。菜單之中最令人驚喜的就是Smoking Salmon Sashimi（AUD24），以紫菜包裹的三文魚刺身，浸在冒煙的芥末青豆醬之中，再鋪上三文魚籽，剛好突出魚肉的鮮甜。另一道Blackened Oyster With Pickled Ginger即煙燻生蠔，也是餐廳的招牌菜，十分香濃入味，作為拌酒小吃也不錯。

令人聯想到京都的千本鳥居。

Kid Kyoto主打日本Fusion菜式。

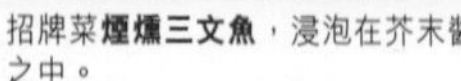
招牌菜**煙燻三文魚**，浸泡在芥末醬之中。

地址：17-19 Bridge Street entry, Bridge Lane, Sydney NSW 2000
電話：61-2-9241 1991
營業時間：周一至六 12:00nn-10:00pm；周日休息
網頁：https://kidkyoto.com.au

★INFO

迷人海上之旅 16 MAP 7-7 C4

Captain Cook Cruises

Circular Quay 火車站出站即達

庫克船長號遊船是澳洲著名的遊船經營公司，單單在悉尼已開拓了20多條航線，有純粹觀光，亦有包括晚膳的遊船河，甚至出海觀賞難得一見的露脊鯨、駝背鯨和座頭鯨的戲水騰躍。各條航線中以Hop on Hop off + Zoo Express最受歡迎，遊客可以在環形碼頭或達令港登船，暢遊悉尼港內之丹尼森堡（Fort Denison）、鯊魚島（Shark Island）、花園島（Garden Island）、屈臣氏灣（Watson Island）、曼利海灘(Manly Beach)、月亮公園(LUNA PARK)及塔龍加動物園(Taronga Zoo)。乘客憑票24或48小時內可以隨時登岸及上船，更包含塔龍加動物園的入場券，非常抵玩。

INFO

登船地點：環形碼頭 (Circular Quay) 或達令港 (Darling Harbour)
電話：61-2-9206-1111
費用：**Hop on Hop off 一天遊**
成人 AUD39，小童 AUD25，
加遊塔龍加動物園 (Taronga Zoo)
成人 AUD75，小童 AUD49
網上訂購更有折扣
(資料截至 2023 年 3 月)
網頁：https://www.captaincook.com.au/

靚景配美食 17 MAP 7-7 D4

Eastbank Cafe Bar Pizzeria

Circular Quay 火車站步行 5 分鐘即達

餐廳坐落環形碼頭旁，食正悉尼港的無敵靚景，歌劇院及海港大橋盡收眼底。食肆主打意菜，意粉、薄餅及牛排水準都不俗，食物定價約AUD20-40，取價公道，無論是白天或晚上，都應選露天茶座區用膳，感受千金難買的悉尼港口動人景致。

地址：61-69 Macquarie St, Circular Quay,Sydney, NSW 2000
電話：61 2 9241 6722 **網頁：**http://www.eastbank.com.au/
營業時間：11:00am -10:30pm，周五、周六至 11:00pm

INFO

飽覽海港景色 MAP 7-7 C2

Quay Restaurant 18

乘火車於 Circular Quay 下車，步行約 8 分鐘

餐廳坐落在環形碼頭旁邊，室內就可以看到悉尼歌劇院與悉尼海港大橋。全室落地玻璃窗，景觀非常開揚。餐廳平日只做晚市，午餐與晚餐的菜單一樣只有三種選擇，4、6或8道菜式。White Coral是店中的招牌甜品，模仿珊瑚礁的造型，蜂巢狀似的球體要用力撬開，入口即化開，充滿濃郁香醇的白朱古力香氣。食物都很有創意，生蠔以手工製陶瓷盛裝，配搭爽口的海參和魚子醬，令人滿心期待。

招牌甜品 White Coral，是店中的亮點之一。

手工製作的牡蠣陶瓷盛器，生蠔配搭爽口的海參和魚子醬。

地址：Upper Level, Overseas Passenger Terminal, The Rocks, Sydney 2000
電話：61 2 9251 5600 **網頁：**https://www.quay.com.au/
營業時間：午市：周六及日 12:00pm-1:30pm
晚市：周四至日 6:00pm-8:45pm；周一至三休息

INFO

法式浪漫 19 MAP 7-7 C3

La Renaissance Café

Circular Quay 火車站步行 10 分鐘即達

La Renaissance Café 是岩石區著名的甜品小店，創於1974年，至今有超過40年歷史。現任的法籍老板兼主廚Jean Michel Raynaud本身是甜品專家，更是匯聚法國殿堂級甜品聯會Relais Desserts的成員。除了甜品，食肆也有堂食簡餐提供，而餐廳置身的建築，也有過百年歷史，是漫步悉尼海濱最好的加油站。

地址：47 Argyle St, The Rocks, Sydney, NSW 2000
電話：61 2 9241 4878
營業時間：周一至五 8:00am-4:00pm、周六、日至 5:00pm
網頁：www.larenaissance.com.au

INFO

鑑古知今 20 MAP 7-7 C3

The Rocks Discovery Museum

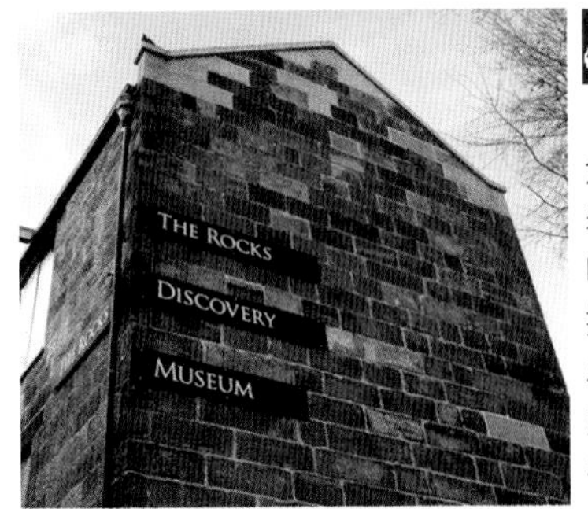

Circular Quay 火車站步行 10 分鐘即達

岩石區博物館原址是一座建於1850年代的舊貨倉，翻新後成為記錄當地歷史及文物的展館。博物館把岩石區分為四個時代，分別為古代(1788之前)、殖民時期(1788—1820)、港口時期(1820—1900)及世代交接 (1900至現代)，在館內可以了解岩石區怎樣由昔日水手、囚犯和妓女云集的九反地帶，變成今天悉尼最受歡迎的海濱黃金地段。這裡也是岩石區旅遊中心的所在，到訪時不妨入內看看有什麼資訊及優惠。

INFO

地址：Kendall Lane, The Rocks, Sydney, NSW 2000
電話：61 2 9240 8680
營業時間：10:00am-5:00pm **費用**：免費
網頁：https://www.facebook.com/TheRocksDiscoveryMuseum/

悉尼 Sydney

寧靜簡約  MAP 7-7 C3

The Fine Food Store

Circular Quay 火車站步行 10 分鐘即達

The Fine Food Store位於岩石區博物館附近的小巷內，旺中帶靜的位置正好暫離熱鬧繁囂的岩石區。小店堅持提供高質素的咖啡，嚴選各地優質咖啡豆，自家烘焙，手工沖製，所以在澳洲這高要求的咖啡大國裡，水準都備受激讚，是悠閒享受coffee break的好地方。

地址：The Rocks Centre, Corner Mill Lane & Kendall Lane, Shop 9/12-26 Playfair St, The Rocks, NSW 2000
營業時間：周一至五 7:30am-3:00pm、周六、日 8:00am-3:00pm
電話：61 2 9252-1196 **網頁**：http://finefoodstore.com/

INFO

MAP 7-7 C2 

悉尼趁墟

The Rocks Market

Circular Quay 火車站步行 10 分鐘即達

岩石區市場置身在該區的古典建築群之中，古雅文青的氛圍已經夠殺食。整個市集約有200多個攤位，由食物、衣飾至工藝物都是本土自家製作。營業期間，在大街小巷不時有音樂與歌唱表演，充滿嘉年華的氣氛！

地址：Playfair Street, George Street & Jack Mundey Place, The Rocks, Sydney, NSW 2000
電話：61-2-9240 8500
營業時間：The Rocks Markets 周六日 10:00am-5:00pm，The Rocks Friday Foodie Market 周五 9:00am - 3:00pm
網頁：http://www.therocks.com/things-to-do/the-rocks-markets/

INFO

精品天堂 MAP 7-7 C4

Nurses Walk 23

Circular Quay 火車站步行 10 分鐘即達

Nurses Walk得以命名，因為這兒曾是1788年英人登陸之後建起第一間醫院——Makeshift Hospital的所在地，所以有很多護士行經這裡。在1979年，市政府為了紀念這些護士，將這條小巷翻修並命名為護士街，更把澳洲的「南丁格爾」——Lucy Osburn銘記在Nurses Walk的磚牆上。今天這裡已再沒有醫院，反而變身成為一條專售精品的小街。街道兩旁設有畫廊、酒吧、精品店以及咖啡館等，非常適合度過一個慵懶閑散的下午。

地址：Nurses Walk, The Rocks, Sydney, NSW

INFO

MAP 7-7 C4 24 晶瑩剔透

The Crystal Gallery

Circular Quay 火車站步行 10 分鐘即達

Nurses Walk有多間特色的精品店，其中The Crystal Gallery最吸引人注目，因這裡售賣的，都是晶瑩剔透五彩繽紛的結晶石及水晶產品。店內很多商品價錢介於數十至百多元之間，非常親民。除了水晶產品，店內亦兼售各種另類療法，如水晶、顏色及音樂治療的書籍，是一間很有內涵的小店。

地址：14-16 Nurses Walk, The Rocks NSW 2000
電話：61 2 9247 8663 **營業時間**：10:00am-5:30pm
網頁：http://www.thecrystalgallery.com.au/

INFO

悉尼港口守護者 25 Customs House

MAP 7-7 C4

Circular Quay 火車站步行 10 分鐘即達

★★★

海關大樓建於1845年，擔任港口海關的服務直至1990年。退休後於2003年重新整修，成為現在集圖書館、餐廳及展覽場地於一身的複合文娛大樓。海關大樓連地下樓高6層，L1是展覽廳，簡介悉尼的城市面貌；L2是公共圖書館；L5則是餐飲空間。在這裡既可多了解悉尼市，也是行到累歇腳的好地方。

INFO

地址：31 Alfred Street, Circular Quay, NSW 2000
電話：61 2 9242 8551
營業時間：平日 8:00am-12:00mn、周六 9:00am-12:00mn、周日 9:00am-5:00pm
網頁：http://www.sydneycustomshouse.com.au/

MAP 7-7 B4

26 居高臨下的夜生活 Blu Bar On 36

乘火車到 Circular Quay 站下車，步行約 10 分鐘

位於悉尼市中心的悉尼香格里拉大酒店（Shangri-La Hotel, Sydney），36樓之上有一間名為Blu Bar On 36的型格酒吧。地理位置得天獨厚，大型落地玻璃的設計，讓你飽覽悉尼港的醉人夜景，美麗的景觀冠絕整個悉尼酒吧界。店內的cocktails多達三百幾種，也提供多款原創無酒精飲品。坐在窗邊摸著杯底，望著腳底下的迷人景色，是結束完美一天的最佳選擇。

地址：36F, 176 Cumberland Street, The Rocks, Sydney ,New South Wales 2000
電話：61-2-9250 6000
營業時間：周日至四 11:00am-11:00pm；周五、六 11:00am-12:00mn
網頁：www.shangri-la.com/sydney/shangrila/dining/ bars-lounges/blu-bar-on-36/
備註：Dress code 為 Smart Casual，即不可穿背心、短褲、拖鞋

INFO

綠化海濱公園 27  MAP 7-7 A2

Barangaroo Reserve

Circular Quay 火車站步行 10 分鐘

Barangaroo 位於岩石區，是一大片綠化地帶。雖然位處市區，但直至近年當地政府才鋭意發展。據説整個項目包括商業、住宅及藝術文化部分，陸續在2023年前完成。而2015年率先開放的，就是名為Barangaroo Reserve的海濱公園。Barangaroo其實是一位女土著名領袖的名字，所以Barangaroo Reserve亦設有介紹澳洲原住民歷史的設施，而公園內種植的，大部分也是澳洲原生植物。Barangaroo Reserve面向達令港，設有單車徑及步道，是海邊漫步的好地方。岸邊高低不一如石階般的砂岩，更是觀賞海景及欣賞一年一度悉尼燈光音樂節的最佳地點。

地址：Hickson Rd, Barangaroo NSW 2000 Australia
電話：61 2 9255 1700
網頁：www.barangaroo.com/visit/barangaroo-reserve

INFO

Barangaroo 食肆推介

在Barangaroo Reserve旁的 Avenue Barangaroo，設有不同食肆，行到累可以輕鬆「醫肚」。

Cirrus

得獎無數的澳洲海鮮專門名店，更提供超過500款美酒，地方寬敞開揚。

地址：23 Barangaroo Avenue Barangaroo, NSW 2000 Australia
電話：61 2 9220 0111 **網頁**：www.bentleyrestaurantgroup.com.au/cirrus
營業時間：周三至日 12:00nn-11:00pm
周二 5:30pm-11:00pm；周一 休息

INFO

Anason

主打土耳其菜，配合澳洲新鮮的海鮮，在碧海藍天下別有一番異國風味。

地址：5/23 Barangaroo Avenue Barangaroo, NSW 2000 Australia
電話：61 2 9188 1581
營業時間：12:00nn-10:00pm
網頁：http://www.anason.com.au/

INFO

Belles Hot Chicken

大受歡迎的炸雞店，獨特炸雞秘方加上澳洲南方風味漢堡，令食肉一族難以抗拒。

地址：5/33 Barangaroo Avenue Barangaroo, NSW 2000 Australia
電話：61 2 8355 7879
營業時間：周日至四 11:30am-9:00pm、周五六至 9:30pm
網頁：http://belleshotchicken.com/

INFO

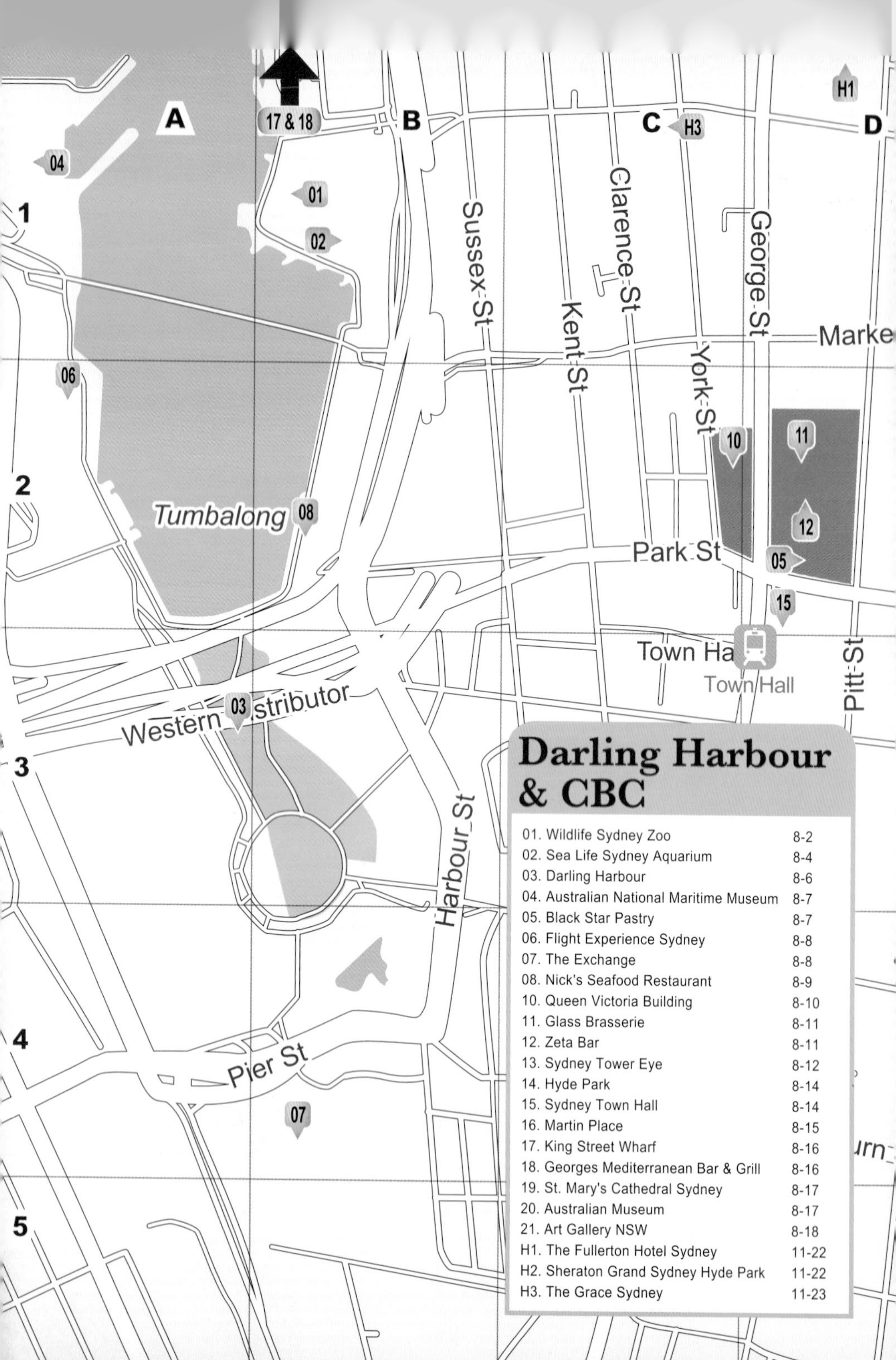

Darling Harbour & CBC

01. Wildlife Sydney Zoo	8-2
02. Sea Life Sydney Aquarium	8-4
03. Darling Harbour	8-6
04. Australian National Maritime Museum	8-7
05. Black Star Pastry	8-7
06. Flight Experience Sydney	8-8
07. The Exchange	8-8
08. Nick's Seafood Restaurant	8-9
10. Queen Victoria Building	8-10
11. Glass Brasserie	8-11
12. Zeta Bar	8-11
13. Sydney Tower Eye	8-12
14. Hyde Park	8-14
15. Sydney Town Hall	8-14
16. Martin Place	8-15
17. King Street Wharf	8-16
18. Georges Mediterranean Bar & Grill	8-16
19. St. Mary's Cathedral Sydney	8-17
20. Australian Museum	8-17
21. Art Gallery NSW	8-18
H1. The Fullerton Hotel Sydney	11-22
H2. Sheraton Grand Sydney Hyde Park	11-22
H3. The Grace Sydney	11-23

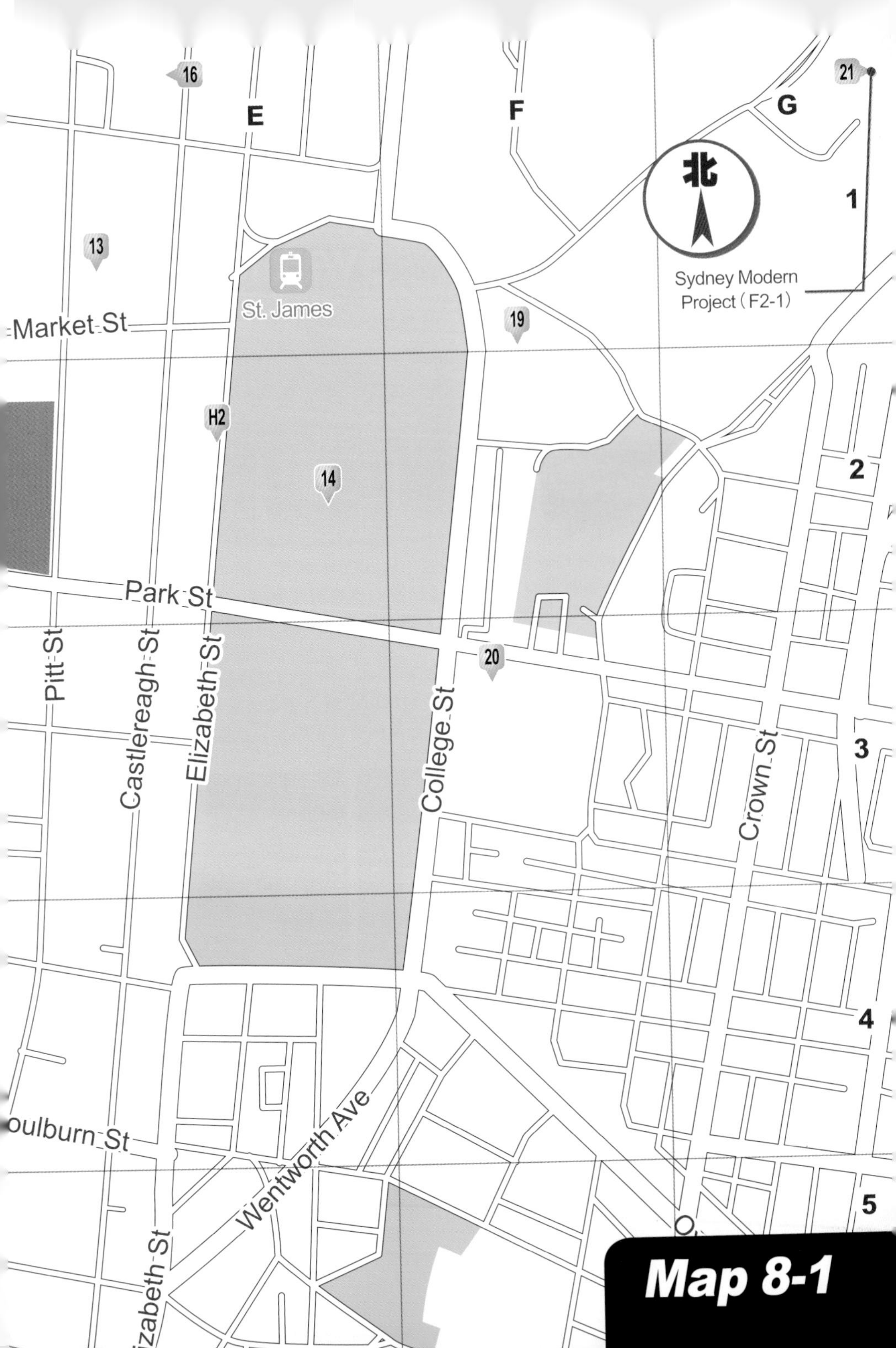
16
E
F
G
21
北
1
Sydney Modern Project（F2-1）
13
St. James
Market St
19
H2
14
2
Park St
20
Pitt St
Castlereagh St
Elizabeth St
College St
Crown St
3
4
oulburn St
Wentworth Ave
5
izabeth St
Map 8-1

城市中的野生世界 01

MAP 8-1 B1

Wild Life Sydney Zoo

乘火車於 Town Hall 站下車步行 11 分鐘

位處繁華達令港的Wild Life Sydney Zoo，於2006年開館。園內有長達1公里的步道，穿梭9個不同區域，並飼養了超過130多個品種的獨特野生動物，如鶴鴕（Cassowary）及蜜袋鼯（Sugar Glider）等，而各區均依照牠們的生活習性而建，既令牠們容易適應，遊人也可多了解其生活。

這裡最叫遊客樂而忘返是人與動物可作近距離接觸。樓高兩層的展館內，每天都有3次餵飼和接觸動物的時段，遊客亦可於上層開放式地帶以一繩之隔看着袋鼠們在玩耍。真佩服澳洲人對保育的熱誠，就算在繁華城市中，仍致力為民眾提供接觸及認識大自然的好機會。

各層動物分布圖

地下
蝴蝶區、無脊椎動物區、爬蟲區、雀鳥區

1樓
蝙蝠區、袋鼠區、鶴鴕區、餐廳及禮品店

2樓
樹熊互動區

地址：1-5 Wheat Road, Darling Harbour, Sydney NSW 2000
電話：1-800-195 650
營業時間：10:00am-4:00pm * 每日開放時間不定
網頁：www.wildlifesydney.com.au
費用：成人 AUD 46；3 至 15 歲小童 AUD 34（網上購票有折扣）

★INFO

樹熊一天睡上廿個小時，能否看到它們「開眼」就要碰碰運氣了。

鶴鴕奉行一妻多夫制，但館內只有雌雄各一隻，令她不能「作反」。

這種身體圓圓的蜥蜴，名為Blue Tongue，是澳洲其中一種著名啤酒的標誌。

進入悉尼水底世界 02 MAP 8-1 B1

Sea Life Sydney Aquarium

乘火車於 Town Hall 站下車步行 12 分鐘

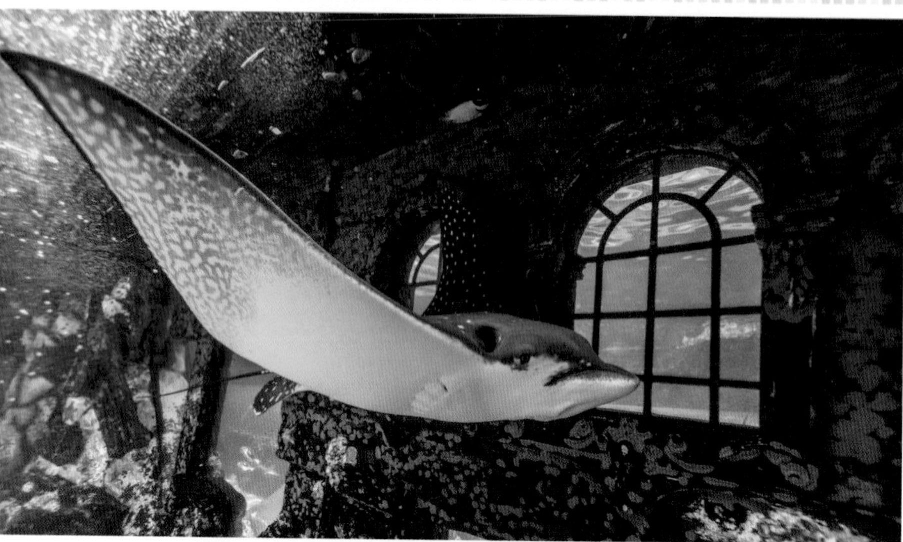

於1988年開幕的Sea Life Sydney Aquarium，是悉尼市內最多遊客到訪的收費景點。這個水底世界住著超過12,000隻 共600多種海洋生物，而且全部可在澳洲水域找到牠們的踪影。遊客在這個濃縮的澳洲水世界內，可以輕鬆地了解到海洋百態。

除了隔著玻璃看鯊魚外，遊客也可登上玻璃底船，看工作人員即場餵飼牠們。

在長達160米的大型魚缸中穿梭，可以看到無數色彩鮮艷的珊瑚、逾300公斤的鯊魚及巨大的鰭刺（Giant Rays），更有機會看到電影《海底奇兵》裡超可愛的毛仔（Nemo）。

地址：1-5 Wheat Road, Darling Harbour, Sydney 2000
電話：1-800-195 650
營業時間：10:00am-4:00pm * 每日開放時間不定
費用：成人 AUD 49、3 至 15 歲小童 AUD 36
* 網上購票有折扣
網頁：www.visitsealife.com/sydney/

INFO

走過最受歡迎的水底隧道時，也是遊人拍照的最佳時機。

在Touch Pools內，大家可以伸手撫摸海星等海洋生物。

魚缸容量多達260萬公升，難怪可容納多種巨型海洋生物在生活。

遊客可免費登上橡皮艇，探索企鵝世界Penguin Colony。

與愛情無關 03 MAP 8-1 A3
Darling Harbour

達令港又譯情人港，不過名字與戀人無關，而是紀念新南威爾士州第七任總督芮福· 達令(Ralph Darling)。達令港與海濱的岩石區及悉尼市中心相連，區內著名的地標包括悉尼水族館(Sydney Aquarium)、野生動物園(Wildlife Sydney Zoo)及海事博物館等(Australian National Maritime Museum)等，而達令港碼頭更是暢遊悉尼港遊艇的集散地。

地址：Darling Harbour, Sydney, NSW

縱橫四海 04 MAP 8-1 A1

Australian National Maritime Museum

乘 Light Rail 於 Pymont Bay 站下車即達

博物館建立於1991年，是澳洲六個國家博物館中唯一一個不位於首都的博物館。2010年，英國的《周日泰晤士報》將其列為世界上最酷的十大博物館之一。博物館包含七個主要的常設展館，主題包括發現澳洲，澳洲原住民和水之間的關係，澳洲的海運歷史，海洋資源的回顧，澳洲海軍史，美國和澳洲的聯盟關係。博物館還設有動感體驗館Action Stations，另外在碼頭停泊了驅逐艦HMAS Vampire和潛艇HMAS Onslow供遊人參觀，近距離感受澳洲海軍的實力。

地址：2 Murray St, Darling Harbour, Sydney, NSW 2000
電話：61-2-9298 3777
營業時間：10:00am -4:00pm
費用：成人 AUD25、4 至 14 歲小童 AUD15
網頁：www.sea.museum

INFO

MAP 8-1 D2 05 超人氣士多啤梨西瓜蛋糕

Black Star Pastry

乘火車於 St. James 站下車，步行 10 分鐘

憑著怪趣又美味的士多啤梨西瓜蛋糕人氣急升，現在Black Star Pastry在悉尼有三間分店。招牌蛋糕中間夾了一層西瓜肉，以忌廉及杏仁餅底相間，頂層鋪滿士多啤梨、玫瑰乾花及開心果碎，味道非常驚喜。另外新登場的覆盆子荔枝蛋糕同樣不可錯過，清爽甘甜，口感層次豐富，絕對是悉尼必吃的甜品之一！

地址：Shop 26, Ground Floor, 500 George St, Sydney NSW 2000
電話：61-2-9557 8656
營業時間：周一至五 8:00am-6:00p，周六、日 9:00am-6:00pm
網頁：www.blackstarpastry.com.au

INFO

那一天我們會飛 06 MAP 8-1 A2
Flight Experience Sydney

Town Hall 火車站步行 10 分鐘

在飛行體驗館中，遊客可以一嘗當飛機司的滋味。體驗館配備先進的飛行模擬器，以波音737系列的駕駛艙設計，遊客可擬定不同天氣及環境進行飛行及升降。除了飛行訓練，這裡也兼當飛行恐懼症的輔導班及空中服務員面試訓練班，服務絕對多元化。

地址：Shop 1/173-179 Broadway, Ultimo NSW 2007
電話：61-1800 737 800
營業時間：11:00am-5:00pm
費用：模擬飛行 30 分鐘 AUD195
網頁：https://sydney.flightexperience.com.au/

INFO

打卡亮點 07 MAP 8-1 B4
The Exchange

乘 Light Rail 於 Paddy's Markets Light Rail Station 站下車，步行約 2 分鐘

The Exchange 位於 Darling Square 達令港廣場上，於2019年落成後即成該區一大地標。這座7層高的多用途公共場所，由日本知名建築師隈研吾設計，建築物內包含圖書館、育兒中心、商店、咖啡店和餐廳等設施。其獨特的造型如同一個球體被緞帶包覆著，由2萬米的木條打造成六個環形走道，環繞建築物外牆並延伸至廣場地面，營造出一股禪意。

餐廳內提供的特色美食，呈現建築物的造型。

螺旋形木條包裹著建築物，遠看像一團被捲起的意大利麵。

地址：1 Little Pier St, Haymarket NSW 2000
電話：61-1-4493 7738
網頁：https://www.darlingsq.com/

INFO

簡單海鮮餐 08 MAP 8-1 B2

Nick's Seafood Restaurant

乘火車於 Town Hall 站下車，步行 10 分鐘

煮海鮮的方法層出不窮，但太過賣弄反而令海鮮失真，畢竟吃海鮮的重點是新鮮。Nick's Seafood Restaurant便深明這個道理，以嚴謹的食材和簡約的烹調風格，保留了海鮮最佳的鮮味。這裡最值得推薦的是分量十足的Nick's Seafood Platter for Two（2人海鮮拼盤），生蠔、龍蝦、青口及大蝦全都非常新鮮，能一次過滿足海鮮發燒友的慾望。

餐廳位於Cockle Bay Wharf旁邊，晚上的景色非常迷人。

2人海鮮拼盤 Nick's Seafood Platter for Two
看到大大份的海鮮拼盤，未吃已令人相當震撼。

INFO

地址： The Promenade, Cockle Bay Wharf, Darling Harbour, Sydney NSW 2000
電話： 61-1300 989989
營業時間： 11:30am-10:00pm
網頁： www.nicksgroup.com.au

即食平靚正海鮮 09 MAP 7-6

Sydney Fish Market

乘 Light Rail 於 Fish Market 站下車

場內的零售商都會同時提供煮食服務，為了方便遊客，不少更有中文餐牌。

海鮮熱食拼盤 Hot Seafood Platter

Rock Oyster外形小而飽滿，吃落比較鮮甜；而Pacific Oyster比較大隻，海水味較重。
*價格因大小而有差別

Rock Oyster

Pacific Oyster

悉尼人想買鮮活的海產，一定會到悉尼魚市場（Sydney Fish Market）。每天早上，各地漁船會運來過百種海鮮作批發和零售，一般價錢較市面便宜2至3成。由於即運即賣，故漁獲保證新鮮。遊客可在市場內購買海鮮，並叫店員替你做成刺身或烹調成美味海鮮餐，非常方便。加上市場外的碼頭有露天枱椅，很多人喜歡在陽光海風送爽下，品嘗滋味海鮮，你又怎能錯過呢？

地址： Corner Pyrmont Bridge Road &, Bank Street, Pyrmont, Sydney, NSW 2009
電話： 61-2-9004 1100
營業時間： 7:00am-4:00pm（12 月 25 日休息）
網頁： www.sydneyfishmarket.com.au

INFO

老而彌堅 10 MAP 8-1 C2

Queen Victoria Building

Town Hall 火車站步行 3 分鐘

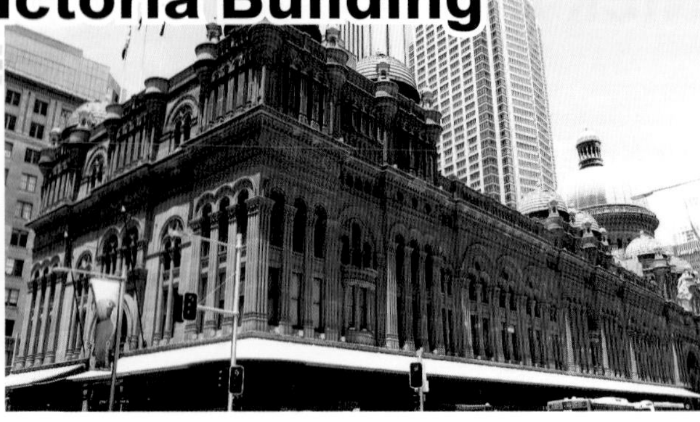

維多利亞女王大廈可算是悉尼市中心的地標。大廈建於1898年，以圓頂的羅馬風格設計，中央聳立著的玻璃圓頂，裡外都充滿高雅貴氣。大廈在1970年代曾重修，現時設有180間商店、咖啡廳和餐廳。大廈內部盡量保留著上世紀的裝飾和擺設，其中最矚目的，首選南側的皇家吊鐘。據說該鐘是英國皇室的工匠特意打造，時鐘正點時還會播放音樂玩偶劇。

地址：455 George St, Sydney, NSW 2000
電話：61-2-9265-6800
營業時間：周一至六 9:00am-6:00pm、周四至 9:00pm、周日 11:00am-5:00pm
網頁：https://www.qvb.com.au/

INFO

英式 High Tea 10a

Tea Room QVB

維多利亞女王大廈 3 樓

地址：Level 3 North End, Queen Victoria Building
電話：61-2-9283 7279
營業時間：10:00am-5:00pm
網頁：https://thetearoom.com.au/

INFO

Tea Room QVB位於維多利亞女王大廈北翼3樓，被譽為悉尼最美麗的餐廳，也是當地最夢幻的婚宴場地。雖然這裡佈置瑰麗豪華，收費卻出奇地親民。一份傳統下午茶(Traditional High Tea)收費AUD55，早上10時開始供應。想再慳些可點一份英式茶點(Devonshire Tea)，一杯茶兩件鬆餅AUD20即可埋單，當俾入場費進來打卡都抵！

米芝蓮名廚主理 11 MAP 8-1 D2

Glass Brasserie + Wine Bar

乘火車於 Town Hall 站下車，步行 3 分鐘

由國際名廚Luke Mangan主理的Glass，位處悉尼Hilton酒店2樓。餐廳以極高樓底配合大量玻璃的設計增加空間感，擺設裝潢都充滿型格。這裡吃的以法國菜為主，再融合大廚不絕的靈感和無限創意，經常創出獨特的新穎菜式。特別要留意「品嘗推介」(degustation menu)，一連6道菜均是大廚的精心之選，味道由淡至濃，而且每道菜侍應均會細心地解說，就算對法國菜不熟悉，也可吃出箇中的藝術。

Sashimi Selection
6款不同的精選刺身，必須由上至下來食，非常講究。

地址：Level 2, Hilton Sydney, 488 George Street, Sydney, New South Wales
電話：61-2-9265 6068
營業時間：早餐：周一至五 6:30am-10:00pm；周六及日 7:00am-11:00am
午餐：周三及五 12:00nn-3:00pm；周六至二休息
晚餐：周二至五 6:00pm-9:30pm，周六 5:30pm 開始；周日及一休息
網頁：www.glassbrasserie.com.au
備註：入場 Dresscode 為 Smart Casual，即不可穿背心、拖鞋、短褲、涼鞋。

INFO

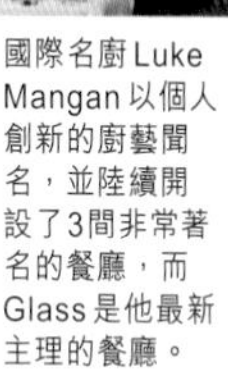

國際名廚Luke Mangan以個人創新的廚藝聞名，並陸續開設了3間非常著名的餐廳，而Glass是他最新主理的餐廳。

12 Cocktail的藝術 MAP 8-1 D2

Zeta Bar

乘火車於 Town Hall 站下車，步行 3 分鐘。

開揚的室外陽台，空間感極大，而且更面對悉尼地標Queen Victoria Building。

Zata tiki punch
這是experimental酒的其中一款，喝的時候杯上的熱情果，更會燃燒起來。

Raspberry mule
這是deconstructed酒的一種，可以隨意把數種材料混合，創出自己的飲法。

同樣位處在Hilton Sydney內的Zeta酒吧，也深受當地人歡迎。每到周末假日更是一眾潮人的聚腳地。酒吧的設計分為室外及室內兩部分。前者客人可以三五成群站在陽台上把酒聯誼，非常熱鬧；而後者則適合想靜靜地品酒談天的客人。此外，這間獲獎無數的酒吧，對調酒的學問也非常有研究，自創多套調酒哲學，包括大膽創新的experimental、充滿玩味的deconstructed及一反傳統的twisted classics等，保證客人的味覺能得到前所未有的新體驗。

地址：Level 4, Hilton Sydney, 488 George Street, Sydney, New South Wales
電話：61-2-9265 6070
營業時間：周四至六 5:00pm-12:00mn
網頁：www.zetabar.com.au
備註：入場 Dresscode 為 Smart Casual，即不可穿背心、拖鞋、短褲、涼鞋

INFO

悉尼 Sydney

悉尼最高的娛樂 13

MAP 8-1 E1

Sydney Tower Eye

乘火車於 St. James 站下車，步行 5 分鐘

位處悉尼市中心的Sydney Tower Eye是新南威爾斯州最高的觀光塔，在250米高空上俯瞰悉尼的全貌，是認識這個大城市的最佳方法。由地面乘搭高速升降機到塔上的觀景台只消40秒，透過環形的全玻璃設計，遊客可360°看盡壯麗景色，在天清氣朗的日子，更可欣賞到遠在80公里以外的藍山（Blue Mountains）、邦迪沙灘（Bondi Beach）及中央海岸（Central Coast）的景致。塔上更有專人講解城市的建構，標示市內各地點的位置，增加遊客對悉尼的認識。此外，門票更包括了一套30分鐘的動感電影Oztrek，特技效果加上180°超闊銀幕，以好玩刺激的手法介紹澳洲的地理和文化歷史。

Skywalk是Sydney Tower上的另一賣點，參加者可在塔外走一圈，體驗悉尼最高的戶外活動。

地址：Westfield Sydney, Level 5/108 Market St, Sydney NSW 2000
營業時間：10:00am-8:00pm * 每日開放時間不定
費用：Sydney Tower（成人）AUD 31.5；（3至15歲小童）AUD 23 ＊網上購票有優惠
網頁：www.sydneytowereye.com.au

INFO

環形設計的觀景台，讓遊客可以360°全方位欣賞悉尼景色。

4 Attraction Pass

只要手持Pass，便可以超值價在30天內玩盡Sydney Tower Eye+ SEA LIFE Sydney Aquarium、WILD LIFE Sydney Zoo及Madame Tussauds Sydney 4個景點，比逐次買票合共節省AUD 88，激抵！

網上票價：成人AUD 85，小童AUD 65

www.visitsealife.com/sydney/tickets-passes/?category=Combo+Tickets

從塔上遠眺出去，便會發現悉尼是一個綠意盎然的城市。

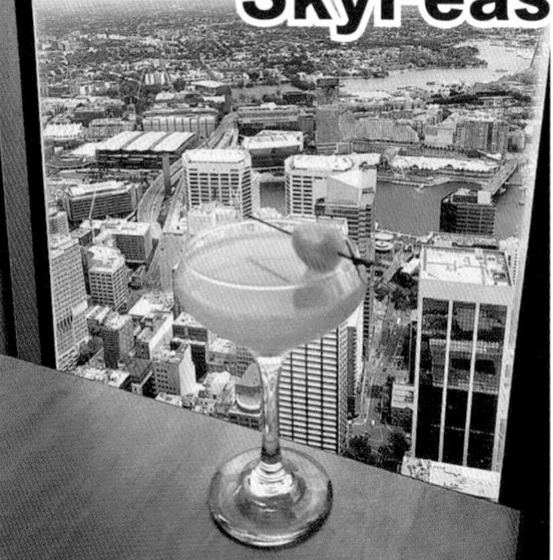

13a 高人一等

SkyFeast at Sydney Tower

Sydney Tower 高層觀景台

參觀Sydney Tower 除了可欣賞一望無際的悉尼景致，也是品嘗美食的好地方。Sydney Tower Buffet每天都在Sydney Tower高層觀景台的旋轉餐廳舉行。餐廳旋轉一圈需時70分鐘，所以不論客人坐在什麼位置都能盡覽美景。要選最佳時段，當然是黃昏至入夜最搶手，所以記得預訂。

地址：Westfield Sydney, Level 4/108 Market St, Sydney NSW 2000
電話：61 1300 391 808
營業時間：自助午餐 12:00nn-2:00pm，自助晚餐 5:00pm-9:00pm
費用：(午餐)成人 AUD85-100；4-12 小童 AUD45
(晚餐)成人 AUD100-115；4-12 小童 AUD45
網頁：www.skyfeastsydneytower.com.au/

INFO

悉尼 Sydney

鬧市綠天堂 Hyde Park

14 MAP 8-1 E2

St James 火車站出站即達

悉尼海德公園與倫敦的海德公園類似，都是鬧市中的綠洲，是悉尼市民最愛的休憩場所。公園建於1810年，至今已有超過200年歷史。公園佔地16.2公頃，中心是一個設計獨特的噴水池，水池裡聳立著一組手工精緻的雕像。公園中還矗立著一座詹姆斯· 庫克船長的碑像，紀念他1770年登陸澳洲，開創了澳洲的近代歷史。

地址：Elizabeth St, Sydney NSW
電話：61 2 9265 9333

INFO

The Rocks | Darling Harbour & CBC | Paddington & Surry Hills | Bondi | Sydney Suburb

樂韻悠揚 Sydney Town Hall

15  MAP 8-1 D2

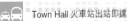

Town Hall 火車站出站即達

悉尼市政廳建立於1880年，展現了最為完美的維多利亞建築風格，整座建築富麗堂皇，高高的鐘樓引人注目。市政廳內最著名的景點就是百年音樂廳，廳中的巨大管風琴由八千多支管裝配而成，風琴於1890年在倫敦製作，再以輪船運到悉尼，認真大陣仗。雖然市政廳至今仍有公務人員辦工，但逢周一至周五的辦工時間，都會免費開放予遊客參觀。

地址：483 George Street, Sydney NSW 2000　**電話**：61-2-9265 9333
營業時間：周一至周五 8:00am-6:00pm　**費用**：免費
網頁：https://www.cityofsydney.nsw.gov.au/landmarks/sydney-town-hall

INFO

悉尼經濟金融核心 16 MAP 8-1 E1
Martin Place

Martin Place 火車站出站即達

馬丁廣場是悉尼的商務和金融中心區，澳洲儲備銀行、澳洲聯邦銀行、麥覺理銀行和其他公司的總部都設於此，而且名店林立，與中環有幾分相似。在馬丁廣場一帶除了行街購物，一定不可錯過街道兩旁的建築。這些大樓從古典主義到當代風格統統有齊，簡直是特色建築的大觀園。

地址：Martin Place, Sydney NSW ★INFO

悉尼郵政總局(General Post Office)，於1866年落成，是新古典主義風格的典範。

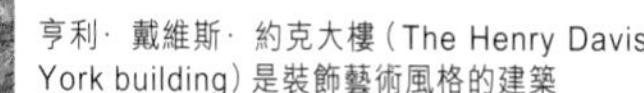
亨利·戴維斯·約克大樓(The Henry Davis York building)是裝飾藝術風格的建築

MLC中心(The MLC Centre)，採用現代主義風格，曾北美洲以外最高的建築。

達令港美食區 17 MAP 8-1 B1

King Street Wharf

乘火車於 Wynyard 站下車，步行約 8 分鐘

達令港碼頭沿海濱長廊開滿酒吧和餐館，每間食肆的裝潢都極具特色，有印度菜、希臘菜、意大利菜等食肆。碼頭旁有相當舒適的木造長廊步道，可以在這裡欣賞沿岸美景，黃昏在這裡散步睇日落或小酌一杯也不錯。

地址：The Promenade, Lime St, Sydney NSW 2000
營業時間：周一至四 11:00am-10:00pm，
周五至 11:45pm；周六 9:00am-11:45pm，
周日 9:00am-10:00pm
網頁：https://kingstreetwharf.com.au/

INFO

碼頭人氣食肆 MAP 8-1 B1

Georges Mediterranean Bar & Grill 18

乘火車於 Wynyard 站下車，步行約 8 分鐘

達令港碼頭美食區其中一間人氣食肆，裝橫充滿地中海異國風情，戶外座位更擺放了大型梳化，讓人觀賞日落海景。大廚會根據當季時令食材炮製菜式，主打希臘風味菜，融合了意式、中式等多國美食文化。再看到桌上那些小碟的醃橄欖、乳酪時，內心不禁有秒飛地中海的感覺。

Lychee Vanilla Caprioska

地址：King Street Wharf, 3 The Promenade, Sydney NSW
電話：61 2 9295 5066
營業時間：11:00am-4:00pm，5:00pm-9:00pm；
周六日及公眾假期 8:00am-9:00pm
網頁：https://australianmuseum.net.au/

INFO

The Rocks | Darling Harbour & CBC | Paddington & Surry Hills | Bondi | Sydney Suburb

澳洲最古舊之教堂 19 MAP 8-1 F1

St Mary's Cathedral Sydney

St James 火車站出站即達

悉尼聖瑪麗大教堂就在悉尼海德公園附近，教堂始建於1821年，直至1928年才正式完成。教堂採用歌德式風格，大教堂長107米，中殿24.3米寬，天花板高22.5米，外形非常有氣勢和雄偉。它現時是澳洲規模最大、最古老的宗教建築，也是悉尼市民的精神枝柱。

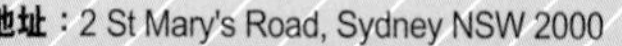

地址：2 St Mary's Road, Sydney NSW 2000
電話：61 2 9220 0400
營業時間：周一至五 6:30am-6:30pm、周六 8:30am-7:00pm、周日 6:30am-7:00pm
網頁：http://www.stmaryscathedral.org.au/

INFO

全球十大博物館之一 20 MAP 8-1 F3

Australian Museum

Museum 火車站出站步行 10 分鐘即達

澳洲博物館建於1827年，是世界公認的十家最頂級的展館之一，也是澳洲最大的自然歷史博物館。博物館收藏標本約875萬件，分屬人類學、動物學、古生物學、環境科學和礦物學。其中最受小朋友歡迎的，肯定是恐龍展館。除了有不同種類的恐龍標本，場內更有不同的互動遊戲，寓學習於玩樂中。

地址：1 William Street, Darlinghurst, Sydney, NSW 2010
電話：61 2 9320 6000　**營業時間**：10:00am-5:00pm；周三至 9:00am
費用：基本免費，特展另外收費
網頁：https://australianmuseum.net.au/

INFO

藝術匯萃 21 MAP 8-1 G1

Art Gallery NSW

St James 火車站步行 10 分鐘即達

新南威爾斯美術館建於1874年，是全澳洲第四大的美術館。美術館樓高5層，其中三層是地庫(Lower Level 1-3)，只有Ground Level及Upper Level在地面。Ground Level主要展示15至20世紀的歐洲美術作品與及19世界至現代的澳洲藝術品。Lower Level 1集中亞洲的藝術，包括中國和日本的傳統工藝美術品。Lower Level 2展示當代藝術為主，亦設有相片展覽館。至於Lower Level3除了是演講廳，也展示了澳洲原住民的藝術。雖然你未必看得懂所有展品，既然免費入場，又可以感受藝術的薰陶，所以不應錯過。

由103塊河石組成的藝術品，以309根金屬繩懸掛成一個圓環。

地址：Art Gallery Road, Sydney NSW 2000
電話：61 2 9225 1700
營業時間：10:00am-10:00pm　**費用**：免費
網頁：https://www.artgallery.nsw.gov.au/

INFO

新館Sydney Modern Project於2022年底落成。

木造碼頭 22 MAP 7-6

Finger Wharf

Kings Cross 火車站步行約 11 分鐘

Finger Wharf碼頭坐落在悉尼市Woolloomooloo，面向悉尼港，也被稱為Woolloomooloo Wharf。這座木造碼頭建於1912年，曾是羊毛貿易的主要出口港和軍港。根據健力士世界紀錄記載，Finger Wharf是現存世界最大的木造建築所在。相比起King Street Wharf，這邊環境更寧靜，經過改造後變成集餐飲、住宿和遊艇碼頭於一身的打卡勝地。

地址：6 Cowper Wharf Roadway, Woolloomooloo NSW 2011
電話：61 2 9331 0730

INFO

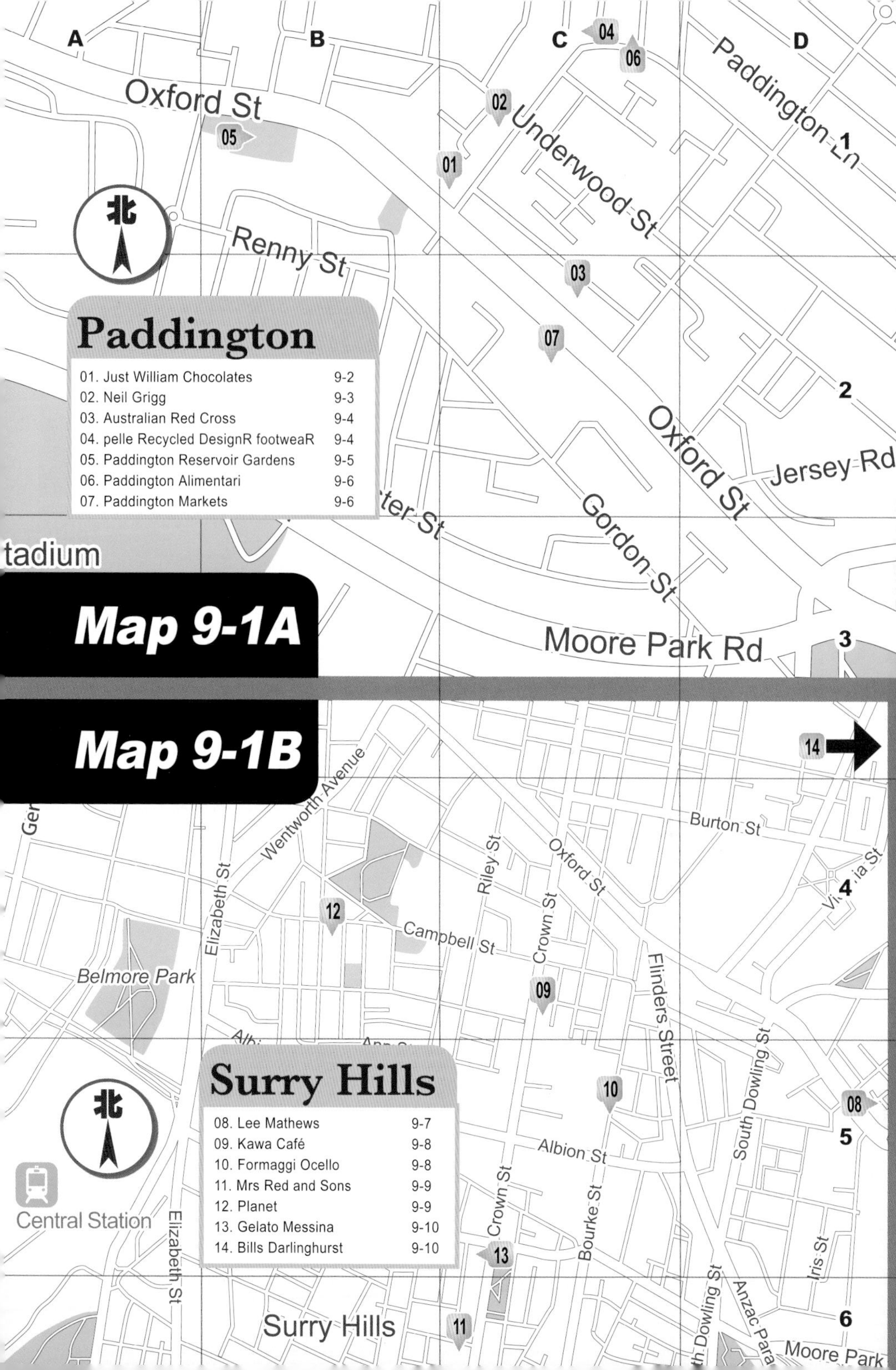
Map 9-1A
Paddington
01. Just William Chocolates 9-2
02. Neil Grigg 9-3
03. Australian Red Cross 9-4
04. pelle Recycled DesignR footweaR 9-4
05. Paddington Reservoir Gardens 9-5
06. Paddington Alimentari 9-6
07. Paddington Markets 9-6
Oxford St
Renny St
Underwood St
Paddington Ln
Jersey Rd
Gordon St
Moore Park Rd
Map 9-1B
Surry Hills
08. Lee Mathews 9-7
09. Kawa Café 9-8
10. Formaggi Ocello 9-8
11. Mrs Red and Sons 9-9
12. Planet 9-9
13. Gelato Messina 9-10
14. Bills Darlinghurst 9-10
Wentworth Avenue
Elizabeth St
Riley St
Crown St
Oxford St
Burton St
Campbell St
Flinders Street
Belmore Park
Central Station
Albion St
Bourke St
South Dowling St
Iris St
Anzac Para
Surry Hills

巧手朱古力 01

Just William Chocolates

在 Circular Quay 車站乘 380 或 333 號巴士，於 Oxford Street 下車

Pina Colada Bomb 朱古力入口甘甜略帶微苦，充滿香濃酒味。

Chilli Cinnamon 由濃郁的肉桂香與辛辣的辣椒結合而成，味道獨特，喜歡與否，見仁見智。

小小的店面內，朱古力雖然不算多，價錢也略貴，但每一粒都是手製的，非常矜貴。

William Street的店舖充滿特色，隨便走進一間小店都可找到驚喜，好像這間Just William Chocolates的手製朱古力便是獨一無二。店主Suzanne Francis擁有20多年製造朱古力的經驗，經過不斷改良，朱古力早已獲得各界認同，很多名人和大公司都是他們的捧場客。由於屹立Paddington多年，現已成為該區的地標之一。據説多年前曾有人進入店內聲稱「打劫！」，但店員説這裡只有朱古力，賊人拿來吃後，竟因朱古力太美味，而自掏腰包購買；雖然聽來有點荒誕，不過由此可知這兒的朱古力有幾吸引。

地址：4 William Street, Paddington, Sydney, New South Wales 2021
電話：61-2-9331 5468
營業時間：10:00am-6:00m(一至六)；10:30am-5:00pm(周日)；公眾假期休息

INFO

Just William非常著重包裝，禮盒精美，是送禮佳品。

「髮」上添花 02 MAP 9-1A C1

Neil Grigg

在 Circular Quay 車站乘 380 或 333 號巴士，於 Oxford Street 下車

每年香港賽馬銀袋日，入馬場的女士們都打扮得花枝招展，而在澳洲傳統賽馬日的聚會及嘉年華上，當地人更會盛裝出席。當中的墨爾本盃更令全城瘋狂，女士們為求造型能突圍而出，在髮飾上更加費盡心思。Neil Grigg 的手製髮飾便是她們的朝聖對象。

這兒的頭飾、帽子都是由設計師Neil親手製造，連髮飾上的每條羽毛、每塊花瓣都親自上色及風乾，製作非常認真，最重要是獨一無二，絕不撞款。他的設計風格色彩鮮艷，最愛以羽毛、蝴蝶及花朵作主題。客人又可訂做頭飾，Neil還會先跟客人討論設計及用料，務求做到盡善盡美。

地址：40 William Street,Paddington, Sydney, New South Wales 2021
電話：61-2-9361 5865
營業時間：10:00am-6:00pm；周六 10:00am-5:00pm；周日休息
網頁：www.neilgriggmillinery.com

★ INFO

清簡潔白的店面，更能突出那些鮮艷奪目的頭飾。

蝴蝶蕾絲髮箍

艷紅羽毛髮箍

Neil的工作坊就在店舖後面，採訪當日他正埋頭苦幹設計新的髮飾。

愛心夜冷店 03 MAP 9-1A C2

Australian Red Cross

在 Circular Quay 車站乘 380 或 333 號巴士，
於 Oxford Street 下車

香港有救世軍家品店，澳洲亦有 Australian Red Cross Shops，即由紅十字會開設的二手店。雖然店員都是義工，但卻非常賣力，令店面乾淨整齊，最重要的是價錢都非常便宜。不要以為店內的東西都是破舊不堪才如此「賤價」出售，反而多是倉底貨、次貨，屬於全新，甚至有原裝包裝，真的要慢慢淘！以人為本的紅十字會關心全球，更會把店內售賣二手物品的收入作國際救助用途，讓人在花錢同時感受到非一般的意義！

牆身有介紹紅十字會的理念及義務工作，希望大家消費之餘幫助一下貧苦大眾。

地址：390 Oxford Street, Paddington, Sydney, New South Wales 2021
營業時間：10:00am-6:00pm（周一至六）；11:00am-5:00pm（周日）
電話：61-2-9326 0005　**網頁**：www.redcross.org.au

INFO

執環保筍貨 04 MAP 9-1A C1

pelle Recycled DesigneR footweaR

在 Circular Quay 車站乘 380 或 333 號巴士，
於 Oxford Street 下車

這是一間充滿使命感的二手名牌鞋店，店主 Monica 比較像收藏家多於生意人。愛鞋如命的她，對古著及二手女裝鞋情有獨鍾，加上喜歡研究造鞋過程，於是便開店公諸同好。她經常回收罕有及保值的鞋款，如經典船踭鞋、platform 鞋等。店內所有貨品都保養得非常好，部分甚至不像是二手貨，可見 Monica 很認真去選貨和作保養復修。

店內鞋款比正價低了一截，吸引了大批愛鞋的女士來尋寶。

地址：90 William Street, Paddington, Sydney, New South Wales 2021
電話：61-2-9331 8100
營業時間：周二至六 10:00am-5:00pm；周日、一休息
網頁：www.pelleshoes.com.au

INFO

悉尼秘景花園 05 MAP 9-1A B1

Paddington Reservoir Gardens

在 Circular Quay 車站乘 333 號巴士，於 Paddington Town Hall 站下車

原址為Paddington水庫，建於1866年，前後共營運了33年，退役後曾被改建成倉庫。直至1985年，水庫被列為新南威爾斯州歷史遺產，著名建築師Tonkin將現代設計巧妙地融入其中，把木材、磚頭和金屬等原素結合，搖身一變成為一個下沉式花園。花園總面積2,350平方米，結構分為兩層，上層是行人通道，下層則是花園、水池和地下室，園內仍保留著磚砌拱門、石柱和蓄水室殘留的遺蹟。

地址：251-255 Oxford St,
Paddington NSW 2021
電話：61 2 9265 9333 **費用**：免費
網頁：https://www.cityofsydney.nsw.gov.au/parks/paddington-reservoir-gardens

INFO

意式田園 cafe  06 MAP 9-1A C1

Paddington Alimentari

在 Circular Quay 車站乘 380 或 333 號巴士，於 Oxford Street 下車

Paddington Alimentari是位於繁盛鬧市的意式咖啡店。小店沒有華麗的門面，卻有充滿田園風味的裝修，甚至設有戶外小庭園，讓食客一邊曬太陽一邊歎咖啡。餐廳提供意大利地道的食品，包括火腿，奶酪，莎樂美腸到意式三文治，更有不同的乾乳酪及風味醬，讓客人把意式味道帶回家。

地址：2 Hopetoun St, Paddington,
Sydney NSW 2000
電話：61 2 9358 2142
營業時間：7:00am-5:00pm，周六
7:30am 至 4:00pm，周日休息
FB：https://www.facebook.com/paddington.alimentari/

INFO

設計新勢力 07 MAP 9-1A C2

Paddington Markets

在 Circular Quay 車站乘 380 或 333 號巴士，於 Oxford Street 下車

除了服飾外，也有不少畫家在市場內賣畫，遇到心頭好不妨嘗試「講價」。

自家設計的童裝布鞋，十分可愛。

很多藝術家和設計師，都經歷過一段奮鬥史才闖出名堂。因此，一個可以用來展示才華的地方，對寂寂無名的人來說非常重要，Paddington Markets便是當地藝術家的搖籃地。眾多設計師進駐Oxford Street的店舖前，也曾在這裡打滾過，如著名的Collette Dinnigan、Lisa Ho及Von Troska等。

每到周末，Paddington Uniting Church外的Paddington Markets便聚集了200多個攤檔，眾多年輕設計師紛紛搭棚擺檔，將心血結晶公諸同好。遊客可在這兒找尋充滿創意的藝術品、男女服飾、攝影繪畫或是裝飾家品等。而大部分設計師也身兼售貨員，故他們會落力地向顧客介紹作品的意念。

公益事業值得支持！

Paddington Markets主辦單位會將租金等收益捐助Paddington Uniting Church，作社會服務等慈善用途，因此在光顧場內租戶的同時，等於間接做了善事，非常有意義。

地址：395 Oxford Street, Paddington, Sydney, New South Wales 2021
電話：0402-666 272　**營業時間**：10:00am-4:00pm（周六）
網頁：www.paddingtonmarkets.com.au

★INFO

人人襯得起 08 MAP 9-1B D5

Lee Mathews

在 Circular Quay 車站乘 380 或 333 號巴士，於 Oxford Street Near Glenmore Rd 下車

說起時裝，簡單有時比起繁複的設計更耐看，更乾淨討好。Lee Mathews 就深明這個道理，十多年前就在悉尼北部海灘開始這個小店，憑著簡約時尚的風格終於打響名堂，登上 Australian Fashion Shows、Mercedes-Benz Fashion Festival 等的天橋上。

沒有誇張的顏色和印花，採用純色的天然布料如絲、棉、麻和羊毛等，透氣舒適。在剪裁上的小細節處精巧出色，拼湊出大方俐落的衣服，即使每天穿亦不會厭悶。

INFO

地址：18 Glenmore Rd, Paddington, NSW 2021
電話：61-4-2485 2964
營業時間：10:00am-5:30pm；
周日 11:00am-5:00pm
網頁：www.leemathews.com.au

深藍色格仔頸巾
Muslin Check Scarf

店內裝潢與 Lee Mathews 風格貫徹，簡單有型

真皮涼鞋
Wrap Sandal

藝術咖啡店 09 MAP 9-1B C4

Kawa Cafe

在 Circular Quay 車站乘 301 或 302 號巴士，於 Crown Street 下車

充滿藝術氣色的閣樓上只有兩張枱，想坐這邊就要碰碰運氣了。

店外亦設有座位，早上坐在這裡喝咖啡看報紙，情調一流。

在Surry Hills內，大部分店舖都很有風格，Kawa Cafe亦不例外。店內除了普通座位外，還有一個小小的閣樓，白色的牆身掛上一幅1.5米高的抽象畫，襯上不同的吊燈，令整個環境充滿藝術感。

店內提供沙律、三文治和自家製蛋糕，也有各種批和餅乾，招牌雞肉三文治，未食已令人口水流；大廚Sophie所煮的早餐更是地道人的至愛。雖然他們的咖啡款式不多，但勝在夠香夠濃，所以一定要試試。

地址：348 Crown Street, Darlinghurst, Sydney, New South Wales 2010 **電話**：61-2-9331 6811
營業時間：7:30am-4:30pm

INFO

芝士專家 10 MAP 9-1B C5

Formaggi Ocello

在 Circular Quay 車站乘 301 或 302 號巴士，於 Crown Street 下車

澳洲雖然生產優質的乳製品，但Formaggi Ocello卻堅持售賣意大利的進口芝士，皆因相信芝士大國的質素有保證。Formaggi Ocello其中一款芝士名為布拉塔(burrata)，來自意大利的Puglia，匠人把芝士拉伸成一個囊袋，再放入鮮奶油和莫札瑞拉凝乳碎塊，用稻草綁起來。吃時切開球狀的芝士，美味餡汁就會流出，伴著番茄、羅勒葉和橄欖油，成為人間美食。

地址：16/425 Bourke St, Surry Hills NSW 2010
電話：61-2-9357-7878
營業時間：10:00am-5:30pm
周六 9:00am-5:00pm
周日及一休息
FB：https://www.facebook.com/Formaggi.Ocello/

INFO

中西合璧禮物店 11 MAP 9-1B C6

Mrs Red and Sons

在 Circular Quay 車站乘 301 或 302 號巴士，於 Crown Street 下車

由新西蘭設計師設計的紅色珊瑚石頸鏈。

蝴蝶形心口針

於1994年由Wasan及Amorn創立的Mrs Red and Sons是一間專門出售精品的商店。這兒的貨品來自世界各地，如日本、中國、意大利及西班牙等，大部分都非常精美，當中有不少都是以蝴蝶作主題，如蝴蝶形心口針及蝴蝶水杯等，外形典雅。此外，店內也有出售餐具及花瓶等，配合鮮明的紅色包裝，不失為送禮佳品。

地址：427 Crown Street, Surry Hills, Sydney, New South Wales 2010
電話：61-2-9310 4860
營業時間：11:00am-5:00pm（周二至五）；10:00am-4:00pm（周六）；周日休息
網頁：www.mrsred.com

INFO

由人手繪畫及縫合的絲質掛布，風格雅致清新。

家居環保學 12 MAP 9-1B B4

Planet

在 Circular Quay 車站乘 301 或 302 號巴士，於 Crown Street 下車

Planet是一家提倡使用天然原料的家居用品公司，其產品大部分都是以人手製作，傢俬都以澳洲出產的實木製造，手工非常精細，設計則以簡約風格為主。雖然要把巨型傢俬搬回香港有點難度，但店內也不乏充滿格調的裝飾品，如蠟燭及枱燈等，買來作手信會是個不錯的選擇。

地址：114 Commonwealth Street, Surry Hills, Sydney, New South Wales 2010
電話：61-2-9211-5959
營業時間：10:00am-5:00pm 周日、一休息
網頁：www.planetfurniture.com.au

INFO

悉尼 Sydney

邪惡美食 13 MAP 9-1B C5

Gelato Messina

在 Circular Quay 車站乘 301 或 302 號巴士，於 Crown Street 下車

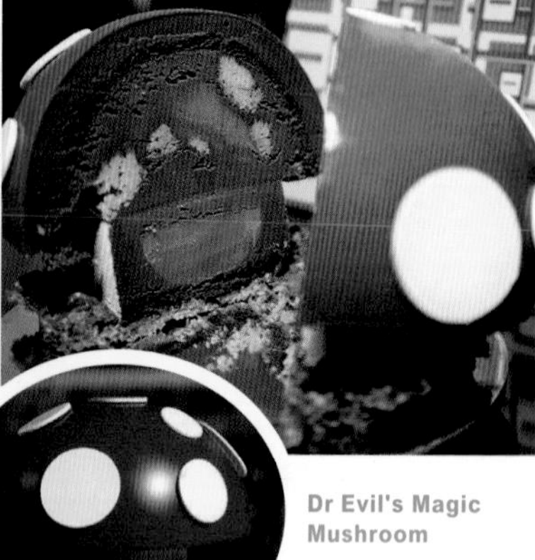

Dr Evil's Magic Mushroom

Gelato Messina是悉尼近年人氣雪糕店，主打意大利手工雪糕。Gelato Messina對原材料非常講究，無論例如牛奶是來自自家農場的澤西乳牛、連榛子、草莓等也是自家農場出品，確保材料新鮮而不含雜質。Gelato Messina其中一款人氣的雪糕蛋糕Dr Evil's Magic Mushroom，可愛的蘑菇外型，包含朱古力、香草奶油及脆奇餅乾等豐富餡料，雖然邪惡卻叫人無法抗拒。

地址：389 Crown St, Surry Hills NSW 2010
電話：61-2-9332-1191
營業時間：12:00nn-10:30pm，周五六至 11:00pm
網頁：https://gelatomessina.com/

INFO

世界第一早餐 14 MAP 9-1B D3

Bills Darlinghurst

在 Circular Quay 車站乘 311 號巴士，於 Victoria St at Liverpool St 下車

Bills由澳洲名廚Bills Granger所創辦，2002年被《紐約時報》評為「世界第一好吃的早餐」，分店遍佈悉尼、倫敦、東京及首爾等全球多個城市。餐廳以健康的食物主打，而Darlinghurst的始創店最特別是只提供早午餐，每天下午3時便休息，所以據說有人排2小時隊也為品嘗神級早餐。如果有幸幫襯，一定要些其招牌鬆餅(Ricotta Hotcake)，由三片鬆餅、忌廉、香蕉和楓糖組成，簡單健康又美味。

地址：433 Liverpool Street, Darlinghurst NSW 2010　**電話**：61-2-9360-9631
營業時間：7:30am-3:00pm　**網頁**：https://www.bills.com.au/darlinghurst

INFO

科幻風建築 15

One Central Park

悉尼中央火車站步行 10 分鐘

悉尼的Chippendale位於Surry Hills旁，鄰近悉尼大學，是傳統的大學區及工業區，較少吸引的景點。不過自One Central Park正式開幕，Chippendale瞬即成為悉尼的焦點。One Central Park是所住宅與商場的綜合體，外形超級科幻，其「垂直綠化公寓」不但是澳洲首創，更是世界之最，令One Central Park奪得世界高層都市建築學會的「全球最佳高層建築」頭銜。大廈外牆種滿250多種澳洲植物和花卉，從底層到最頂層，讓大樓成為新世紀的綠色之樹。大樓最頂有一組組由鏡片組合成的陽光捕捉器，反射陽光到達下方的各個空中花園。而到了晚上，這些鏡片結合藝術家Yann Kersalē設計的LED燈光裝置，成為空中閃耀的「星光」。

除了One Central Park，附近的Kensington Street亦被刻意打造，過去的舊工廠相繼為改裝為酒店、食肆、酒吧及藝廊，令Chippendale成為品味一族喜愛流連的地方，亦成為悉尼晚上最新最火的蒲店。

地址：Central Park Mall 28 Broadway, Chippendale
網頁：http://www.centralparksydney.com/

由舊工廠改建的Design酒店Old Clare Hotel。

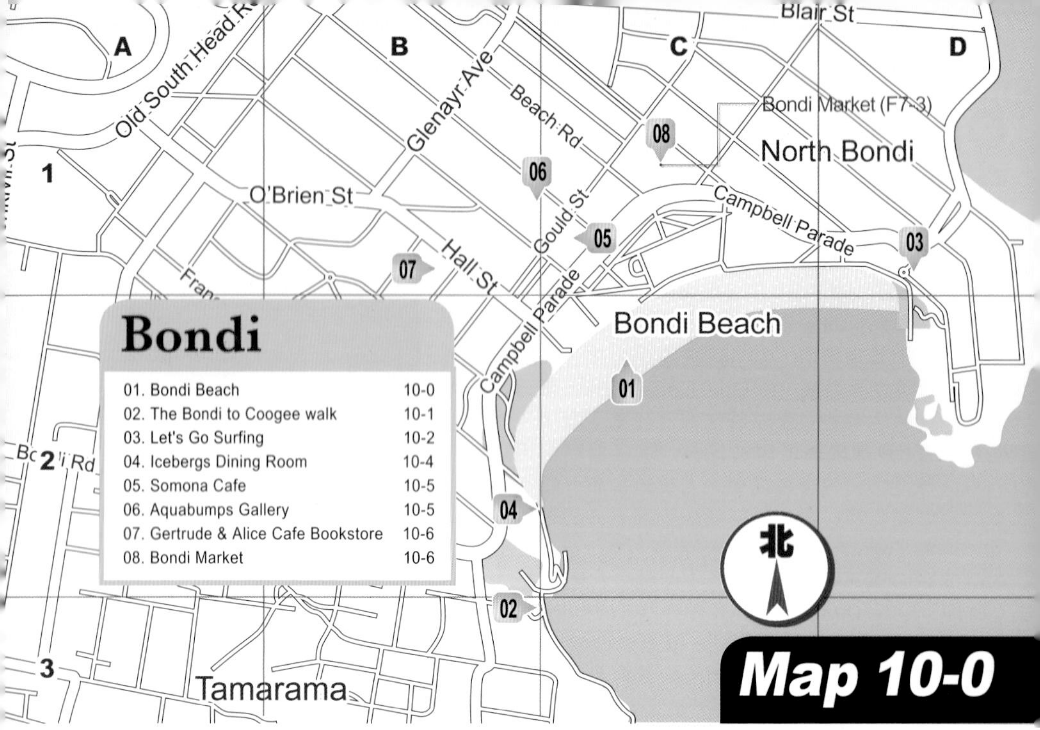
A
B
C
D
1
2
3
Old South Head Rd
Glenayr Ave
Beach Rd
Blair St
Bondi Market (F7-3)
North Bondi
O'Brien St
Gould St
Campbell Parade
Hall St
Campbell Parade
Bondi Beach
Tamarama
北
01
02
03
04
05
06
07
08

Bondi

Map 10-0

澳洲最著名海灘

MAP 10-0 C2

Bondi Beach 01

在 Circular Quay 車站乘 380 或 333 號巴士，
於 Campbell Pde Near Hall St 下車

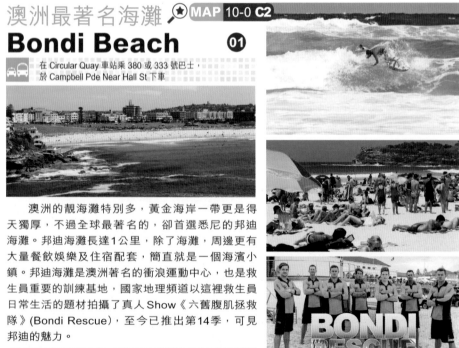

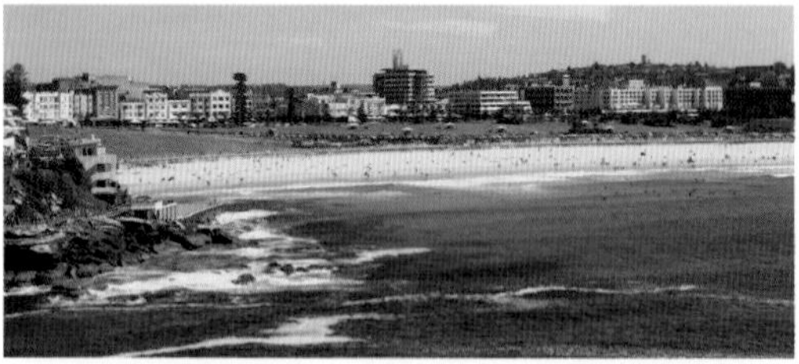

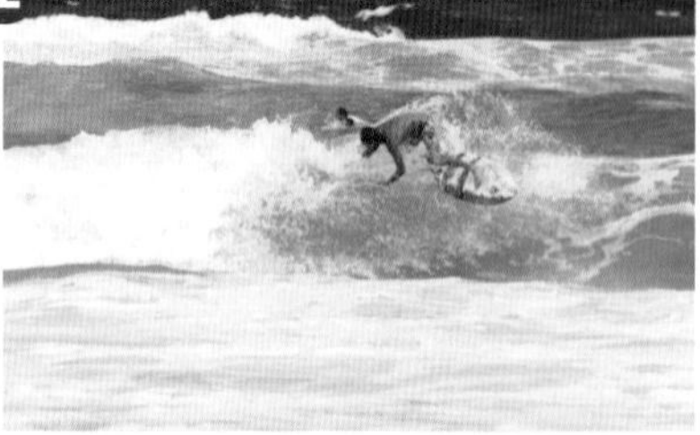

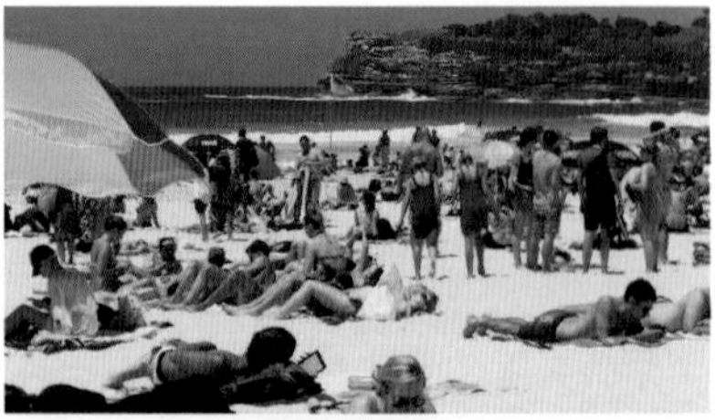

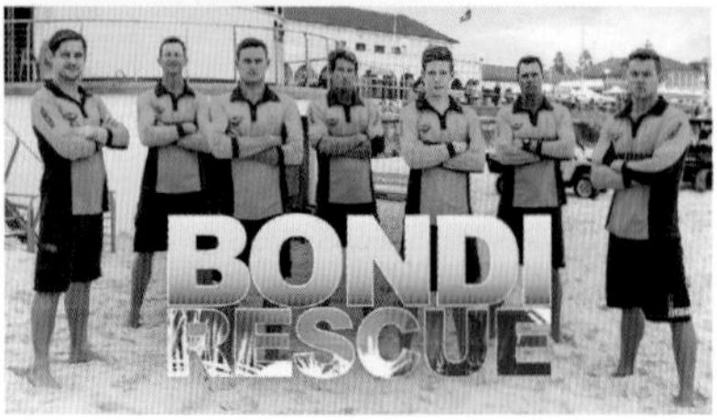
BONDI
RESCUE

澳洲的靚海灘特別多，黃金海岸一帶更是得天獨厚，不過全球最著名的，卻首選悉尼的邦迪海灘。邦迪海灘長達1公里，除了海灘，周邊更有大量餐飲娛樂及住宿配套，簡直就是一個海濱小鎮。邦迪海灘是澳洲著名的衝浪運動中心，也是救生員重要的訓練基地，國家地理頻道以這裡救生員日常生活的題材拍攝了真人Show《六舊腹肌拯救隊》(Bondi Rescue)，至今已推出第14季，可見邦迪的魅力。

地址：Bondi Beach, NSW

INFO

The Bondi to Coogee walk

在 Circular Quay 車站乘 380 或 333 號巴士，於 Campbell Pde near Hall St 下車

以邦迪海灘為起點的海濱步道，把悉尼東岸幾個美麗的海灘，包括邦迪、Tamarama、Bronte、Clovelly、Coogee及Maroubra連接起來。每段路徑都有不同長短、不同難度，亦展現出不同地貌。要行足全程或要花整整一天，但亦可按個人的體力及時間彈性安排行程。

Tamarama至Bronte全程只有0.7公里，最多15分鐘便完成

Bondi 至Tamarama全程1.2公里，半小時可以完成。

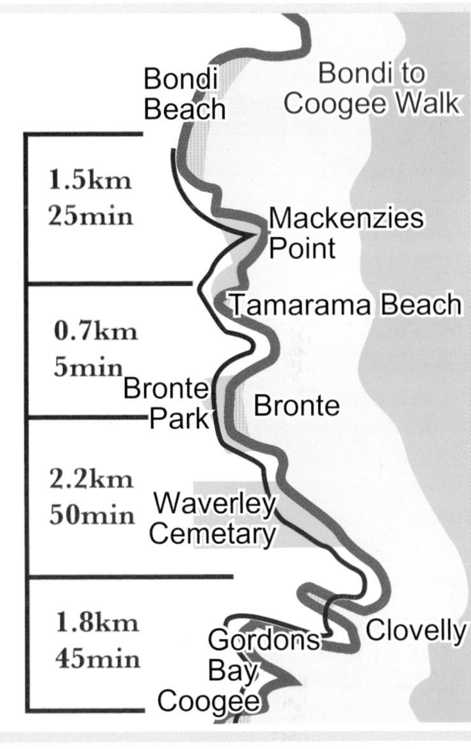

地址：Bondi Beach, NSW

INFO

Bronte至Clovelly全程2.2公里，有不少上落斜，對體能挑戰較大。

去滑浪吧！ 03 MAP 10-0 D1
Let's Go Surfing

在 Circular Quay 車站乘 380 或 333 號巴士，於 Campbell Parade 下車

★★★

澳洲四面環海，美麗的海灘多不勝數，加上澳洲人天性好動，水上活動自然成為重要的娛樂，而刺激好玩的滑浪，當然是必然之選。距離悉尼市約半小時車程的邦迪海灘，是世界知名的海灘。這裡著名的滑浪學校Let's Go Surfing就曾為不少人實現了海上馳騁的夢想。

Let's go Surfing是這兒唯一被Surf School Association of Australia認可的專業滑浪學校，教學經驗達10年，導師們都是專業滑浪高手。滑浪班有小組及個人，無論初學者或進階人士都照顧得到。遊客可參加2小時的體驗班，報名費用已包括了滑水衣、滑浪板、防曬霜及保險，並提供更衣室、淋浴及財物保管服務。想在Bondi Beach的海面上嘗試衝浪滋味，記住到此拜師。

當大浪從後「來襲」時，老師會叫學生們拼命爬，務求在被淹沒之前能站起來。

採訪期間，Dave正為學生們示範基本「Push Up」動作。

其中一位有25年滑浪經驗的導師Dave Hannagan，因為熱愛Bondi Beach而留在這裡，其綽號為「Big Wave Dave」。

地址：128 Ramsgate Avenue Bondi Beach, NSW
電話：61-2-9365 1800
營業時間：9:00am-5:00pm
網頁： www.letsgosurfing.com.au

★ INFO

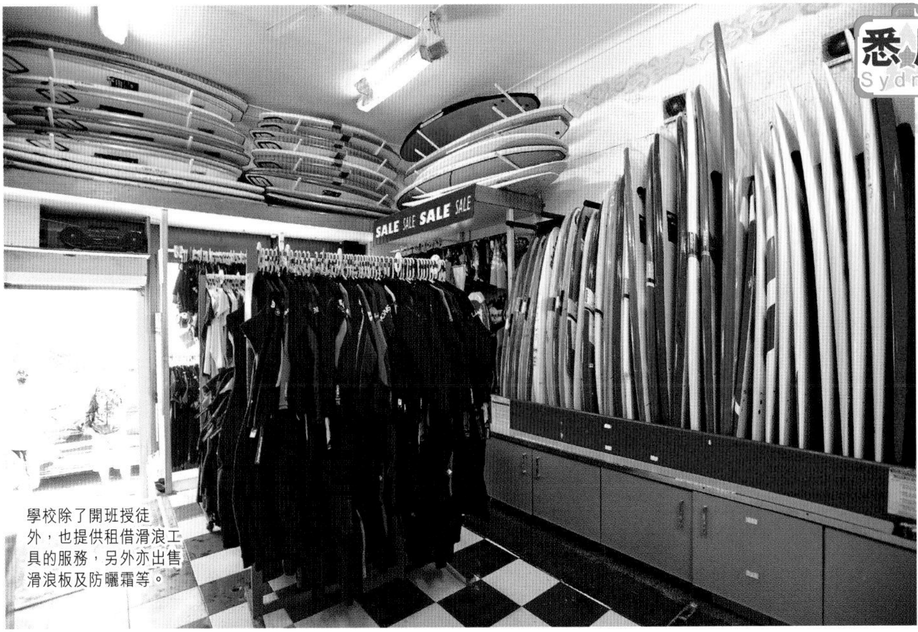

學校除了開班授徒外，也提供租借滑浪工具的服務，另外亦出售滑浪板及防曬霜等。

Let's go Surfing
SURF SCHOOL • BONDI BEACH • AUSTRALIA

Congratulates

For
Experiencing the Thrill of Surfing
And Riding a Wave
at
Bondi Beach Australia

Well Done and
Keep on Surfing

Let's go Surfing

當課程完成後，便可以獲得Let's Go Surfing的證書一張。

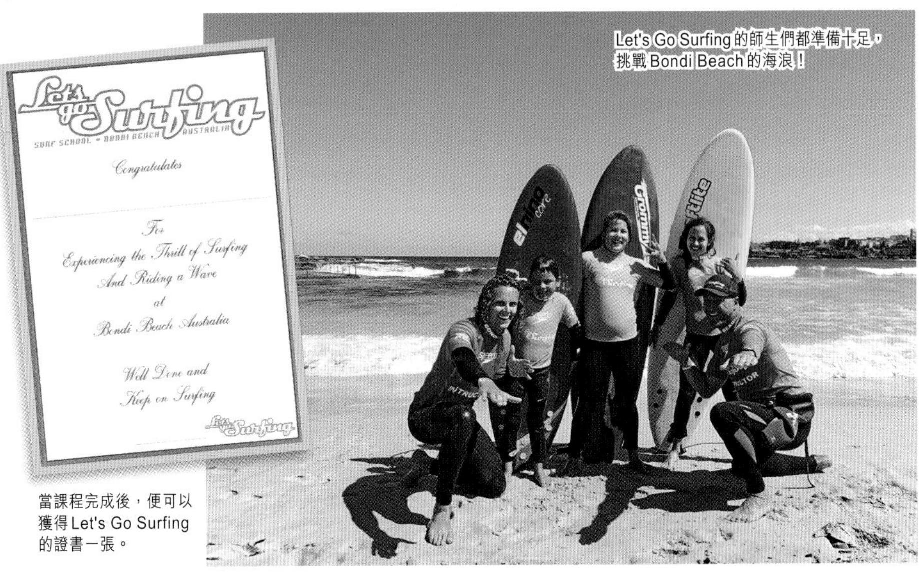

Let's Go Surfing的師生們都準備十足，挑戰Bondi Beach的海浪！

課堂收費表

課程	對象	時間	收費
Bondi Surf Lesson	適合想嘗試第一次滑浪者	2小時（1堂）	AUD 119
Bondi Private Lesson	適合任何程度	1小時	AUD 195 *每多一位增加AUD105

*淡季為4月1日至8月31日，平日為9月1日至11月30日，旺季為12月1日至3月31日。
*除了Bondi，也可選Maroubra或Byron Bay上堂，學費比Bondi便宜。

太平洋超級景觀 04 MAP 10-0 B2

Icebergs Dining Room + Bar

在 Circular Quay 車站乘 380 或 333 號巴士，於 Campbell Pde near Notts Av 下車

坐落於South Bondi的懸崖上，面對南太平洋的Icebergs，景觀堪稱悉尼之最。從餐廳所見是一望無際的大海和漂亮的邦迪海灘，令人心曠神怡。餐廳憑著超級靚景和大廚Robert Marchetti的優秀廚藝，成為了悉尼的人氣海鮮餐廳，更在《Sydney Good Food Guide 2008》(有點像歐洲的米芝蓮飲食指南)內獲得2星評級大獎。這裡的菜式主要以地中海手法烹調，加上大廚的個人創意改良，配合新鮮的材料，令菜式與別不同。當中以意式海鮮拼盤(Brodetto all' Anconetana)做得最出色，是必食之選。

餐廳的室內設計以白色為主，特大的落地玻璃讓客人可以盡情欣賞無敵海景。

地址：1 Notts Avenue, Bondi Beach, New South Wales
電話：61-2-9365 9000
營業時間：12:00nn-12:00mn（周五）；
12:00nn-11:00mn（周三、四）
12:00nn-10:00pm（周日）；周一、二休息
網頁：www.idrb.com

INFO

意式海鮮拼盤 Brodetto all' Anconetana: Fish Stew Ancona Style
海鮮夠新鮮，湯汁味道有點像龍蝦湯，濃味中帶鮮甜，材料又夠入味，食完也忍不住連湯汁都一飲而盡。

番茄青辣椒帶子沙律 Hand Dived Spring Bay Half Shell Scallops, Tomato, Green Chilli, Garlic, Radish Salad

望向岸邊的方向，便是世界聞名的Bondi Beach。

其貌不揚 05 MAP 10-0 C1

Somona Cafe

在 Circular Quay 車站乘 380 或 333 號巴士，於 Campbell Parade 下車

Somona Bakery 是悉尼著名的烘焙店，老闆從三藩市學藝再回悉尼創業。Somona 出品的，都是帶酸味的酸種麵包(sourdough)，據説這種麵包比一般麵包更有營養，更易被人體吸收。而店家挑選的麵粉來自新南威爾斯的 Gilgandra，並與生產商簽訂了永續條款，保障當地農民的收入。Somona 兩款招牌麵包 Sonoma Miche 及 Sonoma Mission 外表都不甚討好，不過放進口內，你就完全感覺到箇中的鬆軟，淡淡的酸甜味更是只此一家。

Sonoma Miche
招牌出品，其實是焦糖味酸種麵包。

Bánh mì
越南風味的雞肉三文治。

地址：R10/178 Campbell Parade (via Gould Street), Bondi Beach, NSW 2026
電話：61-459 613 096
營業時間：7:00am- 2:00pm
網頁：http://sonomabakery.com/locations/bpndi

INFO

MAP 10-0 B1 06 衝浪客天堂

Aquabumps Gallery

在 Circular Quay 車站乘 380 或 333 號巴士，於 Campbell Parade 下車

邦迪海灘是衝浪勝地，水動力藝術館就是透過相機記錄這天堂不同的面貌。攝影師 Eugene Tan 本身都是衝浪發燒友，由1999年開始，他便遊走邦迪四周，把這裡不同的人物與景致收錄在相機中，不但每天在網上更新，更開設藝術館展出作品，與及代客把靚相製作成不同的家品，透過影像向全世界展示邦迪的魅力。

地址：151 Curlewis Street, Bondi Beach NSW
電話：61-2-9130-7788 **營業時間**：10:00am- 6:00pm
網頁：http://www.aquabumps.com

INFO

字裡人間 07 MAP 10-0 B1

Gertrude & Alice Cafe Bookstore

在 Circular Quay 車站乘 380 或 333 號巴士，於 Campbell Pde near Hall St 下車

邦迪海灘除了有活力動感的一面，同樣有寧靜閒息的一面。Gertrude & Alice Cafe Bookstore比市內的大型連鎖書店，無論空間、整齊的程度都大有不如，但混亂中卻有濃濃的文青氛圍。書店兼營cafe，出售的更是近年備受熱捧的澳洲品牌Campos。所謂小說伴咖啡，誰又覺得開心太少？

地址：46 Hall St, Bondi Beach, NSW 2026
電話：61-2-9130-5155
營業時間：6:30am-6:00pm；周日7:00am-6:00pm
網頁：http://www.gertrudeandalice.com.au/

INFO

08 MAP 10-0 C1

學校裡的周末市集

Bondi Market

在 Circular Quay 車站乘 380 或 333 號巴士，於 Campbell Parade 下車

每逢周末，Bondi Beach Public School 都會搖身一變，成為了一個非常熱鬧的Sunday Market，從古著、首飾、家品、手工藝品，到本地薑的自家設計都有，而且去到其他地方未必再買得回，獨一無二非常適合當手信。另外周六同樣地點亦會舉行Bondi Farmers Market，是入手自家種植有機食品及新鮮蔬果的好時機。

BONDI FARMERS -MARKETS- Buy straight from the GROWERS PRODUCERS

對自家種植的農作物有興趣的話，就記得要周六9:00am-1:00pm來到。

古董擺設都非常獨特，但如何帶回香港就是另一個問題了。

本地設計的產品夠獨特又有紀念價值，比起送鎖匙扣、公仔更實用。

地址：Campbell Parade, Bondi Beach, NSW
電話：61-4-0204 5990
營業時間：周六 9:00am-1:00pm、
周日10:00am-4:00pm
網頁：www.bondimarkets.com.au

INFO

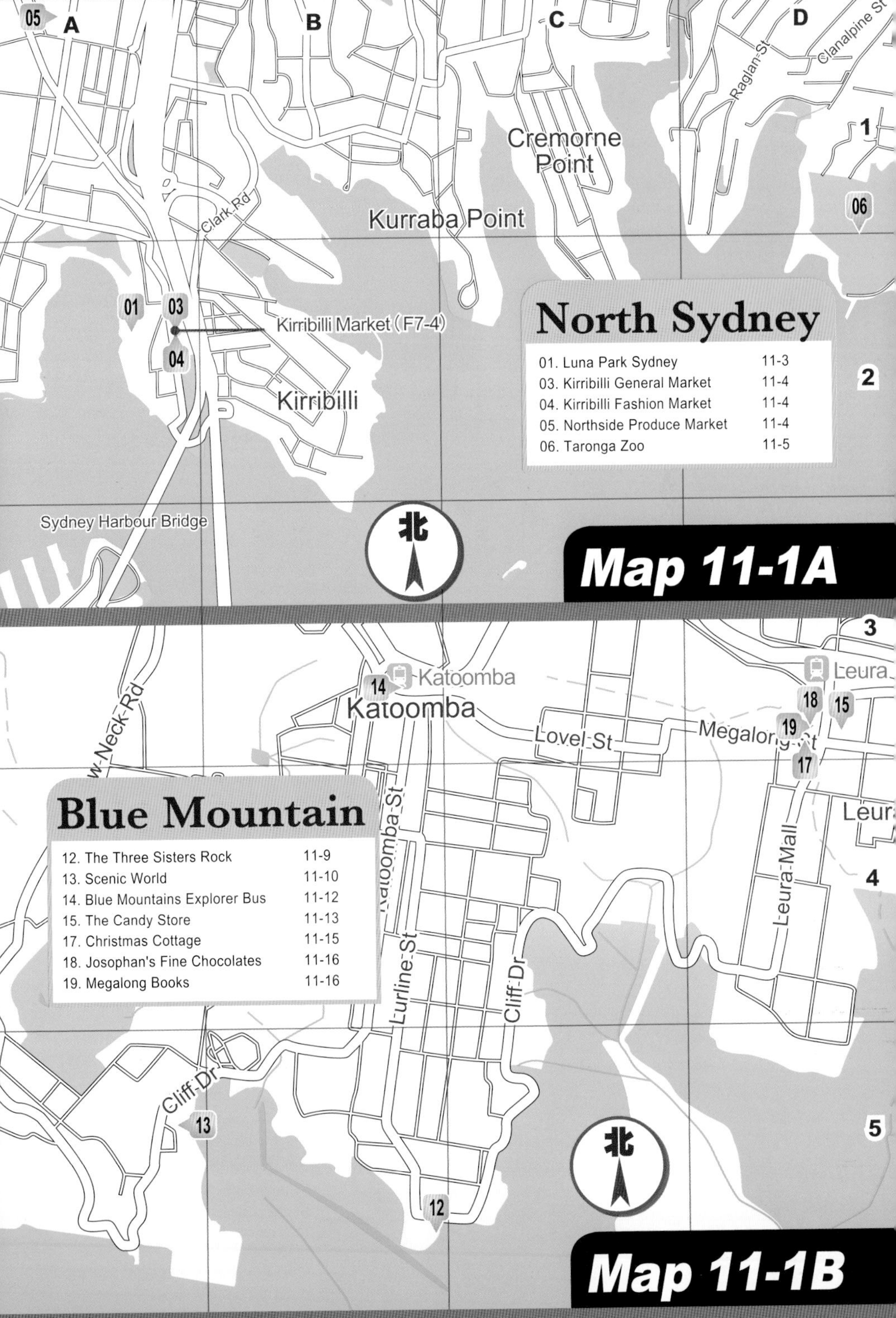

05
A
B
C
D
Raglan St
Clanalpine St
1
Cremorne Point
06
Kurraba Point
Clark Rd
01
03
04
Kirribilli Market (F7-4)
Kirribilli
North Sydney
01. Luna Park Sydney 11-3
03. Kirribilli General Market 11-4
04. Kirribilli Fashion Market 11-4
05. Northside Produce Market 11-4
06. Taronga Zoo 11-5
2
Sydney Harbour Bridge
北
Map 11-1A
3
Katoomba
14
Katoomba
Leura
18
15
19
17
Lovel St
Megalong St
Katoomba St
Leura Mall
Leura
4
Blue Mountain
12. The Three Sisters Rock 11-9
13. Scenic World 11-10
14. Blue Mountains Explorer Bus 11-12
15. The Candy Store 11-13
17. Christmas Cottage 11-15
18. Josophan's Fine Chocolates 11-16
19. Megalong Books 11-16
Lurline St
Cliff Dr
Cliff Dr
13
5
北
12
Map 11-1B

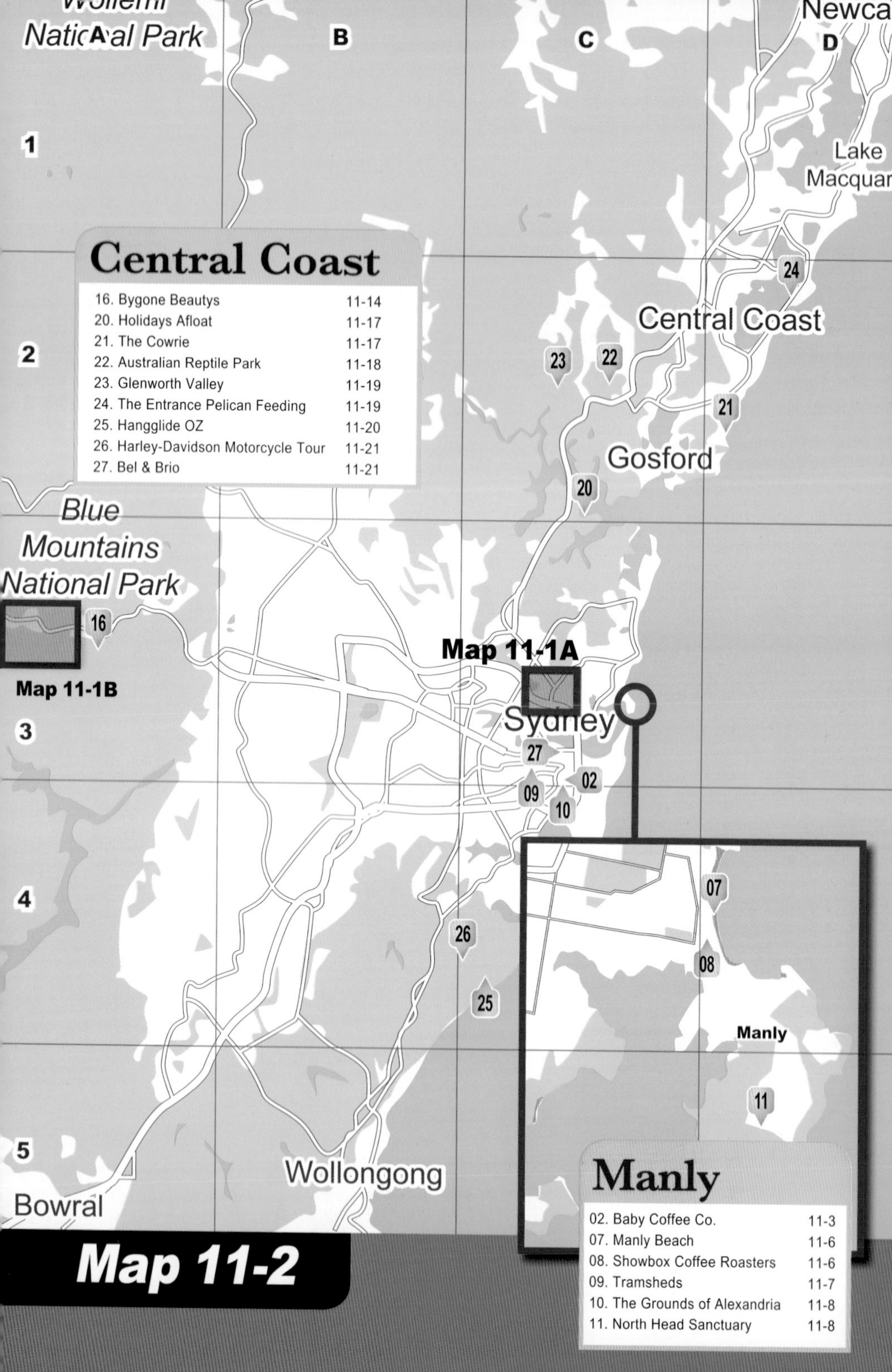
Wollemi National Park
A
B
C
D
Newcas
1
2
3
4
5
Lake Macquarie
Central Coast
16. Bygone Beautys 11-14
20. Holidays Afloat 11-17
21. The Cowrie 11-17
22. Australian Reptile Park 11-18
23. Glenworth Valley 11-19
24. The Entrance Pelican Feeding 11-19
25. Hangglide OZ 11-20
26. Harley-Davidson Motorcycle Tour 11-21
27. Bel & Brio 11-21
Central Coast
Gosford
Blue Mountains National Park
Map 11-1B
Map 11-1A
Sydney
Manly
Wollongong
Bowral
Manly
02. Baby Coffee Co. 11-3
07. Manly Beach 11-6
08. Showbox Coffee Roasters 11-6
09. Tramsheds 11-7
10. The Grounds of Alexandria 11-8
11. North Head Sanctuary 11-8
Map 11-2

阿爺級主題公園 01 MAP 11-1A A2

LUNA PARK

於 Circular Quay 乘小輪直達

月亮公園位於悉尼米爾遜角（Milsons Point），在1935年開業，曾經是澳洲最受歡迎的主題公園。雖然以今天的標準衡量會覺得公園的機動遊戲太少亦不夠刺激，不過地方細細其實幾好行，加上免收入場費，遊人亦不是超多，更加送悉尼港的靚景，已有足夠理由進場癲番一餐。

地址：1 Olympic Drive, Milsons Point, NSW 2061
電話：61-2-9922 6644
營業時間：每日營業時間不定
費用：成人 AUD75、13 歲或以下小童 AUD65，網上購票有折扣
網頁：http://www.lunaparksydney.com/

INFO

MAP 11-2 C3 02 粉紅少女風

Baby Coffee Co.

乘 343 號巴士於 Waterloo Park, Elizabeth St 下車，步行 1 分鐘

坐落在McEvoy與Elizabeth街轉角位置，全店粉色系裝潢吸引一眾女生們捧場，餐廳只提供Brunch和晚餐，招牌早午餐AVO PESTO，就是吐司鋪上各種新鮮蔬菜和Brussels Sprouts抱子甘藍（即紫色的小椰菜），拌蘸牛油果醬，配一杯清新的Berry Smoothie感覺很滋味。

地址：Shop 1, 810 Elizabeth Street, Waterloo, NSW 2017
電話：61-4-6846-2229
營業時間：周三至五 7:00am-2:30pm
周六、日 8:00am-4:00pm
周一、二休息
網頁：http://babycoffeeco.com.au

INFO

北岸最悠久 03 MAP 11-1A A2

Kirribilli General Market

Milsons Point 火車站出站即達

★★★

Kirribilli General Market是悉尼北岸最悠久的跳蚤市場，開業於1976年，至今已超過40歲。跳蚤市場每月的第一和第三個周六，在北岸悉尼海港大橋旁的Bradfield Park一帶舉行。Kirribilli General Market共有120多個販檔，以售賣一手及二手時裝及首飾為主，同時亦有售一些手工藝品和古董。除了買賣，主辦單位還會在會場舉行不同的文娛活動，如音樂表演、瑜伽班，甚至小朋友playground，一家大小都能盡興。

地址：70-72 Alfred St S, Milsons Point NSW 2061 **電話**：61-2-9922 4428
營業時間：每月第三個周六 8:30am-3:00pm（具體的舉行日子，請參閱官方網站）
網頁：http://www.thekirribillicentre.org/kirribilli-markets

★INFO

MAP 11-1A A2 04 工藝跳蚤市場

Kirribilli Art, Design & Fashion Market

Milsons Point 火車站出站即達

Kirribilli Art, Design & Fashion Market與General Market在同一地點，不同時間舉行。顧名思義，Art, Design & Fashion Market更集中出售工藝及藝術創作的產品。場內銷售美輪美奐的原石藝術品、原木器皿與及玻璃制品，都是工匠們自家生產，與流水線生產的工業商品大有分別。

地址：70-72 Alfred St S, Milsons Point NSW 2061 **電話**：61-2-9922-4428
營業時間：每月第二個周日 8:30am-3:00pm（具體的舉行日子，請參閱官方網站）
網頁：http://www.thekirribillicentre.org/kirribilli-markets

★INFO

購買農產品 05 MAP 11-1A A1

Northside Produce Market

North Sydney 火車站出站步行 20 分鐘即達

澳洲是農業大國，以農產品為主的跳蚤市場自然大有看頭。Northside Produce Market云集澳洲最優秀的天然食材，由蔬果、乳酪、橄欖油、蜂蜜至咖啡全部有齊，市場在2011年更榮獲Good Food Shopping Guide Award大獎，肯定是一次令人難忘的購物經驗。

地址：Ted Mack Civic Pard, 200, Miller St, North Sydney NSW 2060
電話：61-2-9922 2299
營業時間：每月第一及第三個周六 8:00am-12:00nn

★INFO

過百歲動物園 06 MAP 11-1A D1

Taronga Zoo

於 Circular Quay 乘小輪直達

塔龍加動物園於1916年開幕，至今已有超過百年歷史。動物園佔地面30公頃，擁有超過400個品種，約2,400種動物，包括袋鼠、樹熊、鴨嘴獸、澳洲野狗、有「塔斯曼尼亞惡魔」之稱的袋獾，是澳洲擁有最多本土和外來動物種類的動物園。

必遊景點

塔龍加動物園地方廣闊，有大片叢林和綠化地帶，所以每天上午11:30都會安排保育員帶領遊客進行「澳式叢林遊覽」(Aussie Bush Talk)，在野外近距離接觸不同動物如袋鼠和鴯鶓，更會即場講解牠們的特性與保育知識。

叢林歷奇

可愛的短尾矮袋鼠，經常面帶微笑。

樹熊抱抱

每天上午10:30至11:30，下午1:30至2:30，都設有抱抱樹熊時間，遊客可與這種澳洲的超kawaii動物零距離接觸，拍照紀念。

Sky Safari

塔龍加動物園擁有悉尼維一的空中纜車——「天行者」(Sky Safari)，在半空中，不但能鳥瞰整個動物園，更把整個悉尼港盡收眼底。

海獅表演

每天上午11:00和下午2:00，動物園都會安排兩場海獅表演，遊客可近距離欣賞這些精靈可愛的海洋動物做出高難度動作，絕對不可錯過。

地址：Bradleys Head Rd, Mosman NSW 2088 **電話：**61-2-9969-2777
營業時間：五月至八月 9:30am-4:30pm、九月至四月 9:30am-5:00pm、除夕日 9:30am-4:00pm
費用：網上票價：成人 AUD45.9、4-15 歲小童 AUD27 **網頁：**https://taronga.org.au/taronga-zoo
INFO

陽光玩遊戲 07 Manly Beach

MAP 11-2 D4

於環形碼頭乘小輪直達曼利，下船步行 20 分鐘

★★★

曼利海灘位於悉尼港的東北方向，是邦迪以外新南威爾士州的另一個衝浪度假勝地。海灘長約1.5公里，雖然泳客不少，但比起邦迪的萬人空巷，曼利算是非常寧靜。海灘北端的女皇崖(Queens Cliff)風高浪急，是衝浪者的天堂。另外在海灘南端有一條小徑延伸至旁邊的雪莉海灘(Shelly Beach)，沿途可以欣賞南太平洋海天一色，非常壯觀。曼利海灘四周設有市集、食肆、咖啡廳及手信商店，就算不下水，也是一個閒逛的好地方。

地址：N Steyne, Manly NSW

INFO

國際化口味 08 Showbox Coffee Roasters

MAP 11-2 D4

曼利海灘步行 5 分鐘即達

Showbox是曼利海灘一帶人氣高企的食肆。餐廳主打all day breakfast，食材強調新鮮和健康。室內裝修粗獷簡樸，不鏽鋼餐桌、外露的水管，令空間充滿工業味。老闆經營的格言是「拒絕平凡」(avoid normal)，希望時常為食客帶來驚喜。所以這裡既有土耳其烤肉(doner kebab)、亦有越南及夏威夷的菜式，口味的國際化絕對令你「估佢唔到」。

地址：19 Whistler St, Manly, NSW 2095
電話：61 4 2700 3124
營業時間：平日 6:30am- 2:00pm
周六、日 7:00am-3:00pm
網頁：http://www.showboxcoffee.com.au/

INFO

舊電車新食堂 09 MAP 11-2 C3

Tramsheds

乘 Light Rail 至 Jubilee Park 站直達

Tramsheds由1904年的路面電車廠改建而成，它是一個充滿藝術氣息的餐飲中心。場內有一台舊電車，電車裡面不僅是個餐廳，還是一個酒吧。而且亦有多間人氣食店，包括知名雪糕店Gelato Messina、咖啡店Garçon，標榜使用地道澳洲可持續生產食材的The Butcher & The Farmer、墨爾本過江龍Belles Hot Chicken、星級名廚Eugenio Maiale的手製意粉新店Flour Eggs Water等。除此之外，Tramsheds內還有健身房、理髮店、醫療中心等，應有盡有。

3 Little Pigs Woodfired的窯烤Pizza。

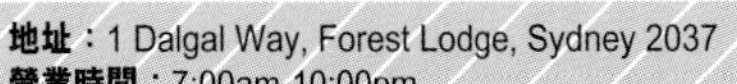

地址：1 Dalgal Way, Forest Lodge, Sydney 2037
營業時間：7:00am-10:00pm
電話：61-2-9049 8885
網頁：https://tramshedssydney.com.au/

INFO

田園市集餐廳 10 MAP 11-2 C3
The Grounds of Alexandria

乘 305 或 348 號巴士於 Collins St 下車，步行 5 分鐘

★★★

The Grounds of Alexandria是由舊倉庫和工廠建築改建而成的中世紀鄉村莊園，它不止是一間普通的餐廳，更是cafe、花園、市集及小型動物農場。市集內售賣各種新鮮生果、堅果、甜品、手工果醬等；花園種滿不同的植物；而農場內飼養了小豬及綿羊。這裡的經營方式獨樹一幟，加上環境別緻，及健康有機的飲食風格，所以非常人氣，記得要預早來排隊入座。

工作人員還會派飼料給小朋友們餵食動物。

花店門口最令人吸睛的必定是培育出來的七彩玫瑰花。

地址：7A, 2 Huntley St, Alexandria, Sydney 2015　**電話**：61-2-9699 2225
營業時間：(餐廳)：周一至四 7:00am-9:00pm，周五至 9:30pm；周六 7:30am-9:30pm，周日至 9:00pm
(Potting Shed)：周五至一 11:30am-9:30pm，周二至四營業至 9:00pm
網頁：https://thegrounds.com.au

INFO

懸崖絕色  
North Head Sanctuary

於環形碼頭乘小輪直達曼利，轉乘 135 號巴士於 North Head Scenic Dr Opp Q Station 下車

北角保護區位於曼利議會半島的最南端，保護區的郊遊步道約10公里，遊客可以由曼利海灘旁的Shelley Beach出發。喜歡歷史的朋友，可進入North Fort走走，這個二戰時澳洲重要的軍事基地，仍保留當時的建築及戰爭期間的文物。離開North Fort，可直往Fairfax Lookout瞭望台，在這裡遠眺四邊都是陡峭懸崖的North Head海岸，感受大自然的震撼。行到累時，亦可以在附近的Bella Vista Cafe嘆杯咖啡，輕輕鬆鬆度過一個充實的下午。

地址：N Head Scenic Dr, Manly NSW 2095
網頁：http://www.harbourtrust.gov.au/
備註：North Fort 逢周日舉行，需預先在網上預約

INFO

藍山上的自然奇觀 12 MAP 11-1B B5
The Three Sisters Rock

乘搭 CityRail 的 Blue Mountain 線，於 Katoomba 站下車，轉乘 Explorer Bus 於 Echo Point 站下車

★★★

藍山國家公園（Blue Mountains National Park）區內的三姊妹峰（The Three Sisters Rock）是新南威爾斯州的必遊景點。3座巨石坐落於鄰近Katoomba市旁的Jamison Valley內，而Echo Point是觀賞她們的最佳位置，遊客記住帶備相機到此捕捉壯麗奇觀。

Echo Point那邊有一條步行徑，可直達The Three Sisters Rock及Jamison Valley谷底，行畢全程約需1.5小時，若然不想走回程路，可乘坐觀光纜車回到山上，從另一個角度欣賞巨石的美麗景色。

ECHO POINT

藍山國家公園是澳洲的世界遺產。它有廣大的尤加利樹林，由於空氣中懸浮著該樹發出的油脂微粒，經過陽光折射，令叢林上空經常瀰漫淡藍色的煙霞。

SCENIC WORLD

Blue Mountains Visitor Information Centres, Katoomba Echo Point
地址：Echo Point Road, Katoomba, NSW 2780
電話：61-1300 653 408
營業時間：9:00am-4:00pm（25/12 休息）
網頁：www.visitbluemountains.com.au

★ INFO

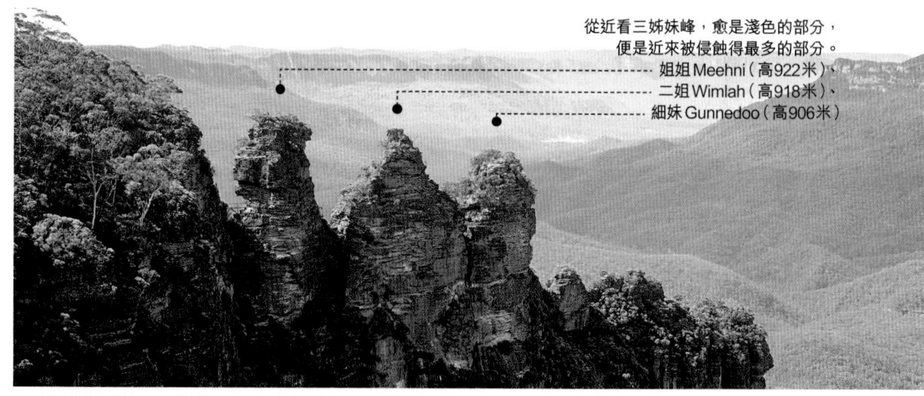
從近看三姊妹峰，愈是淺色的部分，
便是近來被侵蝕得最多的部分。
姐姐 Meehni（高922米）、
二姐 Wimlah（高918米）、
細妹 Gunnedoo（高906米）

三姊妹的出現

浪漫版

話說古時某部落有三姊妹叫Meehni、Wimlah和Gunnedoo，她們都愛上其他部落的男子，但無奈兩族之間禁止通婚，為此更引發戰爭。當時有位巫師為保護她們，便將她們變成大石，可惜巫師在戰事中陣亡，無人能解除法術，從此便屹立在藍山上。

現實版

白石的形成是拜日積月累的侵蝕所賜。因此區的岩石硬度較低，經過不斷風化和雨化，石頭慢慢脱落和腐化，而且情況會持續，總有一天她們會完全消失。遊客在數年後重臨此地，景觀也會變得截然不同。

四種欣賞藍山的方法 ⑬ Scenic World

乘搭CityRail的Blue Mountains線，於Katoomba站下車，轉乘Explorer Bus於Scenic World站下車

★★★

Scenic Skyway
在山頂Scenic World車站，乘Scenic Skyway吊車，能近距離觀賞三姊妹峰外，其最大賣點是其車廂地板能在半空時突變成透明，能看到腳下景色。

遊客可以透過透明地板看到腳下景色，畏高者記得不要向下望。

藍山國家公園一帶，已被列入世界遺產的景區，是與大自然作親密接觸的好地方。而位於Jamison Valley懸崖之上的Scenic World車站，遊客可選擇4種不同欣賞藍山風景的交通途徑，如乘Scenic Skyway、Scenic Cableway、Scenic Railway及Scenic Walkway。這4條路線各有特色，旅客可根據自己的旅程安排，而選擇以那種方式去欣賞周邊景色。不過無論你乘吊車抑或徒步，這兒的美景都肯定叫你刻骨銘心。

Scenic Cableway
Scenic Cableway最多可以乘載84人，帶他們在10分鐘內登上JamisonValley。

地址：Violet Street & Cliff Drive, Katoomba, NSW 2780
電話：61-2-4780 0200
營業時間：周一至五10:00am-4:00pm，周六、日9:00am-5:00pm
費用：Discovery Pass(網上優惠價)：來回Cableway、Railway、Walkaway及Skyway）成人 AUD 49.5，3至15歲小童 AUD 29.9
網頁：www.scenicworld.com.au

★ INFO

Secnic Walkway 在Scenic Walkway內，除了可以欣賞到自然景色外，也可以見到19世紀時的礦洞。

Scenic Railway
驚險刺激的Scenic Railway每隔10分鐘便會開出一班。

行程精華遊

如果想試齊4條路線，但又不走回頭路，以下的建議行程，可為你省回不少時間。

Scenic World 山頂車站 → Scenic Railway 最刺激

Scenic Railway長度：415米

強項：乘坐如採礦用的列車，以近90° 角的傾斜度，體驗以前工人採礦的路線。

必睇景點：雨林、19世紀所建的礦洞及以往工人生活的遺跡

好處：可試試由近乎90° 下山的刺激感覺

Scenic Railway總站下車 → Scenic Walk

Scenic Walkway長度：2千米

強項：用步行方式，漫遊侏儸紀時代的雨林，欣賞沿途花鳥樹木，並了解山谷的歷史

必睇景點：煤礦展覽、Marrangaroo Spring、Rainforest Room

好處：沿步道行，慢慢細味雨林風光

Scenic Walk的Scenic Cableway 山下的終站 → Scenic World 山頂車站

Scenic Cableway長度：545米

強項：乘澳洲最斜纜車，欣賞Jamison Valley和懸崖風景

必睇景點：Jamison Valley雨林地帶

好處：從低至高處，欣賞不同壯麗景致，並轉乘Scenic Skyway往Echo Point

Scenic World 山頂車站 → Scenic Skyway東站 最驚險

Scenic Skyway長度：720公里

強項：吊車底部在270米高空變成透明，遊客可360° 鳥瞰四周景色

必睇景點：The Three Sisters Rock、Katoomba大瀑布、Mount Solitary及Jamison Valley

好處：欣賞瀑布景色及最後在Echo Point觀賞The Three Sister Rock

一票遊藍山  

Blue Mountain Explorer Bus

 乘搭 CityRail 的 Blue Mountain 線，於 Katoomba 站下車

★★★

藍山國家公園距離悉尼約90分鐘車程，這裡的名勝特多，想玩勻所有景點便要做足事前準備功夫。其實，只要你買藍山觀光巴士（Blue Mountains Explorer Bus）車票，便可在一日內無限次乘搭巴士，遊盡藍山。

Fantastic Aussie Tours負責營運觀光巴士，每天穿梭藍山各區共有29個站，途中會經過觀賞The Three Sisters Rock的Echo Point、擁有多間特色小店的蘿拉（Leura）小鎮及乘搭觀光纜車的Scenic World等重要景點。沿途車長會向遊客講解各景點的特色和歷史，乘客可隨意上落車，非常方便。

觀光車的顏色十分鮮明，第一班車每天9:45am於Katoomba車站開出。

親切友善的車長，沿途以風趣幽默的手法向遊客介紹藍山，更樂於解答乘客的問題。

說是車票，但其實像是一本旅遊指南，裡面印有藍山一帶的資訊。

車廂屬舊式巴士設計，甚有英倫味道。

Blue Mountains Explorer Bus Booking Office

地址：283 Bathurst Road, Katoomba, NSW 2780

電話：61-2-4782 1866

營業時間：8:40am-5:15pm＊每日時間不定

網頁：www.explorerbus.com.au

費用：基本單程票 成人 AUD29 起，
基本全日票 成人 AUD49 起，
基本票小童及學生免費

備註：每班車相距約 30 分鐘，整個行程約 1 小時

INFO

糖果店內的孩子 15 MAP 11-1B D3

The Candy Store

乘搭 CityRail 的 Blue Mountains 線，於 Leura 站下車

「Like a kid in a candy store」是一句英文成語，形容被很多美好的事物包圍著，而感到非常高興。早已脫離孩童年代的筆者，當走進 The Candy Store 時，頓時明白了這句成語的意義。位於藍山上蘿拉（Leura）小鎮的老舊糖果店，用糖果博物館來形容它會更為貼切。甫進店內，便會被鋪天蓋地的糖果包圍，果汁糖、拖肥糖、鳥結糖、牛奶糖等，超過2,000種來自世界各地的繽紛糖果，令人目不暇給，彷彿走進了童話國。這裡亦有特多的朱古力食品，包括英國、比利時、瑞士及紐西蘭的朱古力，女孩子見到一定心花怒放。

Simpson 罐裝橡皮糖

雖然店鋪沒有浮誇的裝潢，但排山倒海式的糖果陣，未食已極為吸引。

可愛袋鼠和鱷魚朱古力

示愛標語朱古力

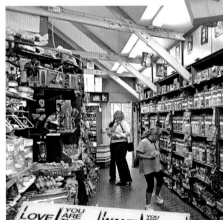

地址：Shop 6, 178 Leura Mall, NSW 2780
電話：61-2-4782-4090
營業時間：9:30am-5:00pm
網頁：www.candystore.com.au

INFO

有關蘿拉小鎮

蘿拉小鎮是藍山國家公園的另一個景點，保留著濃厚的村鎮風情。鎮內短短一條Leura Mall，是餐廳、藝廊、精品店的結集地，街道兩旁種滿樹木及花卉，令人恍如走進童話故事中。

匯聚古董茶壺 16 MAP 11-2 A3
Bygone Beautys

乘搭 CityRail 的 Blue Mountains 線，於 Leura 站下車

★★★

很多人都有收藏的習慣，位於Leura小鎮的Bygone Beautys，店主Ron及Maurice便花費了30年功夫，在世界各地搜羅了超過3,000個古董茶壺，並把它們全放在店內的展覽廳公諸同好，壯觀的程度令他們成為遊客必到景點。

這裡的茶壺件件大有來頭、個個都有自己的歷史故事，到訪時記得叫Ron給你講解茶壺背後來歷。除了展覽廳外，這裡亦設有小小的茶室，客人被無數古董包圍，坐下來歎一口純正的英式紅茶，甚有英國貴族的感覺。

展覽廳內的天花上全都是古董茶壺，而室內也有不少店主的其他古董收藏品。

除了展覽的古董外，店內亦有出售一些特色茶壺。

地址：20-22 Grose St, Leura , NSW 2780
電話：61-2-4784 3117
營業時間：10:00am-5:00pm ; 周二、三休息
網頁：www.bygonebeautys.com.au

★ INFO

這個滿布茶壺的空間，是名副其實的「茶室」。

聖誕老人部屋 17 MAP 11-1B D4

Christmas Cottage

乘搭 CityRail 的 Blue Mountains 線，於 Leura 站下車

小時候曾看過一張聖誕老人裸著上身，在海面上滑浪的明信片，那時我才知道澳洲的聖誕節是在夏天。但Leura鎮的居民為了想過一個有氣氛的聖誕節，便有一個「七月聖誕」的傳統，堅持在冬天慶祝，極之特別。

開業超過10年的Christmas Cottage，365日都充滿聖誕的感覺，因為裡面所賣的全是聖誕的裝飾和禮物。出售的聖誕物品來自世界各地，也有充滿澳洲本土特色的裝飾，如樹熊和袋鼠公仔扮聖誕老人，全都非常可愛。

上鏈式摩天輪

樹熊及袋製聖誕鐘

各種可愛吊飾

地址：185 Leura Mall, NSW 2780
電話：61-2-4784 1678
營業時間：10:00am-5:30pm

INFO

來自意法的味道 18 MAP 11-1B D3
Josophan's Fine Chocolates

乘搭 CityRail 的 Blue Mountains 線，於 Leura 站下車

★★

這裡的朱古力不單全人手製造，更是每天新鮮登場，加上選用來自法國和意大利的上乘材料，質素絕對有保證。在2006及2008年的Sydney Royal Cheese & Dairy Produce Show上，Josophan's的朱古力更奪得全場大獎，獲得業界認同。

辛辣口味朱古力
入口微辣，但不慍不火，沒有搶去朱古力的甜味，吃完還想要再來一個。

地址：187-197 Leura Mall, NSW 2780
電話：61-2-4784 2031
營業時間：9:00am-5:00pm
網頁：www.josophans.com.au

INFO

19 MAP 11-1B D3 藍山書屋
Megalong Books

乘搭 CityRail 的 Blue Mountains 線，於 Leura 站下車

還記得電影《Notting Hill》男主角Hugh Grant那間小書店嗎？Leura小鎮上，亦有一間受歡迎的書店—Megalong Books，他們出售多種類型的書籍，特別是兒童書籍，是家長最愛帶小朋友流連的地方。店內有很多關於藍山歷史的圖書，介紹這裡的叢林和花卉等。想加深對藍山的認識，就別錯過了。

店內放著悠揚的輕音樂，散發著陣陣的書香味。

愛麗絲夢遊仙境立體書

地址：183 Leura Mall, NSW 2780
電話：61-2-4784-1302
營業時間：9:00am-5:00pm（周一至六），10:00am-5:00pm（周日）
網頁：www.megalongbooks.com.au/

INFO

住遊艇扮富豪 20 MAP 11-2 C2

Holidays Afloat

乘搭 CityRail 的 Central Coast and Newcastle 線，於 Hawkesbury River 站下車，轉乘的士或步行 20 分鐘

位於中央海岸（Central Coast）的遊艇公司Holidays Afloat，為顧客提供多種度假遊艇，讓遊客到附近的Hawkesbury River及Ku-ring-gai Chase國家公園一帶遊湖垂釣。船上的設備一應俱全，而最吸引是可以自己駕駛遊艇，故可時而在河上釣魚、時而走上沙灘曬太陽，極之寫意。這一帶風平浪靜，絕不怕會暈船浪。

這艘為Lady Madonna的遊艇是他們最豪華的一艘，船上共有8個床位。

INFO

地址：87 Brooklyn Road, Brooklyn, NSW 2083
電話：61-2-9985 5555
營業時間：周一至五 8:00am-4:30pm、周六至 4:00pm；周日 9:00am-5:00pm
費用：AUD 400 起（不同大小的船隻可容納不同人數，由 2 人至 10 人不等）
網頁：www.holidaysafloat.com.au

21 Central Coast必到餐廳 MAP 11-2 D2

The Cowrie

乘搭 CityRail 的 Central Coast and Newcastle 線，於 Gosford 站下車，轉乘 67 號巴士於 Terrigal Esplanade 下車，再轉的士約 5 分鐘

位於漂亮的Terrigal Beach附近的The Cowrie，是Central Coast一帶十分著名的餐廳，過去30年來獲得過無數獎項。這裡的室外正對著壯麗的海景，日落時分更倍添浪漫氣氛。而他們最著名的是各式海鮮菜式，煮法新穎材料新鮮外，店內所有意粉、酥餅和醬汁都由大廚親自製作，每晚更提供採用時令材料的Degustation Menu，展示大廚個人的創意。

別看大廚Adam Woods滿身紋身的造型十分粗獷，當他下廚時所有步驟都會做得一絲不苟。

忌廉鱈魚煮青口 Blue eye cod a la marinere, saffron dijon cream, pancetta, mussels and parisienne potatoes

地址：109 Scenic Highway, Terrigal, NSW 2260
電話：61-2-4384 3016
營業時間：周三至六 12:00nn-10:00pm，周日至 5:00pm；周一、二休息
網頁：www.thecowrie.com.au

INFO

悉尼 Sydney

另類動物奇兵 22 MAP 11-2 C2
Australian Reptile Park

乘搭 CityRail 的 Central Coast and Newcastle 線，於 Gosford 站下車，轉乘的士約 20 分鐘

★★★

除了袋鼠和樹熊外，其實澳洲還有很多特別的野生動物。在 Australian Reptile Park 遊客便可全看到牠們，如鴨嘴獸（platypus）、袋熊（wombats）、袋獾（Tasmanian devils）、澳洲犬（dingoes）和短吻鱷（alligator）等。

如維園般大的公園內，先會經過叫人驚心動魄的爬蟲館，沿著步道你會看到各種動物，並會有表演和教學節目。此外，園內最特別是袋鼠野餐區，你可邊燒烤，邊有袋鼠在你身旁穿插，感覺非常特別。前來要記住帶備食物，跟動物一起吃午餐。

★ INFO

地址：Pacific Highway, Somersby, Gosford, NSW 2250
電話：61-2-4340-1022
營業時間：9:00am-5:00pm（25/12 休息）
費用：成人 AUD 47.99 起，3 至 15 歲小童 AUD 30.99 起，網上購票有折扣
網頁：www.reptilepark.com.au

園內每天都會有餵鱷魚的表演，吸引不少遊人圍觀。

工作人員餵飼已有四十多歲的大烏龜 Hugo 時，它突然站起來，嚇得大家以為它想把工作人員吃掉。

有圖為證，園內的野餐地方，你會經常看到袋鼠，跟遊客打成一片。

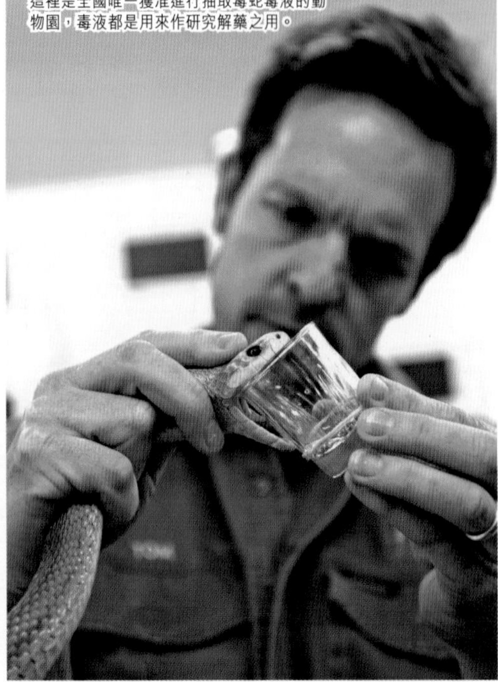
這裡是全國唯一獲准進行抽取毒蛇毒液的動物園，毒液都是用來作研究解藥之用。

馳騁山谷中 23 MAP 11-2 C2

Glenworth Valley

乘搭 CityRail 的 Central Coast and Newcastle 線，於 Gosford 站下車，轉乘的士約 20 分鐘

遊客在Glenworth Valley可以一嘗騎馬的滋味，這裡有面積超過3,000公畝共50公里長的步道、200匹大大小小的馬，遊客可以選擇自己策騎遊歷或參加約2個半小時的騎馬團，全程由導師引領，穿過森林溪澗、叢林草地，享受大自然環境和騎馬的樂趣。這兒也有獨木舟和四驅車等野外活動，非常刺激過癮。

四驅車也是這裡非常受歡迎的活動之一，比騎馬更驚險刺激。

騎著馬穿過溪澗時，馬兒會顯得格外興奮，因此記得要捉緊韁繩。

地址：69 Cooks Road, Peats Ridge, NSW 2250
電話：61-2-4375 1222
營業時間：9:00am 起開放
費用：成人 AUD10 起，7 歲以下小童免費
網頁：www.glenworth.com.au

INFO

跟塘鵝下午茶 24 MAP 11-2 D2

The Entrance Pelican Feeding

乘搭 CityRail 的 Central Coast and Newcastle 線，於 Gosford 站下車，轉乘 21 或 23 號巴士於 The Entrance 下車

說起3點半，或者是很多人的下午茶時間。但在The Entrance，這卻是附近一帶的塘鵝（Pelican）用餐時間。一年365日，每到下午3點半，便有義工團體帶著一大籮魚仔到The Entrance的Pelican Plaza岸邊，餵飼早已靜候多時的可愛塘鵝。牠們樣子傻氣十足，每天定會準時列隊出席，並整齊地站在岸邊，注視著義工手上的魚兒，場面既搞笑又壯觀。

當義工拋出手上的魚兒時，饞嘴的塘鵝便會立刻張開大嘴巴。

地址：Shop 211b, The Entrance Road, The Entrance, NSW 2261
電話：61-2-4334-4213
營業時間：3:30pm-3:45pm
網頁：www.theentrance.org

INFO

勇敢飛出去吧！ 25 MAP 11-2 B4

Hangglide OZ

澳洲的高空刺激活動多不勝數，如跳傘、笨豬跳等，都是享受速度的玩意，往往一瞬即逝。想在半空中寫意漫遊，從高角度欣賞澳洲的絕美景色，懸掛式滑翔機（hangglide）會是一個最佳選擇。

距離悉尼1個半小時車程的卧龍崗（Wollongong），有間Hangglide OZ學校已舉辦滑翔機活動超過20年。其首席導師Tony Armstrong更是前澳洲的滑翔機花式冠軍，由他作導航夠晒安全更保證體驗到空中翱翔的樂趣。

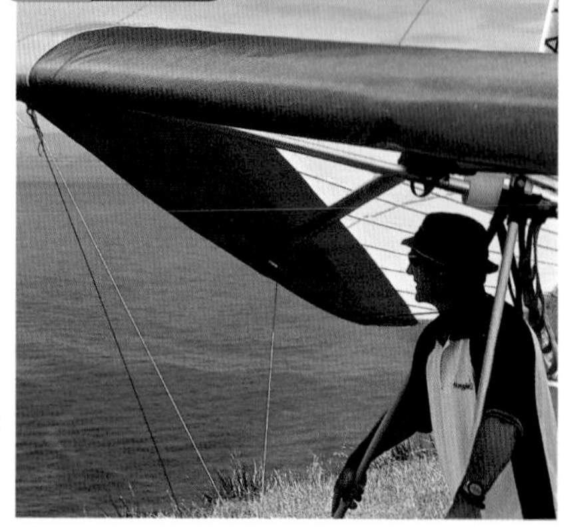

地址：Bald Hill Reserve, Stanwell Tops NSW 2508
電話：61-0417 939 200
營業時間：視乎天氣而定，參加者可預先選擇在早上、下午或黃昏進行。
費用：AUD 150 起
網頁：www.hanggliideoz.com.au
備註：最低參加年齡為 14 歲

★ INFO

首席導師Tony的手臂上有一個中文名紋身，大家去到時不妨大叫他「麥世英」。

看風勢

起飛前，Tony會先觀察當日天氣，再決定起飛和降落地點，參加者可以選擇兩個飛行地點，分別是在Stanwell Park內的Bald Hill及在Wollongong的Hill 60，但多數都會視乎風向而定。

起飛前

機身結構看似十分簡單，但Tony會先跟學員講解飛行程序及安全措施，確保大家玩得開心安全。當你試過像小鳥般在天空上任意飛，真的不想重返地面。

飛出去

整個旅程導師都會跟參加者掛在同一架滑翔機上，飛過懸崖、大海及山丘等，全程約為30分鐘。

超高調遊澳洲 26 MAP 11-2 B4

Just Cruisin' Harley-Davidson Motorcycle Tour

在(Illawarra)海岸，經營多年電單車觀光團的Just Cruising Tour，便將哈利電單車(Harley-Davidson Motorcycle)文化與旅遊業融合，以電單車接載遊客的觀光體驗團。全程乘坐轟轟作響的戰車穿街過巷，周末更會駛進悉尼市內，相比坐普通觀光巴士參觀，這個方式簡直型爆。

除了二輪哈利電單車外，遊客亦可選擇有Side Car的三輪車，據説每台約值港幣2百萬。

地址：69 Lawrence Hargrave Dr. Stanwell Tops NSW 2508（郵寄用途）
電話：61-414 942 598
營業時間：隨客人喜歡，Just Cruising Tour 會盡量配合
費用：每小時 AUD 120（單人）；AUD 220 起（雙人）
網頁：www.justcruisintours.com.au
備註：如旅程時間長會有折扣，詳情可參考網址

INFO

MAP 11-2 C3 一站式超市X餐館

27 BEL & BRIO

乘252、261號巴士於King Street Wharf, Erskine St下車，步行3分鐘（近 Darling Harbour Wharf 1 號碼頭）

BEL & BRIO是一間結合超市、咖啡店、酒莊及餐廳的店舖，餐廳提供地中海式料理，店內設有獨立的酒室，陣列架上擺放逾400種葡萄酒，其中20種還可以坐下來單點品嘗。醫完肚還可以到超市內逛，不僅有新鮮蔬果、出爐麵包、優質朱古力、果汁等，還提供試食櫃位，可以滿足大家的好奇心。

場內出售超多種類零食雜貨，很容易就消磨了時間。

地址：T3.01, 300 Barangaroo Avenue, Barangaroo Sydney NSW
電話：61-2-9299 9107
營業時間：(餐廳)周日至四 12:00mn-9:00pm；周五、六至 10:00pm
網頁：https://belandbrio.com.au

INFO

百年建築改建 H1 MAP 8-1 D1

The Fullerton Hotel Sydney

Martin Place 火車站出站即達

悉尼威斯汀酒店位處悉尼市核心地段馬丁廣場 1 號，酒店在1999年開業，原址卻是有過百年歷史的澳洲郵政總局。酒店不僅保持這百年建築的外貌，同時全力維護原有的設計細節，珍惜其悠久的文化傳統。酒店內的華麗樓梯、傳統套房及傳統會議室均承載了 170 年前的原有設計元素，配合現代化設施及貼心服務，成為旅客住宿的首選。

地址：1 Martin Pl, Sydney NSW 2000
電話：61-2-8223-1111
費用：雙人房 AUD293 起
網頁：https://www.fullertonhotels.com/fullerton-hotel-sydney

INFO

無敵綠色靚景 H2 MAP 8-1 E2

Sheraton Grand Sydney Hyde Park

St James 火車站出站步行 5 分鐘

酒店以公園命名，當然亦以公園為賣點。酒店聳立於悉尼海德公園旁邊，坐擁這片綠樹成蔭美麗綠洲的無敵靚景。入住公園酒店，一定要到頂層的泳池暢泳，無論日與夜，住客都可徜徉在室內溫水無邊際的泳池中，鳥瞰悉尼這城市日與夜的不同美態。

地址：161 Elizabeth St, Sydney NSW 2000
電話：61 2 9286 6000
網頁：https://www.marriott.com/en-us/hotels/sydsi-sheraton-grand-sydney-hyde-park/overview/
費用：雙人房 AUD319 起

INFO

悉尼精華地段

H3 MAP 8-1 C1

The Grace Hotel Sydney

乘火車於 Town Hall 站下車步行約 5 分鐘

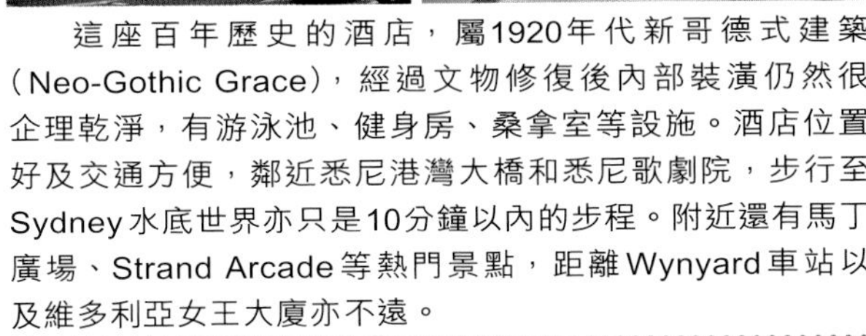

這座百年歷史的酒店，屬1920年代新哥德式建築(Neo-Gothic Grace)，經過文物修復後內部裝潢仍然很企理乾淨，有游泳池、健身房、桑拿室等設施。酒店位置好及交通方便，鄰近悉尼港灣大橋和悉尼歌劇院，步行至Sydney水底世界亦只是10分鐘以內的步程。附近還有馬丁廣場、Strand Arcade等熱門景點，距離Wynyard車站以及維多利亞女王大廈亦不遠。

地址：77 York St, Sydmey MSW 2000
電話：61-2-9272 6888
費用：雙人房 AUD399 起
網頁：https://www.gracehotel.com.au/

INFO

MAP 7-6 H4 型格工業風

Ovolo Woolloomooloo

King Cross 火車站乘的士約 10 分鐘

悉尼不乏一些五星級酒店，不過論到充滿風格的Design精品酒店，可以選擇的卻不多。Ovolo Woolloomooloo由國際著名的HASSELL工作室操刀，以一間百年的工廠改建，順理成章地走工業風格。黑色鋼骨及原木建材，令酒店裡外都滲出冰冷的型格氛圍。而酒店位於Potts Point有百年歷史的Woolloomooloo碼頭，過去曾是工業及海運的樞紐，今天則成為悉尼餐飲及娛樂的集中地，令人不禁聯想到香港的蘭桂坊，是悉尼潮人喜愛流連之地。

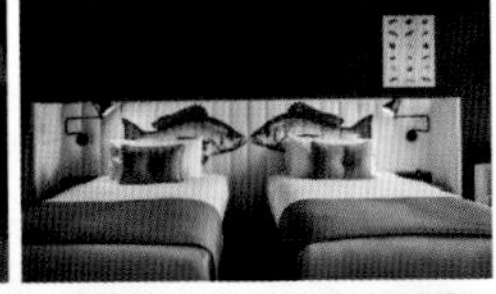

地址：6 Cowper Wharf Roadway, Woolloomooloo NSW 2011
電話：61-2-9331-9000　**費用**：雙人房 AUD339 起
網頁：www.ovolohotels.com.au/

INFO

黃金海岸
布里斯本

Gold Coast
Brisbane

布里斯本機場交通

布里斯本機場快線 Airtrain

Airtrain是來往布里斯本的機場快線，提供由機場至布里斯本市中心以及黃金海岸的路線。乘客只要在國際線的入境大堂3樓，沿指示牌行走便可抵達月台。Airtrain提供多種票價優惠，人數愈多愈便宜，4人至9人票價平均每位只需AUD10，折扣超過50%，10人以上無法透過網絡訂票，可直接電郵Airtrain訂購。 **電郵：reservations@airtrain.com.au**

機場至布里斯本市中心

票種	1成人	2成人	3成人	4成人
單程正價	20.9	41.8	62.7	83.6
網上購票	16.4	28	33	40

*以上票價均以澳元AUD計算，5-14歲小童免費

機場至黃金海岸

車站	1成人	1成人+1小童	2成人	2成人+1小童
Ormeau	33.5	35.3	58	64.3
Coomera	33.5	35.3	58	64.3
Helensvale	33	41.3	66	74.3
Nerang	33	41.3	66	74.3
Robina	33	41.3	66	74.3
Varsity Lakes	37.5	48	75	85.5

*以上票價均以澳元AUD計算，2人以上成人票價平均AUD29/人

網址：www.airtrain.com.au

布里斯本巴士 Coachtrans/ Con-x-ion

提供由機場接駁至布里斯本及黃金海岸市中心及酒店的服務。在機場國際線及國內線大樓內都有服務櫃枱為遊客安排，收費如下：

票種	單程	
	成人	小童
機場至黃金海岸	AUD 50	AUD 25
機場至布里斯本	AUD 25	AUD 15

詳情可以參考網址：https://www.con-x-ion.com/

的士

的士站位於國際線大樓的2樓入境大堂外，而國內線大樓之的士站就在地下中門的外面。由機場乘的士到布里斯本市中心約20分鐘，收費約AUD 40，從機場上車要額外收取AUD 3.3的附加費。

租車

機場1樓有多個租車公司的櫃位，打算租車或已在網上預約的遊客，可向這裡的職員查詢。以下是澳洲兩家主要租車公司的資料：

Avis Australia
電話：61-7-3860 4200
網址：www.avis.com.au

Hertz Australia
電話：61-7-3860 4522
網址：www.hertz.com.au

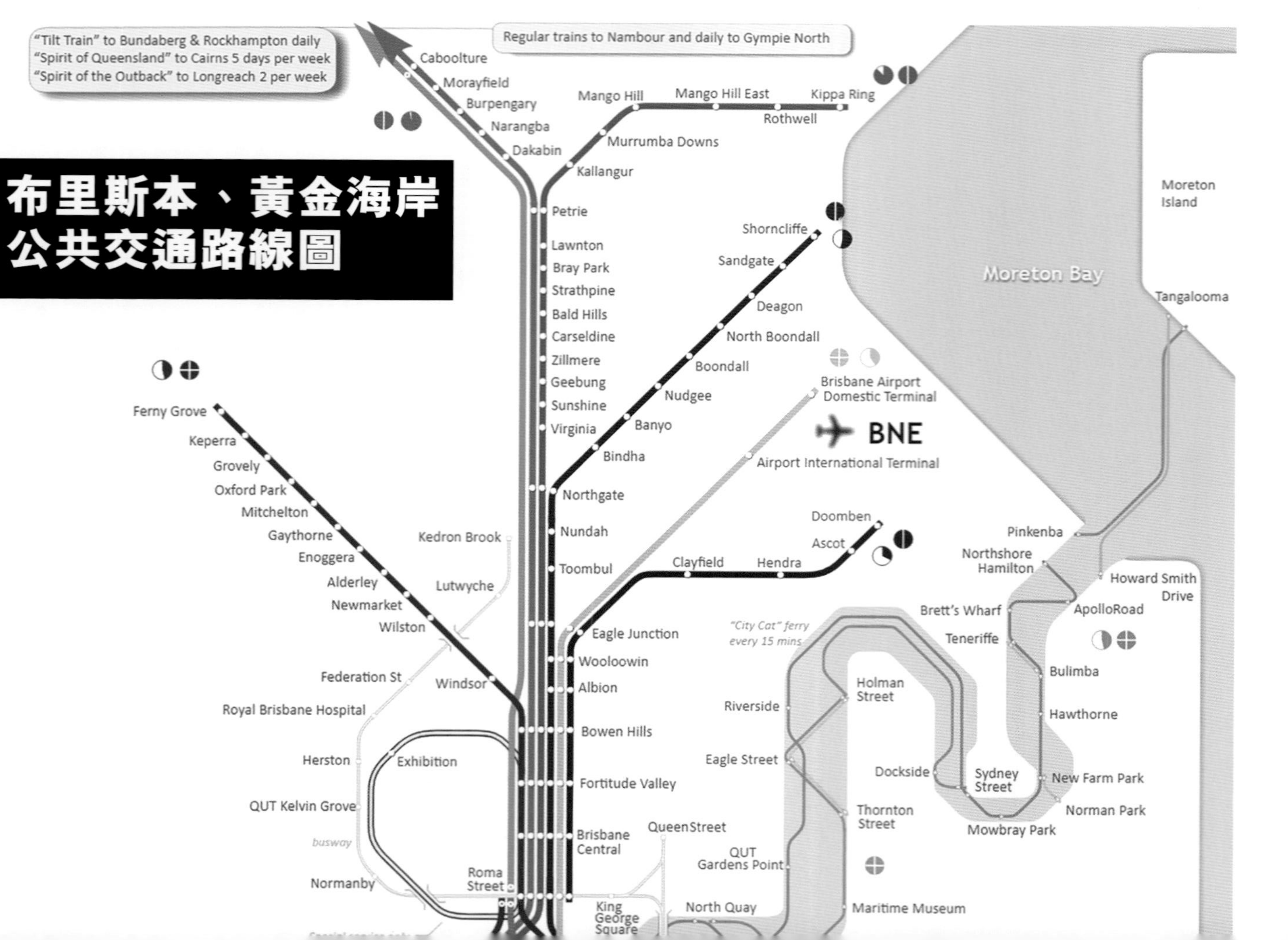
布里斯本、黃金海岸
公共交通路線圖
"Tilt Train" to Bundaberg & Rockhampton daily
"Spirit of Queensland" to Cairns 5 days per week
"Spirit of the Outback" to Longreach 2 per week
Regular trains to Nambour and daily to Gympie North
Caboolture
Morayfield
Burpengary
Narangba
Dakabin
Mango Hill
Mango Hill East
Kippa Ring
Rothwell
Murrumba Downs
Kallangur
Petrie
Lawnton
Bray Park
Strathpine
Bald Hills
Carseldine
Zillmere
Geebung
Sunshine
Virginia
Shorncliffe
Sandgate
Deagon
North Boondall
Boondall
Nudgee
Banyo
Bindha
Northgate
Nundah
Toombul
Brisbane Airport
Domestic Terminal
BNE
Airport International Terminal
Doomben
Ascot
Hendra
Clayfield
Eagle Junction
Wooloowin
Albion
Bowen Hills
Fortitude Valley
Brisbane Central
QueenStreet
King George Square
Roma Street
Ferny Grove
Keperra
Grovely
Oxford Park
Mitchelton
Gaythorne
Enoggera
Alderley
Newmarket
Wilston
Windsor
Kedron Brook
Lutwyche
Federation St
Royal Brisbane Hospital
Herston
QUT Kelvin Grove
busway
Normanby
Exhibition
Moreton Island
Moreton Bay
Tangalooma
Pinkenba
Northshore Hamilton
Howard Smith Drive
Brett's Wharf
ApolloRoad
Teneriffe
Bulimba
Hawthorne
"City Cat" ferry every 15 mins
Holman Street
Riverside
Eagle Street
Dockside
Sydney Street
New Farm Park
Norman Park
Mowbray Park
Thornton Street
QUT Gardens Point
North Quay
Maritime Museum

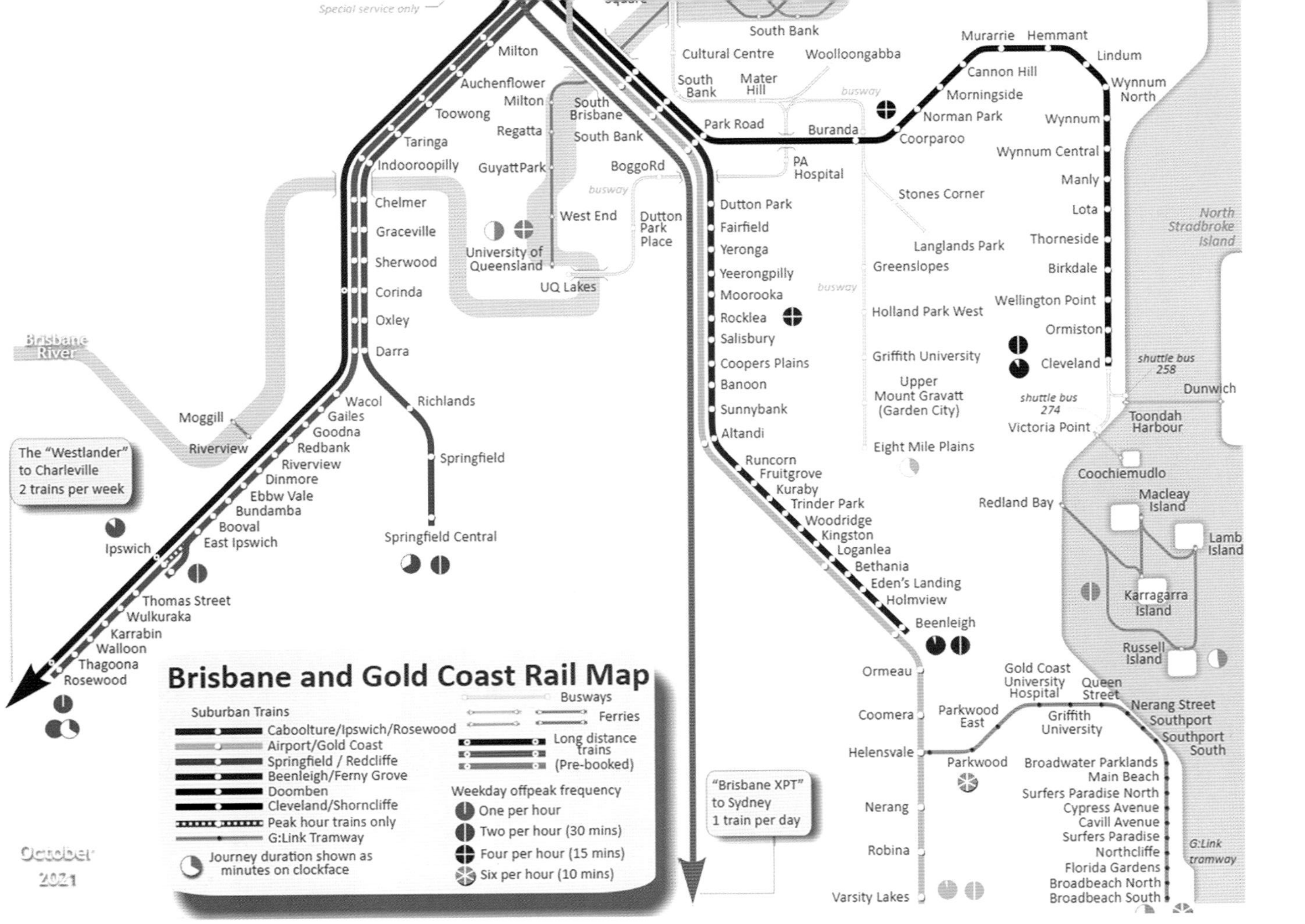
Brisbane and Gold Coast Rail Map
Suburban Trains
Caboolture/Ipswich/Rosewood
Airport/Gold Coast
Springfield / Redcliffe
Beenleigh/Ferny Grove
Doomben
Cleveland/Shorncliffe
Peak hour trains only
G:Link Tramway
Journey duration shown as minutes on clockface
Busways
Ferries
Long distance trains (Pre-booked)
Weekday offpeak frequency
One per hour
Two per hour (30 mins)
Four per hour (15 mins)
Six per hour (10 mins)
The "Westlander" to Charleville 2 trains per week
"Brisbane XPT" to Sydney 1 train per day
October 2021
Special service only
South Bank
Cultural Centre
Woolloongabba
South Bank
Mater Hill
busway
Park Road
Buranda
Milton
Auchenflower
Toowong
Taringa
Indooroopilly
Chelmer
Graceville
Sherwood
Corinda
Oxley
Darra
Wacol
Gailes
Goodna
Redbank
Riverview
Dinmore
Ebbw Vale
Bundamba
Booval
East Ipswich
Ipswich
Thomas Street
Wulkuraka
Karrabin
Walloon
Thagoona
Rosewood
Richlands
Springfield
Springfield Central
Milton
Regatta
GuyattPark
South Brisbane
South Bank
BoggoRd
West End
Dutton Park Place
University of Queensland
UQ Lakes
Brisbane River
Moggill
Riverview
PA Hospital
Dutton Park
Fairfield
Yeronga
Yeerongpilly
Moorooka
Rocklea
Salisbury
Coopers Plains
Banoon
Sunnybank
Altandi
Runcorn
Fruitgrove
Kuraby
Trinder Park
Woodridge
Kingston
Loganlea
Bethania
Eden's Landing
Holmview
Beenleigh
Stones Corner
Langlands Park
Greenslopes
Holland Park West
Griffith University
Upper Mount Gravatt (Garden City)
Eight Mile Plains
Murarrie
Hemmant
Lindum
Cannon Hill
Morningside
Norman Park
Coorparoo
Wynnum North
Wynnum
Wynnum Central
Manly
Lota
Thorneside
Birkdale
Wellington Point
Ormiston
Cleveland
shuttle bus 258
shuttle bus 274
Victoria Point
Dunwich
Toondah Harbour
North Stradbroke Island
Coochiemudlo
Redland Bay
Macleay Island
Lamb Island
Karragarra Island
Russell Island
Ormeau
Coomera
Helensvale
Nerang
Robina
Varsity Lakes
Parkwood East
Parkwood
Gold Coast University Hospital
Griffith University
Queen Street
Nerang Street Southport
Southport South
Broadwater Parklands
Main Beach
Surfers Paradise North
Cypress Avenue
Cavill Avenue
Surfers Paradise
Northcliffe
Florida Gardens
Broadbeach North
Broadbeach South
G:Link tramway

布里斯本市內及黃金海岸交通

布里斯本火車 Queensland Rail

以布里斯本作中心的Queensland Rail，行駛路線覆蓋面積甚廣，南至Gold Coast，北至Sunshine Coast，非常方便。在布里斯本市中心、Fortitude Valley及Roma Street等都設有車站，並且跟機場快線（Airtrain）相連接，遊客可以輕鬆由機場直達布里斯本及黃金海岸的市中心。（註：黃金海岸市內並沒有支線。）

詳情可參考網址：www.queenslandrail.com.au

布里斯本巴士 Brisbane buses

布里斯本市內有多條巴士線，行駛於整個市區，主要接駁各火車站，讓乘客可以更接近目的地。主要巴士車站有King George Square Station、Queen Street Bus Station及South Brisbane Station等。而黃金海岸市內並沒有公共巴士，因為市中心十分集中且面積不算大，一般都以步行為主。但是酒店及較遠的景點都會提供來回市中心的穿梭巴士服務，有些更是免費。而在Queensland Rail的Nerang站則有接駁巴士連接到Surfers Paradise。

網址：www.translink.com.au

布里斯本渡輪 Ferries & CityCat

布里斯本的市中心主要在Brisbane River兩岸，因此渡輪是其中一種主要的交通工具。一般渡輪所走的路程較遠，而CityCat所走的路程較近，主要碼頭有South Bank、North Quay及Eagle Street Pier等。

網址：www.translink.com.au

G:Link

為迎接2018年的英聯邦運動會，澳洲政府特別於2014年開通了一條行走黃金海岸的輕便鐵路G:link，由Gold Coast University Hospital至Broadbeach South，貫通區內3大沙灘——衝浪者天堂 (Surfers Paradise)、布羅德海灘 (Broadbeach)、梅茵海灘 (Main Beach)，與及著名景點，非常方便。

網址：https://ridetheg.com.au/

Go Card

昆士蘭州內有一種類似八達通的交通付款工具，叫作「Go Card」。它可以在火車、巴士及渡輪上使用。只要預先在車站的增值器或售票處增值，然後在上車前和下車後將Go Card放在機器前「嘟一嘟」，便會扣減旅程費用，而使用Go Card付款，更可獲得不同的票價優惠。

成人Go Card
（15歲或以上）
按金：AUD 10

小童Go Card
（4至14歲）
按金：AUD 5

網址：http://translink.com.au/tickets-and-fares/go-card

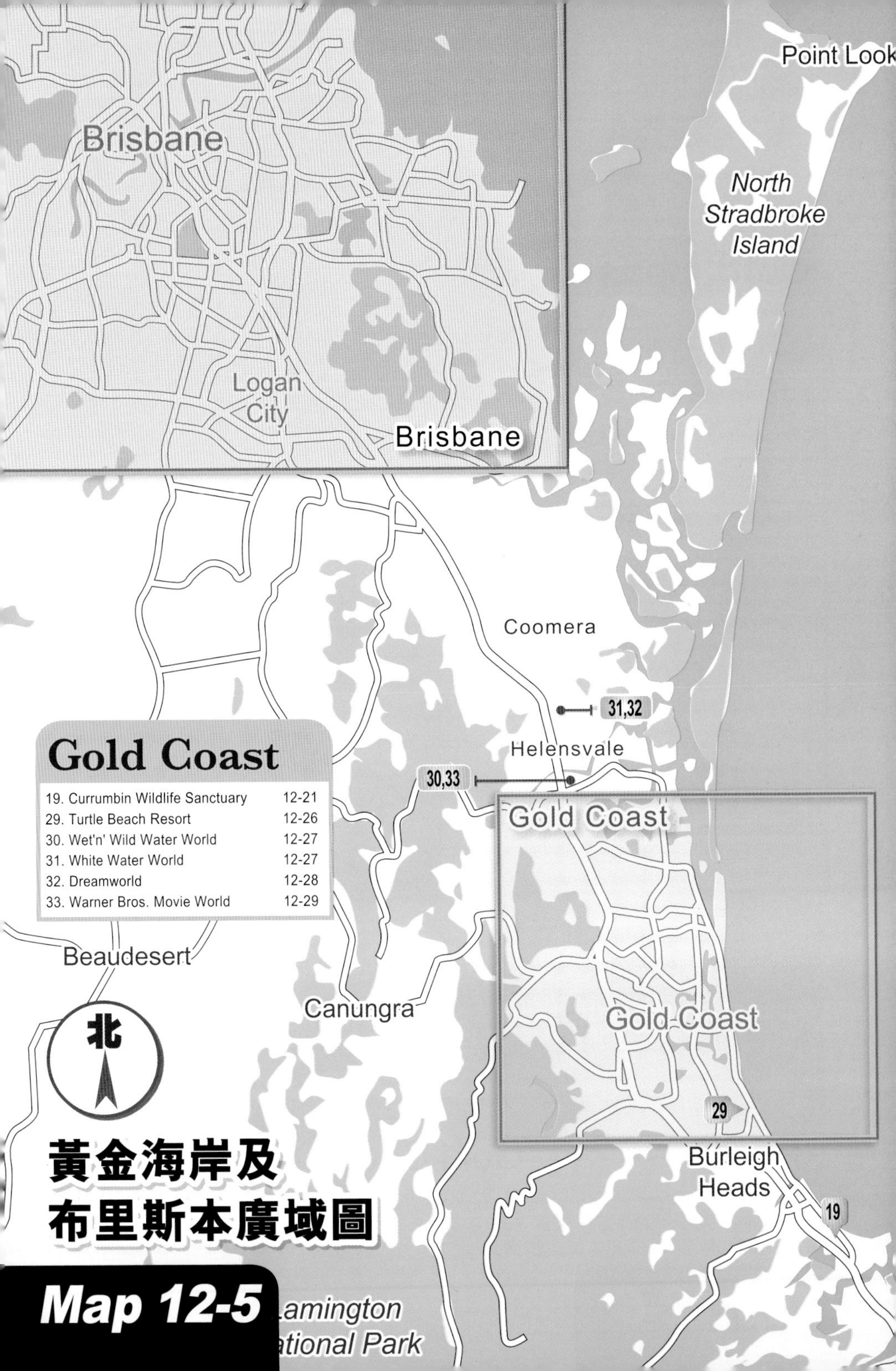
Point Look
North Stradbroke Island
Brisbane
Logan City
Brisbane
Coomera
31,32
Helensvale
30,33
Gold Coast
19. Currumbin Wildlife Sanctuary 12-21
29. Turtle Beach Resort 12-26
30. Wet'n' Wild Water World 12-27
31. White Water World 12-27
32. Dreamworld 12-28
33. Warner Bros. Movie World 12-29
Gold Coast
Beaudesert
Canungra
Gold Coast
29
北
Burleigh Heads
19
黃金海岸及
布里斯本廣域圖
Map 12-5
Lamington
ational Park

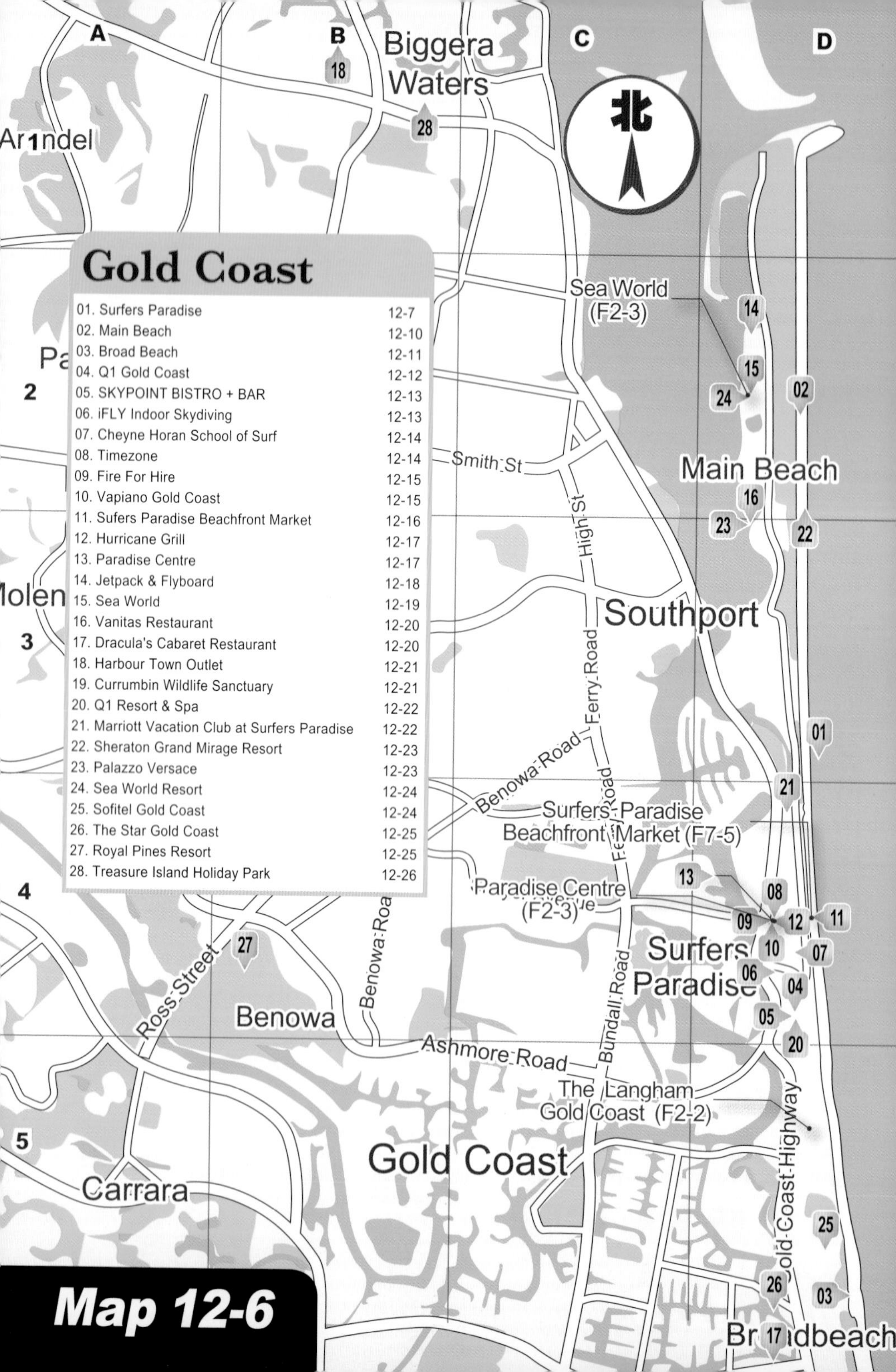
Gold Coast
01. Surfers Paradise 12-7
02. Main Beach 12-10
03. Broad Beach 12-11
04. Q1 Gold Coast 12-12
05. SKYPOINT BISTRO + BAR 12-13
06. iFLY Indoor Skydiving 12-13
07. Cheyne Horan School of Surf 12-14
08. Timezone 12-14
09. Fire For Hire 12-15
10. Vapiano Gold Coast 12-15
11. Sufers Paradise Beachfront Market 12-16
12. Hurricane Grill 12-17
13. Paradise Centre 12-17
14. Jetpack & Flyboard 12-18
15. Sea World 12-19
16. Vanitas Restaurant 12-20
17. Dracula's Cabaret Restaurant 12-20
18. Harbour Town Outlet 12-21
19. Currumbin Wildlife Sanctuary 12-21
20. Q1 Resort & Spa 12-22
21. Marriott Vacation Club at Surfers Paradise 12-22
22. Sheraton Grand Mirage Resort 12-23
23. Palazzo Versace 12-23
24. Sea World Resort 12-24
25. Sofitel Gold Coast 12-24
26. The Star Gold Coast 12-25
27. Royal Pines Resort 12-25
28. Treasure Island Holiday Park 12-26
A
B
C
D
1
2
3
4
5
北
Biggera Waters
Sea World (F2-3)
Main Beach
Smith St
High St
Southport
Ferry Road
Benowa Road
Surfers Paradise Beachfront Market (F7-5)
Paradise Centre (F2-3)
Surfers Paradise
Ross Street
Benowa Road
Benowa
Ashmore Road
Bundall Road
The Langham Gold Coast (F2-2)
Gold Coast Highway
Gold Coast
Carrara
Map 12-6

黃金海岸三大海灘

無論對澳洲人或外地遊客而言，黃金海岸都是澳洲首屈一指的度假天堂。黃金海岸瀕臨太平洋，擁有長75公里的海灘，是全世界最長的沙灘海岸。在眾多漂亮的海灘組合中最著名的，有衝浪者天堂 (Surfers Paradise)、布羅德海灘 (Broadbeach) 及梅茵海灘 (Main Beach)。而黃金海岸眾多酒店及旅遊設施，都是圍繞在三大沙灘附近。

衝浪天國 MAP 3-6 D3 01
Surfers Paradise

乘火車至 Nerang 站，再轉乘 740 號巴士，或乘 G:link 輕鐵於 Surfers Paradise 站下車即達

衝浪者天堂是黃金海岸最大的沙灘，長達42公里。除了白沙細軟，海水湛藍，衝浪者天堂最特別之處是在沙灘轉彎崖角處有一片礁石，風起時海浪從礁石崖頭沖過來，最高可捲起高達2-3米巨浪；又由於海床平滑而少有岩礁，大大減少摔倒受傷的風險，所以成為每個衝浪客夢寐以求，一展身手的舞台，也是世界衝浪錦標賽等大小賽事舉行的理想場地。衝浪以外，這裡由早到晚都擠滿遊客從事各項水上活動。入夜後，在沙灘旁更會舉行熱鬧夜市。總之是可以玩足一整天的度假勝地。

地址： Surfers Paradise, Queensland
網頁： www.weargoldcoast.com.au

INFO

滑浪初體驗

香港的海灘面積小、海浪細，就算在滑浪見稱的大浪灣，也可能等足一整天都滑不到兩、三次，因此真正可以學習滑浪的機會並不多，那去到黃金海岸時怎辦好呢？不用擔心，這裡既然是滑浪勝地，當然有不少滑浪學校傳授大家絕技。以初學者來説，一般都可以在兩個小時內成功滑出他們的第一次，事不宜遲，立刻就來上一課！

口傳心訣 STEP 1

導師會先講解基本的滑浪動作及知識，包括如何划水到海裡、身體接觸滑浪板的位置、如何起跳及保持平衡等技巧。之後導師會由俯身、起跳到站立，將整套動作示範一次，讓大家有一個初步的概念。

滑板前方

1 導師會拿出一塊滑浪板，講解它的結構。比較尖、微微向上的是前方，而滑浪者多是站在滑浪板中央，偏向板尾的位置。

2 之後，利用這種搖擺不定的滑板車上，模擬站在水面的感覺。

3 再穿上用來保暖的Wet Suit（灰色），建議選擇較緊身的，因為會比較保暖。

訓練不同基本步 STEP 2

經講解後，便帶同滑浪板在沙灘訓練。導師會要求學員把剛才所示範的動作重複做5至7次，然後仔細地糾正每一個動作細節，讓學員熟習起跳及站立的感覺。當訓練足夠時，便會問你：「Are You Ready？」，點頭示意便可正式滑浪。

3

1. Push Up：雙手抓住滑浪板中央前方，雙腳以腳趾支撐，再把整個人抬起。這是在划水出海，迎面遇上海浪時，用來保持平衡的。
2. 訓練雙腳站起時，前腳放在板的中央重心腳放在偏向板尾的位置。
3. 當站起來後，雙手舉高，雖然看來有點搞笑，但對初學者來說較容易保持平衡。

處女下海 STEP 3

當你嘗試首次滑浪，導師會帶你划到離岸約十多米的淺水地區，當海浪湧到，他便會把你連滑浪板一起調轉頭，面向海灘方向，再順著海浪用力向前推，當聽到教練大喝一聲「Jump！」，學員便做出起跳及站立的動作。雖然頭兩次可能會失敗，但試過數次後便可以順利滑行到岸上，心情極之興奮！

落水前先要繫上和滑浪板相接的腳帶，這樣跌進水中也可以輕易捉回滑浪板。

1 教練會帶領學員出海，學員以剛才學的Push up的動作，對抗迎面而來海浪。

2 當大浪湧來，教練會把學員與滑板一起推回朝向海灘的方向，並大叫一聲Jump。學員便跳起及試著站立。

3 當海浪將至時，立刻跳起、站立和舉起雙手，整套動作要夠連貫，保持平衡的竅門是雙眼望向遠方，以身體感受每個動作。

4 成功！ 終於成功滑出第一次！順利畢業，成為黃金海岸其中一個滑浪者。

玩到落水底 02 MAP 12-6 D2

Main Beach

乘 G:link 輕鐵於 Main Beach 站下車即達

梅茵海灘是整個黃金海岸的北端起點，可謂食正「頭浸浪」，比衝浪者天堂更適合衝浪。因為風高浪急，其他水上活動如水上電單車(jet ski) 甚至水上飛板(flyboard)在這裡也有得玩。海灘附近還有主題樂園海洋世界（Australia Sea World），以及於1995年登錄於昆士蘭州遺產的古蹟「Southport Bathing Pavilion」。喜愛潛水的人士，可在海灘附近著名的「蘇格蘭王子號（Scottish Prince）」沉船殘骸旁體驗浮潛或潛水，或乘遊艇往近岸賞海豚及鯨魚，精彩活動令人目不暇給。

地址：Main Beach, QLD 4217 INFO

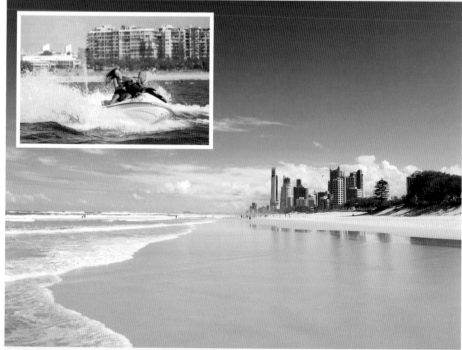

四通八達
Broad Beach

乘 G:link 輕鐵於 Broadbeach South 或 Broadbeach North 站下車即達

布羅德海灘(Broad)名副其實是相當遼闊，皆因海灘不但佔地極廣，而且遊人遠比衝浪者天堂少，非常適合喜愛靜靜享受藍天碧海的人士。除了海灘，在布羅德後面還有一個漂亮的公園Pratten Park，據說很多瑜伽愛好者很喜歡在這裡進行戶外瑜伽，操練之餘又能吸收大自然的靈氣。至於天生購物狂，可在鄰近的周天市場(Sunday Markets)、綠洲購物中心(Oasis)和太平洋購物中心(Pacific Fair)血拼，甚至到Star賭場試一下運氣，是滿足不同要求的好去處。

地址：Broadbeach, Queensland　**網頁：**www.weargoldcoast.com.au

★INFO

超級大蠟燭 04 MAP 12-6 D4
Q1 Gold Coast

乘 G:Link 輕鐵至 Surfer Paradise 站下車即達

Q1在2005年落成，是黃金海岸的地標。大廈高達322米，2011年之前，曾是全球最高的住宅大樓，其後才被杜拜的火炬大廈(The Marina Torch)所取代，不過至今Q1仍是全澳洲以至南半球最高的建築。Q1之所以被命名，是紀念2000年悉尼奧運獲得佳績的Q1澳洲划艇隊，大樓同時也是送給昆士蘭省慶祝150歲的禮物，所以外形似足一枚蠟燭，非常贈興。

位於Q1大樓77樓的Skypoint ，是澳洲唯一建在海邊的觀景台。大樓的特快電梯，只需43秒就能將遊客送上。Skypoint設有望遠鏡，晴天時能飽覽黃金海岸的美景，甚至可以看到布里斯本。不畏高的遊客，可參加Skypoint Climb，在高達270米的大廈高層登頂，過程仿如騰雲駕霧，少些膽識也舉步維艱。

Skypoint Climb比攀悉尼大橋恐怖得多。

Skypoint
地址：Level 77, Q1 building/9 Hamilton Ave, Surfers Paradise Queensland 4217 **電話**：61-7-5582 2700
營業時間：7:30am-7:00pm，周五、六至 8:00pm；周二休息
費用：觀景台（成人）AUD 29，（3 至 13 歲小童）AUD 21，Skypoint Climb AUD84(日間)、AUD109(夜晚)
網頁：www.skypoint.com.au

INFO

由朝食到晚 05 MAP 12-6 D4

SKYPOINT BISTRO + BAR

乘 G:Link 輕鐵至 Surfer Paradise 站下車即達

SKYPOINT BISTRO + BAR 位於Q1 Skypoint內，餐廳每天按時提供早餐、晚餐再在晚間變身為酒吧。逢周五六晚，更有歌手獻唱，氣氛一流。食客一邊居高臨下觀賞黃金海岸早晚不同時段的靚景，一邊品嚐醇酒美食，享受歡樂時光。

地址：3003 Surfers Paradise Blvd, Surfers Paradise Queensland 4217 **電話**：61-7-55822700
營業時間：7:30am-7:00pm，周五、六至 8:00pm；周二休息
費用：Buffet Breakfast(7:30am-10:30am) 成人 AUD38，小童 AUD26，其餘時間菜式其餘時間菜式，無法確認費用
網頁：www.skypoint.com.au/plan-your-visit/skypoint-bistro-and-bar/

INFO

MAP 12-6 D4 06 一飛沖天去

iFLY Indoor Skydiving

乘 G:link 輕鐵於 Surfers Paradise 站下車即達

在黃金海岸不但玩到落水，甚至玩到識飛。在iFLY 室內飛行中心裡，客人都可以透過強大的氣流一飛沖天。徒手飛行看似困難，其實非常易上手。只要掌握平衡，連小朋友都可以一嘗飛行的滋味。飛行體驗有不同的選擇，收費AUD73.8起，由簡單地在玻璃管裡學飛，至到高達幾層樓，模擬在4千米的天空下墜，感覺超級刺激，是必定要一試的體驗。

INFO

地址：3084 Surfers Paradise Boulevard, Surfers Paradise, Queensland 4217
電話：61-1300 435 966
營業時間：周一至五 9:30am-6:30pm、周六、日 9:00am 起
網頁：www.iflyworld.com.au/locations/gold-coast

冠軍級人馬 07  MAP 12-6 D4

Cheyne Horan School of Surf

乘 G:Link 輕鐵至 Surfer Paradise 站下車即達

Cheyne Horan School of Surf是由世界滑浪冠軍Cheyne Horan所開辦，並擔任總教練。由於黃金海岸是熱門的遊客區，大部分參加者都不會逗留太久，故Cheyne悉心設計出易學的滑浪入門班，更保證學生在2小時的課程後，能夠站在水面上，加上位置就在最熱鬧的Surfers Paradise，極之方便。

雖然Cheyne Horan不是經常在學校，但他的同事都是一級滑浪好手。

地址：3 Trickett Street Surfers Paradise Queensland 4217
電話：61-403 080 484
營業時間：9:00am-5:00pm　**費用**：(2 小時) AUD 55 起
網頁：www.cheynehoran.com.au

★INFO

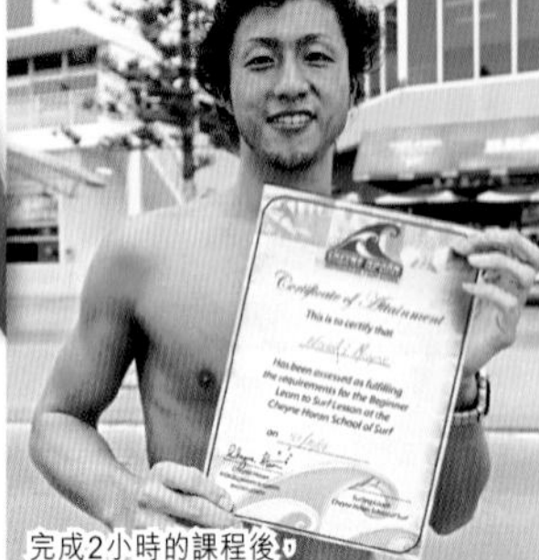

完成2小時的課程後，可得到證書。

08 闔府統請遊戲城

MAP 12-6 D4 Timezone

乘 G:link 輕鐵於 Surfers Paradise 站下車

入場玩家需先開一張Power-card並增值，玩遊戲只要拍一拍卡就可以開始。

Timezone是全澳洲最大的室內遊樂場，佔地5,000平方米，每年接待120萬位訪客！Timezone以不同遊戲種類分為5大遊戲區，分別是Standard Game(近似傳統機舖)、Ticket Game(近似歡樂天地)、Prize Game(夾公仔遊戲)、Photo Game(不同款影相機)及Attraction(機動遊戲)。遊戲難度有淺有深，一家大細都會找到目標。遇上天氣欠佳不宜外出，這裡更是全天候的kill time樂園。

地址：Cavill Ave, Surfers Paradise QLD 4217
電話：61 7 3050 0793　**營業時間**：9:00am-12:00mn
網頁：http://timezonesurfersparadise.com.au/
費用：免費入場

★INFO

十個救火的少年

MAP 12-6 D4

Fire For Hire 09

乘 G-Link 於 Surfers Paradise 下車

消防員永遠是小朋友「我的志願」中的頭三位職業，雖然現實中要當消防員有一定難度，不過在黃金海岸卻有出租消防隊歡迎大人小朋友加入。整個tour參加者可以乘坐迷你消防車，招搖過市暢遊黃金海岸名勝，更可以落車拉喉開水，不過並非救火而是灌溉公園樹木。整個行程隊長都會講解消防員日常工作及消防裝備的簡單操作，也算是寓學習於寓樂。

地址：36 Cavill Ave Surfers Paradise QLD 4217　**電話**：61-4-8888 3473
營業時間：Tour 時間 10:00am、11:30am、1:00pm、2:30pm、4:00pm，每程 1 小時
費用：AUD 35 起　**網頁**：http://fire4hire.com.au/

INFO

意亂情迷

MAP 12-6 D4 10

Vapiano Gold Coast

乘 G:link 輕鐵於 Surfers Paradise 站下車即達

每次睇 Jamie Oliver 的烹飪節目，看見他不經意地把窗台小植物的葉子摘下撒上食物處作香料，都覺得很有型。在意大利餐廳Vapiano的入口處，同樣有一盆盆可愛的綠色香草羅勒，歡迎食客隨意採摘學大廚般美化食物。Vapiano位處衝浪者天堂核心區域，為滿足玩到飢腸轆轆的食客，餐廳採用半自助形式，食客進餐廳時只要領取一張領餐卡，琳瑯滿目的意大利美食如意粉、沙律、火腿和薄餅等可隨便點選，再在料理台刷卡即成，快捷方便，實行自己動手，豐衣足食！

地址： Soul Boardwalk, T208 Cavill Avenue, Surfers Paradise, Queensland 4217（Soul Boardwalk 內）　**電話**：61-7-5538 8967
網頁：http://vapiano.com.au/restaurants/gold-coast/
營業時間：11:00pm-11:00pm，周日至 10:00pm，周四至 11:30pm，周五 12:00nn-11:00pm

INFO

熱鬧海濱夜市 11 MAP 12-6 D4
Surfers Paradise Beachfront Market

乘 G:Link 輕鐵至 Surfer Paradise 站下車即達

黃金海岸是個不夜城，而在Surfers Paradise就有一個極有名氣的Beachfront Market，雖然營業時間由晚上10點縮短至9點，但仍然無損人氣，加上周邊餐廳、酒吧林立，非常適合飯後散步閒逛。

海濱夜市連綿超過半公里，由過百個攤位組成，售賣的種類由澳洲特產、時裝首飾、家品、化妝品到手工藝術品不等，各種貨品琳瑯滿目。此外，夜市不時會舉辦現場的音樂表演，把整個氣氛鬧得熱烘烘。

地址：The Foreshore, Surfers Paradise, Queensland 4217
電話：61-7-403 696 432
網頁：www.facebook.com/SurfersParadiseBeachfrontMarkets
營業時間：4:00pm-9:00pm（周三、五、六）

INFO

設在海邊的音樂表演令現場氣氛升溫。

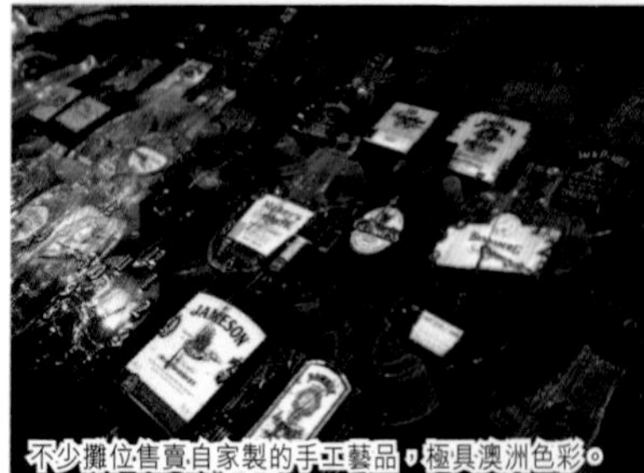

不少攤位售賣自家製的手工藝品，極具澳洲色彩。

超美味豬肋排 12 MAP 12-6 D4

Hurricane's Grill

乘 G:link 輕鐵於 Surfers Paradise 站下車即達

來自悉尼的Hurricane's Grill是有名的燒烤餐廳，最人氣的招牌菜是豬肋排Ribs，可選半份或一整份，亦有一些大拼盤，適合多人分享，店內的Dry-aged牛排亦同樣出色，非常適合一大班食肉獸。

地址：4-14 The Esplanade, Surfers Paradise, Queensland 4217（Soul Boardwalk 內）
電話：61-7-5503 5500 **時間**：12:00nn-9:00pm **網頁**：http://hurricanesgrillandbar.com.au

INFO

8間話題食肆 13 MAP 12-6 D4

Paradise Centre

乘 G:link 輕鐵於 Cavill Avenue 站下車步行約 2 分鐘

Surfers Paradise除了是滑浪者天堂之外，也是消閒飲食的勝地。距離Surfers Paradise海灘只有2分鐘步行路程的Paradise Centre商場，於2022年秋季迎來全新的餐飲空間，包括新派型格泰菜館Nahm Talay Thai、著名雪糕店Gelato Messina、Hero Sushi 迴轉壽司、TGI Fridays旗艦店、墨西哥美食名店El Camino Cantina等8間風味十足的食肆，絕對是醫肚的好選擇。

Nahm Talay Thai提供多款消暑的水果特飲。

地址：Cavill Ave, Surfers Paradise QLD 4217
電話：61-7-5592 0155 **時間**：9:00am-10:00pm（各店營業時間不一）
網頁：https://www.paradisecentre.net.au/

INFO

水上超人 14 MAP 12-6 D2

Jetpack & Flyboard Hire Adventures Gold Coast

★★★ 乘 G:link 輕鐵於 Main Beach 站下車，步行 10 分鐘

當你覺得滑板、衝浪等水上活動已經無法滿足，不如試試水上噴射飛行(Water Jetpack)及水上飛板(Flyboard)來的刺激快感。Jetpack玩家需揹上裝置，利用噴射高壓氣體產生動力，讓人離地飛行達水面之上十多米。而Flyboard在足部穿上板鞋的的噴射裝置。由水上電單車將玩家帶到海中心，先需要面朝天，漂浮在海上，再依教練指示，轉身，將身體保持筆直，任水壓令人升起，十足十Iron Man一樣。

Flyboard 小貼士

1. 想要更快掌握，記得放鬆身體。
2. Flyboard非常視乎平衡力，最高可以升上五米左右。
3. 由於要將身體浸在水中有一段時間，所以必須做足保暖措施。
4. 因為需要大量體力，特別是臂力，記得做足熱身運動，特別是手腳伸展活動。
5. 遠離快艇，以免不小心碰撞受傷。
6. 如配帶眼鏡人士，可轉帶隱形眼鏡。

★ INFO

地址：Seaworld Drive, Main Beach, Gold Coast, Queensland 4217
電話：1300 538 538／ 61-4-3453 8722　**營業時間**：8:30am-6:00pm
費用：AUD130 起（入門級為 30 分鐘，包括訓練以及一次長達 10 分鐘的飛行體驗）
網頁：www.jetpackadventures.com.au　**備註**：預約前，請先細閱有關健康、年齡及游泳能力的限制。

海底奇兵 Sea World ⑮

MAP 12-6 D2

由 Surfer Paradise 或 Braod Beach 乘坐 750 號巴士約 15 分鐘即達

黃金海岸一帶有5個著名主題樂園，包括Sea World、Warner Bros. Movie World、White water World、Wet'n wild World及Dream World，其中以Sea World交通最方便，也是最講究娛樂與保育並重的公園。海洋世界最精彩的，首推海豚和海豹的表演。其他的海洋生物如企鵝、鯊魚，甚至極地的北極熊也可近距離觀賞。而海綿寶寶是樂園的代言人，所以定時也會有表演娛賓。此外，海洋世界也設有嬉水樂園，歡迎遊客參與，親身感受黃金海岸碧海藍天的魅力。

Sea World全新的機動遊戲Leviathan。

除了觀賞海洋生物，場內還有機動遊戲及水上樂園等設施。

地址：Seaworld Drive, Main Beach, Queensland 4217　**電話**：61-133386
營業時間：9:30am-5:00pm * 每日時間不定　**費用**：成人 AUD129，3-13 歲 AUD119，網購有折扣
網頁：http://www.seaworld.com.au

★ INFO

做個上等人 16 MAP 12-6 D3

Vanitas Restaurant

乘 704、705 號巴士於 Seaworld Dr at Sheraton Mirage 站下車

Vanitas Restaurant是范思哲皇宮酒店(Palazzo Versace)的高級餐廳。既然源自Versace，奢華是必然的風格。餐廳的餐具和布置，都是Versace出品，不過內部裝潢華麗之餘，卻未算金碧輝煌，反而透出高雅的古羅馬風尚。如果嫌這裡的晚餐「重皮」，可以一試這裡的high tea，經經濟濟卻可以體會所謂的「輕奢華」。溫馨提示：雖然黃金海岸是度假天堂，不過這裡如果只穿T恤短褲，大有機會被拒門外，Smart Causal是最起碼的dress code呢！

INFO

地址：94 Seaworld Dr, Main Beach QLD 4217
電話：61-7-55098000
營業時間：5:30pm-11:00pm；周日至二休息
網頁：www.palazzoversace.com.au/restaurants-and-bars/vanitas

鬼同你開餐 17 MAP 12-6 D5

Dracula's Cabaret Restaurant

乘 G:link 輕鐵於 Broadbeach South 站下車步行 5 分鐘

Dracula's Cabaret Restaurant可算是黃金海岸最受歡迎的餐廳，開業三十多年來，招待的客人多達三百萬。踏入餐廳的一刻，客人都會被邀請登上鬼魂列車（Ghost Train）進入吸血鬼劇院（Theatre of the Vampyre）。在哥德式高雅又神秘的劇院大堂，人客一邊品嘗血淋淋的雞尾酒，享用高品質的三道式晚餐，一邊欣賞長達2小時的舞台表演。表演節目包括雜技舞蹈，木偶戲和滑稽戲，雖然收費不算便宜，但保證你能在驚呼和歡笑聲之中，度過難忘的晚上。

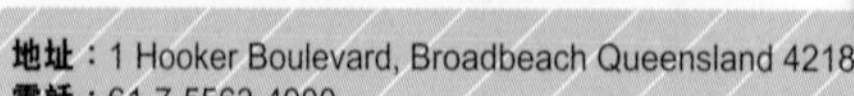

地址：1 Hooker Boulevard, Broadbeach Queensland 4218
電話：61-7-5563-4900
營業時間：周二至五 10:00am-8:00pm，
周一至 4:00pm，周六 1:00pm-8:00pm；周日休息
費用：VIP AUD134，Cabaret AUD104
網頁：http://www.draculas.com.au/

INFO

特平散貨場 18 MAP 12-6 B1

Harbour Town Outlet Shopping Centre

在 Helensvale 火車站，乘 709 號巴士於 Harbour Town 站下車或乘每日兩班的免費接駁車（網上預約留位）

距離Surfers Paradise只有15分鐘車程的Harbour Town Outlet Shopping Centre，內有超過120間本地及國際品牌的Outlet，當中包括adidas、Nike、Calvin Klein Jeans、Polo Ralph Lauren、Tommy Hilfiger及David Jones等，有些貨品更比原價低2-3成，隨時可以執到筍貨。此外，這裡亦有全Gold Coast最大、擁有14間影院的Reading Cinema及30多間餐廳食肆，起碼可以在這裡消磨半天時間。

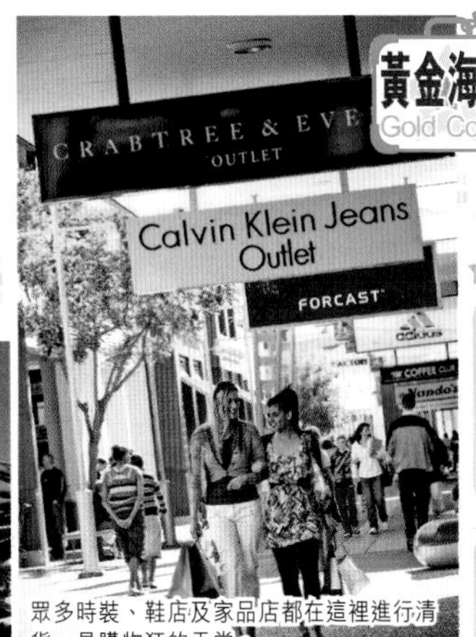

眾多時裝、鞋店及家品店都在這裡進行清貨，是購物狂的天堂。

地址：147-189 Brisbane Road, Biggera Waters, Queensland 4216
電話：61-7-5529 1734
營業時間：9:00am-5:30pm（周一至三、五、六），9:00am-7:00pm（周四），9am-5pm（周日）；4 月 25 日澳紐軍人紀念日、耶穌受難日及 12 月 25 日休息
網頁：www.harbourtowngoldcoast.com.au

INFO

愛心滿溢 19 MAP 12-5

Currumbin Wildlife Sanctuary

由黃金海岸市中心區乘 700 或 760 號巴士至 Currumbin Wildlife Sanctuary 站

可倫賓野生動物保護區離黃金海岸市中心區約20-30分鐘的車程。與其稱它為動物園，不如叫動物療養院更貼切，因為這裡專門收容受傷的動物。可倫賓面積超過27公頃，四周被灌木叢林包圍著，擁有澳洲數百種動物和鳥類。動物園必試的活動，一定是與樹熊抱抱。原來澳洲只有兩個省可以合法抱樹熊，而可倫賓是其中一間。另外，鸚鵡餵食也是遊客最愛的活動。由於動物園佔地極廣，建議可先乘小火車繞場一周，再按喜好參觀，感受澳洲動物特有的生命力。

地址：28 Tomewin Street, Currumbin Queensland 4223
電話：61-7-5534 1266
營業時間：9:00am-4:00pm
費用：成人 AUD54.95，3-13 歲小童 AUD41.95；另有不同套票可供選擇，網購有折扣
網頁：https://www.cws.org.au/

INFO

Q1 Resort and Spa

20 MAP 12-6 D4

乘 G:link 輕鐵於 Surfers Paradise 站下車即達

Q1 是黃金海岸的地標，樓高足足80層，位於黃金海岸市中心，無論那個角落都望得見。Q1 Resort共有超過500個房間，就算不是位於高層，仍有開揚景致。酒店設備完善，泳池、Spa、兒童樂園等應有盡有，更榮獲多個親子旅遊必選酒店的大獎。住客可以特價於Q1大樓77樓著名的Seventy7餐飲用膳，與及以75折價錢參加Skypoint Climb，在離地270米的大樓外圍欣賞海天一色。

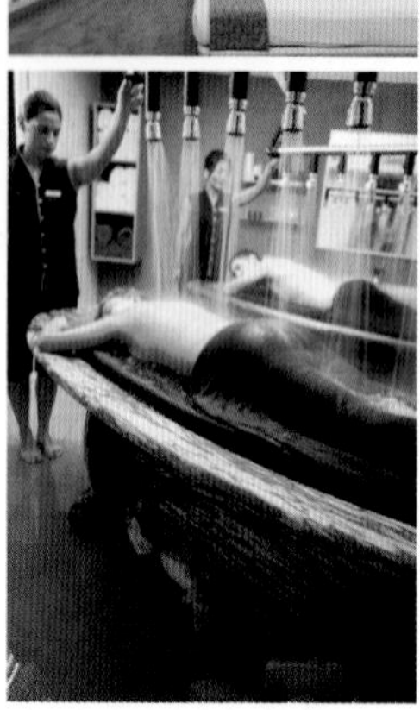

地址：9 Hamilton Ave, Surfers Paradise QLD 4217
電話：61 1300 792 008
費用：雙人房 AUD352 起
網頁：www.q1.com.au

21 MAP 12-6 D4

Marriott Vacation Club at Surfers Paradise

乘 G:link 輕鐵於 Surfers Paradise 站下車

萬豪酒店雖然位於繁鬧的衝浪者天堂，但它自成一國，仿似寧靜的世外桃園。酒店擁有私人沙灘，住客甚至可以乘酒店專船往近岸玩浮潛。要享受海鮮美食，可選酒店內兩間著名食肆Misono Japanese Steakhouse及Citrique Seafood Restaurant。此外，酒店特別增設Kids Club，小朋友可以在此盡情嬉戲，全程有專人看顧，大人們更可安心參與各樣水上活動，服務非常貼心。

地址：158 Ferny Ave, Surfers Paradise QLD 4217
電話：61 7 5592 9800　**費用**：雙人房 AUD352 起
網頁：www.marriott.com/default.mi

INFO

Sheraton Grand Mirage Resort, Gold Coast

22

MAP 12-6 D2

乘 G:link 輕鐵於 Main Beach 站下車

黃金海岸的喜來登中文名稱為蜃景酒店，有海市蜃樓般夢幻美景的意思，皆因蜃景酒店是黃金海岸一帶的酒店中最貼近海岸的一間，景觀無遮無擋，一覽無遺。就算在酒店內的泳池暢泳，感覺也如在海灘一樣逍遙自在。蜃景酒店每個房間足有43平方米，簡直是豪宅格局，配合窗外的藍天白雲，就算足不出戶，也可以在酒店內hea足一天。

地址：71 Sea World Drive, Main Beach, Gold Coast, Queensland4217
電話：61 7 5577 0000
費用：雙人房 AUD371 起
網頁：www.marriott.com/default.mi

★INFO

Palazzo Versace

MAP 12-6 D3

23

乘 G:link 輕鐵於 Main Beach 站下車

時裝帝國Versace經營的酒店，當然是品味行先。Palazzo Versace見證了Versace一貫的奢華風格，金碧輝煌之餘卻不會有一絲土豪的財大氣息。仿如古羅馬宮殿的室內外設計，配上黃金海岸獨有亞熱帶的風情，令這間臨海的酒店既豪華又浪漫，難怪成為當地熱門婚宴場所。Palazzo Versace內三間餐廳都先後獲飲食大獎，而200間客房全部悉心布置，由Versace Home家具精心打造。住客在房間內的「朱麗葉」陽台，遠眺黃金海岸無敵海景，偶而豪一豪也是物有所值！

地址：94 Seaworld Dr, Main Beach QLD 4217
電話：61 7 5509 8000
費用：雙人房 AUD479 起
網頁：http://www.palazzoversace.com.au/

★INFO

Sea World Resort and Water Park ㉔

MAP 12-6 D2

Main Beach

由 Surfers Paradise 或 Broad Beach 乘坐 750 號巴士約 15 分鐘即達

Sea World是黃金海岸眾多主題公園中，最講求娛樂與教育並重的一個。所以園內既有既可欣賞不同的海洋生物，又有緊張刺激的機動遊戲和水上樂園。但因為項目繁多，一天未必能盡興，遊客可考慮入住園內的度假酒店。Sea World Resort不但玩樂就腳，設備齊全，最正是住客可以免費進入Sea World，入場費都慳番，而且住客更可進入海豚訓練中心，零距離親親這些超可愛的動物，是喜愛戶外活動人士的理想選擇。

地址：Seaworld Dr, Main Beach QLD 4217
電話：61 1300 139 677 **費用**：雙人房 AUD349 起
網頁：www.seaworld.com.au/resort

★INFO

Sofitel Gold Coast Broadbeach

MAP 12-6 D5 ㉕

乘 G:link 輕鐵於 Broadbeach North 站下車

Sofitel走法式路線，承襲法式品味和藝術。酒店外形簡約，全部296間客房都可遠眺太平洋，視野廣闊。酒店內幾間餐廳 如Room81、Bistro On3及Tc's Bar & Gaming Lounge都屢獲殊榮。Sofitel位於Broadbeach核心，連繫區內幾個購物及娛樂中心，包括黃金海岸會展中心、甲骨文(Oracle)商場及Star Casino，食買玩都非常方便，啱晒蒲精進駐。

地址：81 Surf Parade Broadbeach, Gold Coast, QLD 4218
電話：61 7 5592 2250
費用：雙人房 AUD173 起 (23 年 1 月參考價)
網頁：http://www.sofitelgoldcoast.com.au/

★INFO

MAP 12-6 D5 26

The Star Gold Coast

乘 G:link 輕鐵於 Broadbeach North 站下車

酒店位於Broadbeach的正中心，鄰近有大型購物商場，包括Pacific Fair、Oasis及會展中心等，吃喝玩樂都非常方便。入住另一原因，乃是酒店附設賭場。賭場規模未必比得上澳門，但勝在小賭怡情。除了賭錢，住客也可到酒店內Atrium Bar或J Bar欣賞音樂表演，或在Touch Therapy享受按摩水療，都是放鬆身心的好地方。

地址：1 Casino Dr, Broadbeach QLD 4218
電話：61 7 5592 8100 **費用**：雙人房 AUD246 起
網頁：https://www.star.com.au/goldcoast/

INFO

MAP 12-6 B4 27

Royal Pines Resort

Nerang 火車站乘的士，車程約 15 分鐘

黃金海岸的酒店都以藍天碧海做賣點，偏偏Royal Pines 最吸引的卻是綠草如茵的環境。Royal Pines 坐落於黃金海岸哥爾夫球場內，每個角落都被一片綠色包圍。雖然酒店離海灘較遠，但有專車定時接載住客到各大沙灘，而酒店內更設有Water Park，內中有三條滑水梯及其他遊戲，足夠大人細路玩餐飽，免費之餘仲唔駛在主題樂園同人迫餐死！

地址：Ross St, Benowa QLD 4217
電話：61 7 5597 8700 **費用**：雙人房 AUD232 起
網頁：www.marriott.com/default.mi

INFO

Treasure Island Holiday Park

28 MAP 12-6 B1

其他地區

Nerang 火車站乘的士，車程約 15 分鐘

想在黃金海岸零距離親親大自然，但又怕野外露宿辛苦，Treasure Island 正好滿足遊客們闊尖的要求。Treasure Island 是一個豪華版的野外度假村，住客可以選擇獨棟小屋、旅行車甚至露營帳幕。公園內配套完善，特別適合一家大細度假狂歡。住宿收費最平由 AUD47起，是喜愛體驗的旅客另類之選。

地址：117 Brisbane Road, Biggera Waters Queensland, 4216
電話：61 1800 339 966
費用：雙人帳幕 AUD54 起 (會員再有特價)
網頁：https://www.nrmaparksandresorts.com.au/

INFO

Turtle Beach Resort

29 MAP 12-5

其他地區

乘 G:link 輕鐵於 Broadbeach South 站下車步行 10 分鐘

Turtle Beach 擺明車馬吸引家庭客，酒店內的大量設施，都務求令這群「小老闆」們賓至如歸。

房間以獨立屋為主，每間除了套房外更配備露台和小花園，非常有上等人的感覺。酒店內有很多遊玩設施，不過最吸引的還是色彩繽紛的兒童嬉水池，內裡有滑梯、水鎗、水桶瀑布，最啱小朋友在此發洩無盡精力。酒店又設兒童俱樂部，為小朋友提供電玩及其他玩具，又有不同的手工藝班啟發小朋友創意，最正是大人們安置好他們後便可以安心玩樂。

地址：2346 Gold Coast Highway, Mermaid Beach QLD 4218 **電話**：61 7 5595 6666
費用：雙人房 AUD272 起 **網頁**：http://www.turtlebeach.com.au/

INFO

澳洲最大 30 MAP 12-5
Wet 'n' Wild Water World

每逢假日，當地人都喜歡一家大細來到水上樂園，一起享受家庭樂。

黃金海岸及布里斯本各主要城市都有巴士直達

澳洲人最鍾意同陽光玩遊戲，大堡礁、黃金海岸、Bondi Beach固然值得一遊，當地的水上樂園同樣不容錯過。Wet 'n' Wild水上世界是澳洲最大的水上主題樂園，擁有多條巨型大滑梯、滑水道、人工瀑布等。雖然玩法萬變不離其宗，但在燦爛的澳洲陽光下享受水上活動的樂趣，感受卻是與別不同。

INFO

地址：Pacific Motorway, Oxenford, Gold Coast, Queensland 4210
電話：61-7-5573 2255　營業時間：10:00am-5:00pm
費用：(網上優惠價) 成人 AUD 109，3-13 歲兒童 AUD 99；3 歲以下兒童免費
網頁：www.wetnwild.com.au

開足四季  31  MAP 12-5
White Water World

在布里斯班與黃金海岸之間，臨近庫莫火車站（Coomera Railway Station），提供穿梭巴士服務

海綿仔毋懼濕身，與穿上泳衣的小朋友載歌載舞。

澳洲是滑浪者的天堂，即使不會滑浪，一場來到怎樣也要濕下身！White Water World是一年四季都開放的水上樂園，毗鄰Dreamworld，園內設施包羅萬有，好像大喇叭Little Rippers、超級天梯Super Tubes Hydrocoaster，還有以Wiggles卡通人物為背景的Wiggle World等，更設有滑浪學校，保證玩得盡興。

INFO

地址：1 Dreamworld Parkway, Coomera, Queensland 4209　**電話**：61-7-5588 1111
營業時間：周一至四 9:00am-4:00pm、周五至 5:00pm；周六、日 10:00am-5:00pm
費用：(網上優惠價)Dreamworld & White Water World 一天通用票：成人 AUD 99，3-13 歲兒童 AUD 89，3 歲以下兒童免費
網頁：www.dreamworld.com.au/rides-attractions/whitewater-world/

經典夢幻世界 Dreamworld

在布里斯班與黃金海岸之間，臨近庫莫火車站 (Coomera Railway Station)，提供穿梭巴士服務

★★★

十多年前跟團去澳洲旅行，除了世界自然奇景大堡礁外，叫筆者留下最深刻印象的就是Dreamworld。這個澳洲最大的主題公園，不但有驚險刺激的冒險遊戲，最令人難忘還有互動教育式的野生動物園區。與其他動物園不同，在這裡你可以抱著樹熊、攬著袋鼠拍照；也可一邊撫摸山羊，一邊餵牠們飲奶；更可以近距離接觸孟加拉虎，單是與澳洲的土生動物嬉戲，已足夠讓你消磨整個下午。

必玩項目

孟加拉虎島 (Superman Escape)

世上擁有互動式老虎設施的兩個公園之一，島上住著稀有的金色和白色孟加拉虎。

機動遊戲

雲集了逾30種機動遊戲，當中包括世上最快的機動遊戲一驚悚之塔；也有南半球最高的龍卷風過山車。

澳洲野生動物體驗區

擁有800多種澳洲土生動物，包括樹熊、袋鼠、澳洲野犬、蛇等。樹熊放養區更是全澳洲第2大，並允許遊客抱著樹熊合照。

地址：Dreamworld Parkway, Coomera, Queensland 4209
電話：61-7-5588 1111
營業時間：周一至四 10:30am-4:00pm，
周五至六 10:00am-5:00pm
(12 月 25 日及 4 月 25 日澳紐軍人紀念日休息)
費用：網上優惠價：成人 AUD119，3-13 歲兒童 AUD109
網頁：www.dreamworld.com.au

★ INFO

人人都是明星
Warner Bros. Movie World

33 MAP 12-5

黃金海岸及布里斯本各主要城市都有巴士直達

轉眼間，一直以「人人都是明星」為口號的華納兄弟電影世界已開業十多年，為無數人帶來歡樂。來到這個以華納電影為主題的樂園，你不但可以跟賓尼兔、必必鳥、蝙蝠俠等卡通及電影人物近距離接觸，更有機會親身體驗多項驚險的機動遊戲。無論天真無邪的小朋友，抑或喜歡官能刺激的成年人，來到黃金海岸都應該去華納電影世界玩個痛快。

必玩機動遊戲

蝙蝠俠激速之旅（Batwing）

想體驗蝙蝠俠由香港國金直衝而下的感覺，就要試試這部以4.5級離心力極速垂直衝向60米高的塔峰，再突然由高空急墮而下的跳樓機。

讓你心跳加速的過山車，驚險程度滿分。

超人脫險飛車（Superman Escape）

以超人為主題的過山車，以每小時100公里急速行駛，讓你感受760米垂直攀升、失重降落的滋味，保證要你喊破喉嚨。

叔比狗幽靈快車
（Scooby-Doo Spooky Coaster）

試過室外的過山車後，不妨試試這個同樣驚險好玩的室內飛車。利用激光、聲效、動畫，以及空間的立體效果，讓乘客跟叔比狗一同走進冒險旅程。

Theme Park Combo Pass　四合一套票

想一次過玩齊Movie World、Sea World、Paradise Country及Wet'n'Wild四大主題公園，可考慮買四合一套票，可無限次進入四大公園，比逐次購票划算得多。網上優惠價：AUD199，另有其他主題樂園套票供選擇。　網址：https://themeparks.com.au/

地址：Pacific Motorway, Oxenford, Gold Coast, Queensland 4210
電話：61-133386
營業時間：9:30am-5:00pm(4月25日澳紐軍人紀念日及12月25日休息)
費用：網上優惠價：
(成人)AUD 119；(3-13歲兒童)AUD 109；3歲以下兒童免費
網頁：www.movieworld.com.au
備註：進入華納兄弟電影世界後，謹記在入口處索取當天的演出時間表

INFO

惡人世界
DC ComicsSuper-Villains Unleashed

★★★

Warner Bros. Movie World園內

在漫畫世界，惡人一向比英雄有魅力，特別是2016年推出了由DC漫畫超級壞蛋組成的《自殺突擊隊》(Suicide Squad)後，更令小丑及小丑女等惡人的人氣蓋過一眾超級英雄，所以Warner Bros Movie World亦拿拿臨請來一班超級惡人助陣，開闢DC Comics Super-Villains Unleashed園區，也是世界上首個以惡人為主題的樂園。園區內除了有膾炙人口的惡人人偶，也設有各類「誘發」邪念的遊戲——讓遊客與超級壞蛋一起破壞城市，甚至打劫銀行，一嘗做惡人的滋味。此外，園區亦增設機動遊戲Doomsday Destroyer，近似加強版的海盜船，360度搖晃挑戰你的體能極限。

除了Villains Unleashed，公園亦增設全球首座VR過山車Arkham Asylum(蝙蝠俠裡的著名精神病院名稱)，乘客戴上VR眼鏡坐在過山車上飛馳，虛擬與真實危險合而為一，膽量有限者請勿嘗試。

Doomsday Destroyer

Arkham Asylum 過山車

Map 13-1

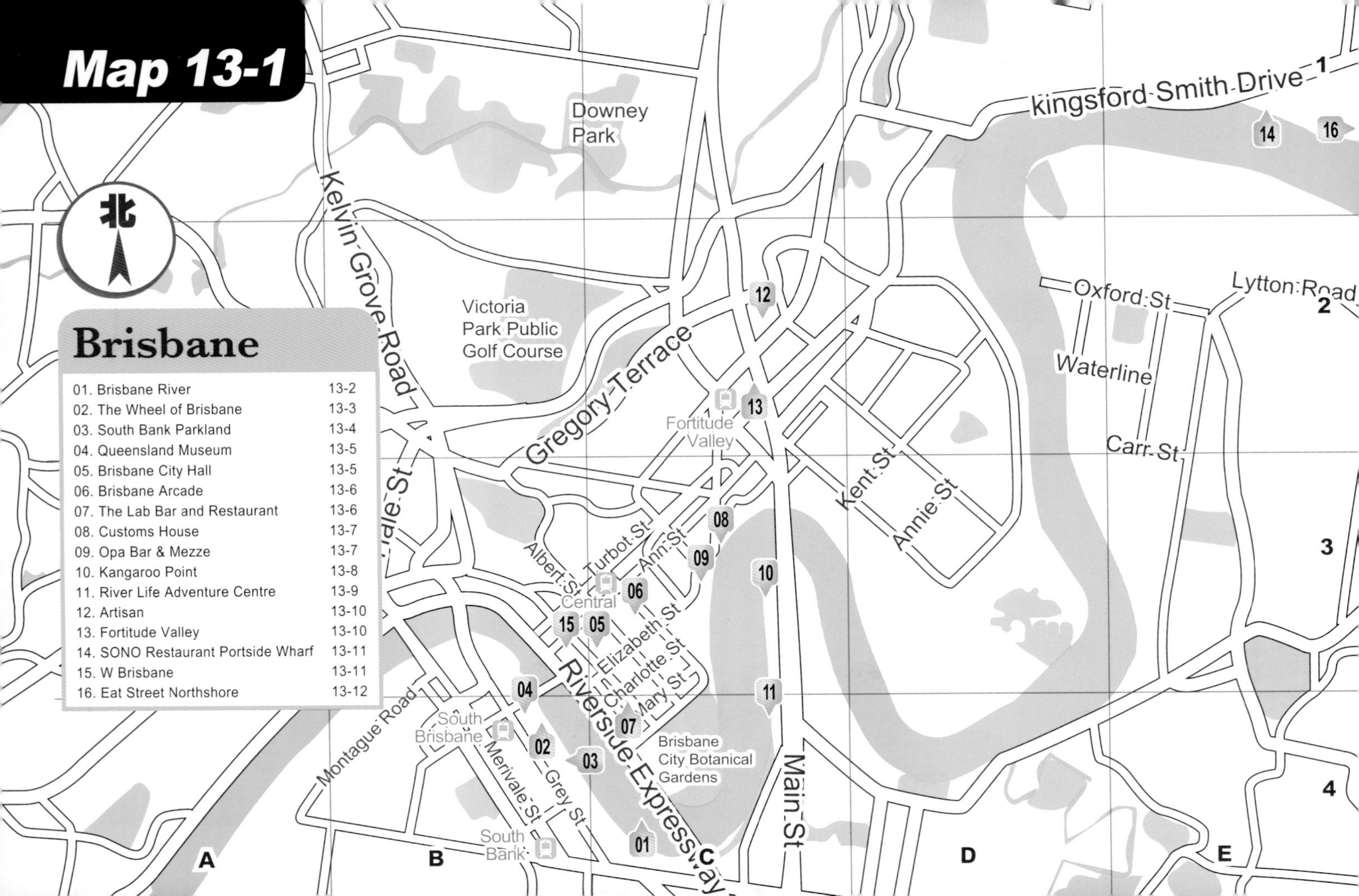

Brisbane

01. Brisbane River	13-2
02. The Wheel of Brisbane	13-3
03. South Bank Parkland	13-4
04. Queensland Museum	13-5
05. Brisbane City Hall	13-5
06. Brisbane Arcade	13-6
07. The Lab Bar and Restaurant	13-6
08. Customs House	13-7
09. Opa Bar & Mezze	13-7
10. Kangaroo Point	13-8
11. River Life Adventure Centre	13-9
12. Artisan	13-10
13. Fortitude Valley	13-10
14. SONO Restaurant Portside Wharf	13-11
15. W Brisbane	13-11
16. Eat Street Northshore	13-12

布里斯本的命脈 01 MAP 13-1 C4
Brisbane River

★★★

布里斯本河由上游Wivenhoe湖，流經布里斯本市中心，並於摩頓灣入海。整個布里斯本市可算是沿河而建成，河岸也成為布市居民飲食消閒的集中處。為了方便河岸居民的交通運輸，布里斯本市由昆士蘭大學至Northshore Hamilton由東至西沿河設置了25個碼頭，河上21艘名為CityCat的渡輪頻繁地接載居民及遊客，是布里斯本其中一大特色。除了CityCat，市政府亦營運9艘CityHopper，類似Hop on and hop off的觀光巴士，由6:00am至午夜，免費接載遊客沿河觀光，記得不要錯過。

★ INFO

地址：Brisbane River, QLD
CityCat及CityHopper班次實時查詢：https://jp.translink.com.au/

CityHopper

CityCat

睇盡布里斯本 02 MAP 13-1 B4

The Wheel of Brisbane

乘火車於 South Bank 站下車，步行 3 分鐘

為慶祝布里斯本世界博覽20周年紀念和昆士蘭州150歲生辰，South Bank Parkland的北面入口（即前世博的舉行地點）興建了The Wheel of Brisbane，摩天輪高約60米，共有42個可載6個成人的觀景艙。當摩天輪轉至最高點時，能360° 看到布里斯本市的美麗景色，包括Brisbane River、South Bank Parkland等。乘客可在摩天輪上逗留15分鐘，晚上更會亮起LED燈，成為市內拍照留念的最佳背景之一。

The Wheel of Brisbane設有過千顆LED燈，每到晚上便照亮了South Bank一帶的天空。

The Wheel of Brisbane是昆士蘭州內最新的摩天輪。

在天氣晴朗的日子，走上摩天輪上俯瞰市內一帶的景色就最好不過。

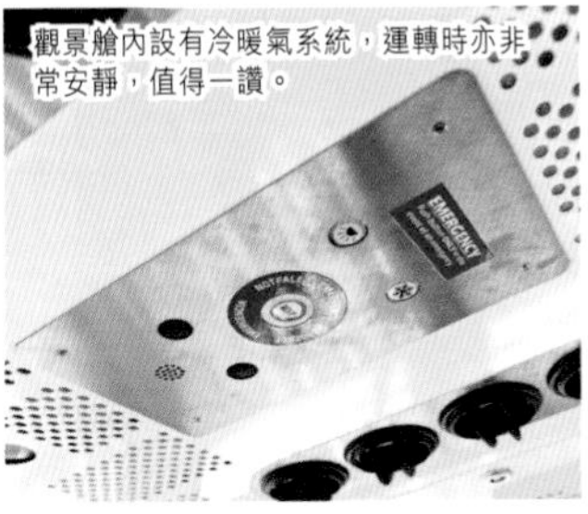

觀景艙內設有冷暖氣系統，運轉時亦非常安靜，值得一讚。

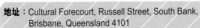

地址：Cultural Forecourt, Russell Street, South Bank, Brisbane, Queensland 4101
電話：61-7-3844 3464
營業時間：10:00am-11:00pm(周五、六)；10:00am-10:00pm(周日至四)
費用：成人 AUD19.95，4 至 11 歲小童 AUD 15.2(網上票價)
網頁：www.thewheelofbrisbane.com.au

INFO

玩足一日的公共公園 03 MAP 13-1 B4
South Bank Parklands

★★★

乘火車於 South Bank 站下車，步行 3 分鐘

每個大城市都有個代表性的公園，如倫敦的Hyde Park、紐約的Central Park，而布里斯本的必然是South Bank Parklands。這兒除能欣賞優美的園林景致外，遊客還可在裡面踩單車、玩滾軸溜冰等。公園的中心是個人工沙灘，也是澳洲唯一位於市中心的沙灘。這裡水清沙幼，就在Brisbane River旁邊，遊客嬉水後可立刻倒臥在草地曬太陽，一次過能有兩種享受，叫人非常難忘。

這個名為Street Beach的沙灘，設在公園內確是十分突破，雖然無風無浪卻依然有救生員看守，十分安全。

逢周五、六、日這裡都會有市集出現，周五更會營業至晚上10時。

公園內設有公共渡輪碼頭，連接布里斯本內其他地方，交通方便。

這個名為Arbour的走廊，由443條弧形鋼條組成，並以紫紅杜鵑和攀藤點綴，長約1公里，其流線形的設計甚具型格，曾奪得不少獎項。

地址：Clem Jones Promenade, South Brisbane QLD 4101
電話：61-7-3156 6366　**營業時間**：24 小時開放
網頁：www.visitsouthbank.com.au

★ INFO

博通古今未來 04 MAP 13-1 B4

Queensland Museum

由 South Brisbane 火車站出站步行 3 分鐘

昆士蘭博物館位於美麗的South Bank河畔，既展出數萬年前的恐龍骨架，亦展示眾多巨型動物複製品，以至昆士蘭原住民的文化生活。至於同館的Sciencentre，則設有探討現今以至未來科技的展覽，所以來一趟可算是由古至未來的知識一覽無遺。此外，博物館鄰近Queensland Art Gallery、Gallery of Modern Art、Queensland Performing Arts Centre and the State Library of Queensland，遊客一次過可以盡覽當代文化藝術，最吸引是大部分的展覽都是免費入場，絕對是陶冶身心的好去處。

地址：Corner Grey Street and Melbourne Street, South Brisbane, Queensland 4101
電話：61-7-3153 3000 **營業時間**：9:30am-5:00pm
費用：昆士蘭博物館免費入場，Sciencentre 成人 AUD15.5，小童 AUD12.5
網頁：http://www.qm.qld.gov.au/

INFO

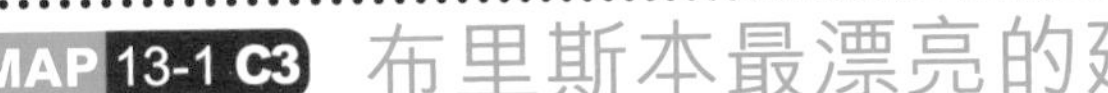

布里斯本最漂亮的建築 MAP 13-1 C3

05 Brisbane City Hall

大會堂對出的King George Square也是布里斯本市民最受聚集的地方。

乘巴士於 King George Square 站下車即達

布里斯本市大會堂建於1930年，有80多年歷史，在悉尼歌劇院落成之前，它曾是澳洲最昂貴的建築，也曾是布里斯本市最高的建築物。大會堂至今仍履行公務，是市長辦公室所在 。不過大樓亦對外開放，歡迎遊客參觀。大會堂外表古雅，門前的一組巨柱非常有古希臘神廟的氣魄；內裡的演奏廳樓高兩層，屋頂上的玻璃穹蒼天花最為矚目。三樓是Museum of Brisbane，簡介布里斯本的風物和歷史，不過最吸引的，就是能參加每隔15分鐘就會有一場免費鐘樓導賞，乘坐大會堂的古董升降機直登鐘樓塔頂，一睹布里斯本市的風光。

INFO

地址：64 Adelaide St, Brisbane City QLD 4000
電話：61-7-3403 8888
營業時間：8:00am-5:00pm、周六日及假日 9:00am-5:00pm
費用：免費
網頁：http://www.brisbane.qld.gov.au/cityhall

近百歲商場 06 MAP 13-1 C3

Brisbane Arcade

由 Central 火車站步行 10 分鐘即達

★★★

Brisbane Arcade建於1923年，已經歷大半個世紀，不但能屹立不倒，而且愈看愈有韻味。上世紀留下來的水磨石地板，精美的鐵花欄杆伴以彩繪玻璃，至今仍歷久不衰。商場現時有約50個商戶，集中時裝、珠寶及手工藝禮品店。就算沒有幫襯也應該入內沾一沾那份高雅的貴氣。

地址：160 Queen Street Mall, Brisbane City, 4000, Queensland
電話：61 7 3231 9777
營業時間：9:00am-5:00pm，周日 10:00am-4:00pm
網頁：http://www.brisbanearcade.com.au/

★ INFO

就是 Fine Dining 07 MAP 13-1 C4

The Lab Bar & Restaurant

於 Central 火車站乘 300 號巴士，在 Adelaide Street 和 George Street 交界下車，步行約 3 分鐘

燉牛肉意大利雲香 Braised Beef Ravioli 雲吞伴以香濃的牛肉湯汁，非常入味。

餐廳曾在2007年奪得了昆士蘭州餐飲業頒發的「Best Restaurant（Accommodation）」獎項。

位於布里斯本市中心的The Lab Bar & Restaurant，是Conrad酒店內的餐廳，賣的是精緻新派澳洲菜。這裡環境優雅，一貫大酒店的餐廳格局，加上服務生招呼殷勤，令人感到賓至如歸。食物方面，無論質素和賣相都很不錯，而侍應能為客人提供意見，選配合適的餐酒，令整頓晚餐更加完美。

地址：Conrad Treasury Hotel, 130 William Street, Brisbane, Queensland 4000
電話：61-7-3306 8888
營業時間：（一至五）早餐 6:30am-10:30am、晚餐 6:00pm-10:00pm；
（六、日）早餐 7:00am-10:30am，下午茶 1:00pm-4:00pm
網頁：https://www.treasurybrisbane.com.au/restaurants/lab-restaurant-bar

★ INFO

布里斯本地標古蹟 MAP 13-1 C3

Customs House 08

Central 火車站步行 15 分鐘

布里斯本海關大樓建於1889，坐落布里斯本河畔。大樓在1992年在昆士蘭大學協力下開始重修，並在1994年活化成功，再度開放予公眾參觀，更於2001年奪得布里斯本旅遊局頒發古蹟及文化大獎。海關大樓最矚目的，是門外一排古希臘式巨柱。大樓內設有宴會廳，亦展出澳洲著名的 Stuartholme-Behan 一系列藝術品。此外，大樓亦設有餐廳，有很多新人會選擇這裡拍婚照和舉行婚宴。

地址：399 Queen Street, Brisbane City, 4000, Queensland
電話：61-7-3365-8999
營業時間：9:00am-10:00pm，周一、二至 4:00pm，周六 10:00am-10:00pm
費用：免費參觀 **網頁**：https://customshouse.com.au/ INFO

啖啖海上鮮 MAP 13-1 C3 09

Opa Bar & Mezze

Central 火車站步行 15 分鐘

布里斯本雖然算不上是海邊城市，不過要嘆海鮮仍有很多選擇，而Opa Bar & Mezze就是市內著名的海鮮餐廳。Opa Bar & Mezze坐落於Riverside Boardwalk，在布里斯本河畔，對正Kangaroo Point，食盡河岸靚景。

地址：Boardwalk Level, Riverside Centre 123 Eagle St Brisbane, QLD 4000
電話：61-7-2111-5155 **營業時間**：11:00am-10:00pm
網頁：https://www.opabar.com.au/ INFO

河岸美景 10 Kangaroo Point

MAP 13-1 C3

乘 CityCat 至 Holman Street Ferry Terminal 或 Thornton Street Ferry Terminal 即達

★★★

袋鼠角Kangaroo Point是布里斯本河的河套區，由於地勢較高，也是鳥瞰對岸布里斯本市的絕佳景點。往袋鼠角觀光，一定不能錯過Story Bridge及Kangaroo Point Cliff Park。Story Bridge是跨越布里斯本河，連接兩岸的鋼橋。大橋建於1940年，以建橋理事會會員John Douglas Story的名字命名。除了在外圍欣賞，Story Bridge也如許多澳洲大城市的橋樑一樣，提供Bridge Climb的活動。遊客可以攀上30米高的大橋，欣賞布里斯本南北兩岸的風光。如果嫌未夠刺激，遊客還可參與Kangaroo Point Cliffs的攀石活動，一展身手。除了戶外活動，Kangaroo Point一帶亦有很多型格的餐廳酒吧，讓遊客一邊嘆著美酒佳餚一邊欣賞漂亮河景。

地址：170 Main St, Kangaroo Point QLD 4169
Story Bridge Climb
費用：AUD129 起　**電話**：61-7 3188 9070
時間：8:30am-7:30pm
網頁：https://storybridgeadventureclimb.com.au/

★INFO

Story Bridge Adventure Climb

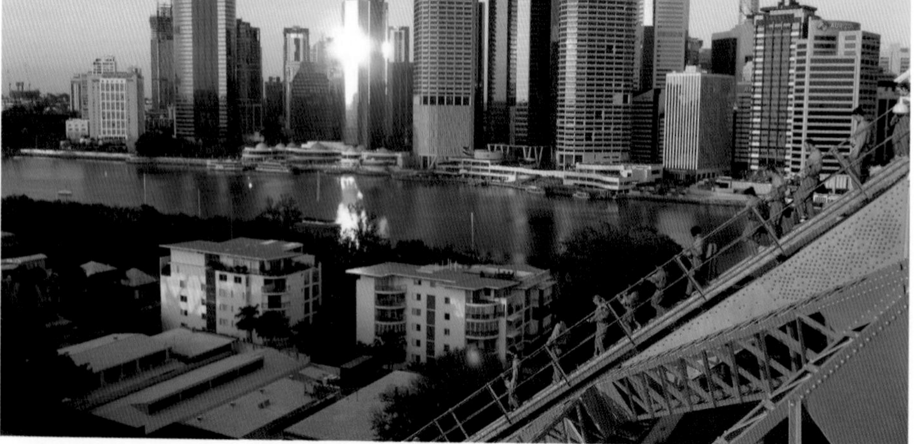

South Brisbane
Central Brisbane
Kangaroo Point
Fortitude Valley
Other

River Life Adventure Centre

乘 CityCat 至 Thornton Street Ferry Terminal

幾乎每個澳洲人都有運動的習慣。在Brisbane River旁邊的River Life Adventure Centre，便有多種香港較為少見的活動，歡迎遊客報名參加。其中划獨木舟（kayaking）是他們的主打活動，最特別是參加者能在繁忙的Brisbane River內划艇，感覺有如在維港內撐艇仔，十分有趣。他們會提供所需用具，你只要穿著輕便服飾便可參加。沿途導師會教授各種基本招式，而且容易上手，之後你便可隨意在河上活動。此外，他們也有開設游繩（abseiling）和攀石班，場地就在有過萬年歷史的Kangaroo Point Cliffs上，非常緊張刺激。★★★

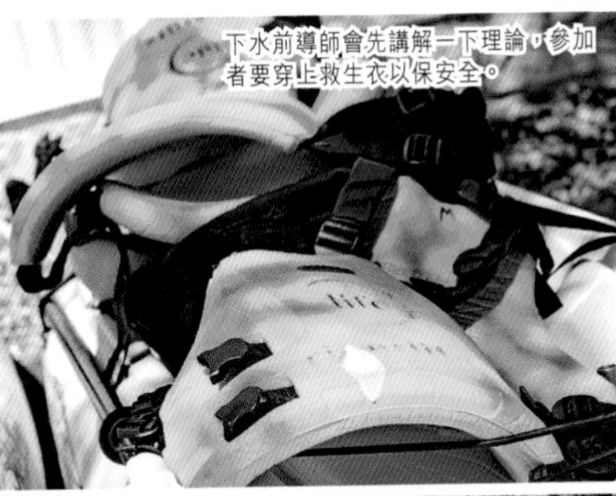

下水前導師會先講解一下理論，參加者要穿上救生衣以保安全。

Brisbane River上雖然有不少渡輪行駛，但導師會讓參加者在航道以外學習，故很安全。

你亦可以嘗試在20秒之內，從20米高的Kangaroo Point Cliffs游繩下來。

River Life Adventure Centre亦有租單車、滾軸溜冰鞋等服務。

地址：Naval Stores Kangaroo Point Cliffs Drive, Kangaroo Point QLD 4169 **電話**：61-7-3517 4954
時間：9:00am-5:00pm；周一休息
費用：獨木舟 (90 分鐘) 成人 AUD65 8-16 歲小童 AUD55；游繩 (90 分鐘) 成人 AUD65 8-16 歲小童 AUD55
攀石 (兩小時) 成人 AUD79 8-12 歲小童 AUD69
網頁：www.riverlife.com.au **備註**：所有活動都需要提前以電話或於網上預約。
INFO

推廣本地設計 Artisan 12

MAP 13-1 C2

乘火車於 Fortitude Valley 站下車，步行約 6 分鐘

★★★

位於Fortitude Valley的Artisan，是由昆士蘭州政府資助的藝術機構，主旨是協助推動和發展本地的設計。這裡分為兩個部分，在正門前有個小型展覽廳，不定時舉行藝術展覽，包括畫展、手工藝展及產品設計等，多是出自本地年輕設計師之作，為他們提供一個公開創作的平台。另一部分則是寄賣店，出售首飾、玻璃製品、皮具、家品和燈飾等，分別來自300多位設計師的手筆，絕對獨一無二。

這個小型展覽廳是不少本地設計師發表作品的場地。這裡也經常舉行講座和藝術班，是見識澳洲新一代創作的好去處。

由Madeleine設計和手製的繡花蕾絲型頸鏈

採訪當日其中一位設計師Madeleine Brown（右）正在店內「巡視業務」，並和工作人員討論最新的展覽。

地址：45 King Street, Bowen Hills, Brisbane, Queensland 4006
電話：61-7-3215-0800
營業時間：周二至五 10:00am-5:30pm，六 10:00am-4:00pm；周日、一休息
網頁：www.artisan.org.au

★INFO

熱鬧新蒲點 Fortitude Valley 13

MAP 13-1 C2

每到周末4:00pm，很多本地設計師都會在Brunswick Street擺檔，出售自家創作。

乘火車於 Fortitude Valley 站下車

距離市中心約1公里、被當地人簡稱為「The Valley」的Fortitude Valley，19世紀時是一個黃賭毒樣樣齊的地區，感覺有如惡人谷。但現在的Fortitude Valley已是潮人集中地，到處布滿時裝店、時尚餐廳、酒吧和Disco等，連熱鬧的唐人街也在此。白天可逛本地設計師的潮鋪，晚上可到餐廳、酒吧和Clubbing，夜夜笙歌。當中Cloudland是首選，樓高三層的酒吧有露天空間數星星，布置華麗，甚多型男索女。而The Church Night Club由教堂改建，很受香港及韓國青年歡迎。

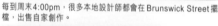

在Brunswick Street Mall內，可以找到不同的時裝首飾店，愛購物的不可不到。

地址：Fortitude Valley, Brisbane, Queensland

★INFO

至鮮日本餐 14 MAP 13-1 E1

SONO Restaurant Portside Wharf

於 Doomben 火車站乘 303 號巴士，在 Remora Road 和 Seymour Street 交界下車，步行 5 分鐘

全幅落地玻璃可以欣賞城市的美景，環境氣氛一流

Ebi Avocado Yaki（下）
Scallops with Miso Mayonnaise（上）

Small Sashimi Platter

又長又彎的Brisbane River是該市的象徵，而位於河邊的Sono Japan Portside就讓人輕易欣賞到河岸的美景。餐廳貫徹日本「自然」及「融和」的理念，以和風佈局配合全落地玻璃設計，一張張矮桌卻坐得非常自在。餐廳用上最新鮮的食材，有傳統菜式如刺身、壽司等，亦有加入創意的一系列Fusion菜，另外大廚會根據不同的合時食材改變菜單。

地址：39 Hercules Street, Hamilton, Brisbane, Queensland 4007　**電話**：61-7-3268 6655
營業時間：周二至四 5:30pm-9:30pm；周五、六 12:00nn-10:00pm；周日 12:00nn-9:30pm；周一休息
網頁：www.sonorestaurant.com.au

INFO

MAP 13-1 B3 15 潮牌地標酒店

W Brisbane

於 Central 火車站下車步行 9 分鐘

紐約高端品牌酒店W Hotel，終於2018年6月插旗Brisbane，坐落市中心俯瞰著布里斯本河。由澳洲室內設計公司Nic Graham & Associates操刀設計，走叢林奢華風，亮點之一的泳池Wet Deck Pool，天花和樑柱均繪上黑白斑馬條紋，熱情奔放融於每個角落；312間客房裡，簡單地加上鳥籠吊燈，房內還藏著一座鳥籠衣架，時髦得來又帶點豪華感，貫徹其創新大膽的風格。

INFO

地址：81 North Quay, Brisbane Queensland 4000
電話：61-7-3556 8888
費用：雙人房 AUD510 起
網頁：www.marriott.com/hotels/travel/bnewh-w-brisbane

W Brisbane套房充滿鮮艷色彩。

食通街 Eat Street Northshore

16 MAP 13-1 E1

乘 CityCat 至 Bretts Wharf 碼頭步行 5 分鐘即達

★★★

The Eat Street Markets顧名思義，是一個以食為主的夜市，攤位都設於現時最流行的貨櫃箱之內。食物方面種類非常多元化，由美式漢堡、法式可麗餅、西班牙海鮮飯、中式餃子以至日本炒麵應有盡有，感覺有點似台灣的夜市，不過地方更寬敞，而且面對布里斯本河，河景加美食，環境與氣氛都一流。不過開放時間只限周五、六及日，記啱時間不要「摸門釘」。

地址：221D MacArthur Ave, Hamilton, Queensland 4000
電話：61-4-2848 5242
營業時間：周五、六 4:00pm-10:00pm，周日 4:00pm-9:00pm
費用：AUD5 (13 歲以下小童免費)
網頁：www.eatstreetnorthshore.com.au

★INFO

永遠的鱷魚先生 Australia Zoo

17 MAP 13-14

由 Beerwah 火車站轉乘巴士或的士

提起Steve Irwin大家可能較陌生，不過如果換個稱呼鱷魚先生，大家一定會記起是誰。Steve年幼已幫父親進行鱷魚的保育工作，後來更登上螢光幕主持節目，甚至成為澳洲國寶級的巨星，可惜2006年因為一次意外令他英年早逝。1980年，Steve與好友開設了Queensland Reptile and Fauna Park，主力保育鱷魚及其他爬虫類動物。1998年，公園改名為Australia Zoo，由他的家族負責打理。公園現有動物達1,200只，同時貫徹Steve的信念，教育與保育並重，動物園設計了不同活動，藉以拉近人和動物的距離，是非常特別的一間動物園。

地址：1638 Steve Irwin Way, Beerwah, QLD 4519
電話：61-7-5436 2000
營業時間：9:00am-5:00pm
費用：成人 AUD 61.95，3-14 歲小童 AUD41.95
網頁：www.australiazoo.com.au

★INFO

鱷魚先生 Steve Irwin

South Brisbane | Central Brisbane | Kangaroo Point | Fortitude Valley | Other

樹熊樂園 18 MAP 13-14

Lone Pine Koala Sanctuary

布里斯本市區乘 430 和 445 號巴士直達

龍柏樹熊保護區成立於1927年，是澳洲首個亦是規模最大的樹熊保護區。保護區內共飼養了130隻樹熊，數量之多不但被列為世界紀錄，亦被評為世界十大動物園之一。在保護區內遊客除可了解樹熊的日常生活，更可以抱抱樹熊合照(全澳洲只有昆士蘭和南澳兩省許可！)保護區不單有樹熊，也有80多種其他澳洲本土的動物，如袋鼠、負鼠和袋熊等。遊客亦可在這裡觀賞牧羊犬表演、近距離與蛇和鱷魚拍照、餵食鸚鵡與小袋鼠等，是難得的野外體驗。

地址：708 Jesmond Road, Fig Tree Pocket, Qld 4069
電話：61-7-3378 1366
營業時間：9:00am-5:00pm
費用：成人 AUD49，3-13 歲小童 AUD35
網頁：http://www.koala.net/

★INFO

獨佔海豚的小島 19 MAP 13-14

Tangalooma Island Resort

乘火車於 Bunour 站下車，轉乘的士約 3 分鐘至 Tangalooma Launches 碼頭轉船前往；也可以要求 Resort 的穿梭巴士到酒店接載。

★★★

島上唯一的度假村Tangalooma Island Resort為遊客提供走近大自然的機會，而焦點項目便是夜間餵飼海豚。每到入黑時分，便會有大概10條野生的寬吻海豚，游到碼頭旁的海灘淺水處，等待工作人員和住客的晚餐。

每位客人都可以分到2至3條鮮魚，然後慢慢放進水中，海豚便會一口將它吃掉，非常可愛，工作人員亦會為大家拍照留念。此外，島上還有很多戶外活動，包括在沙丘上滑沙、浮潛、觀鯨（只限6至10月）、獨木舟和降傘可以選擇，故不妨在島上住兩三晚玩個夠本。

海豚們想有魚食，就必須回到屬於自己的隊伍，錯了的話工作人員便不會餵牠們，十分嚴格。

每晚餵海豚的食物，只佔牠們所需的10至20%，目的是讓牠們保存覓食求生的技巧。

海豚也點名

工作人員每天都會記下每隻海豚的出席紀錄，以作研究和統計之用，這個小黑板可以看到哪一隻最乖，每天都會到。

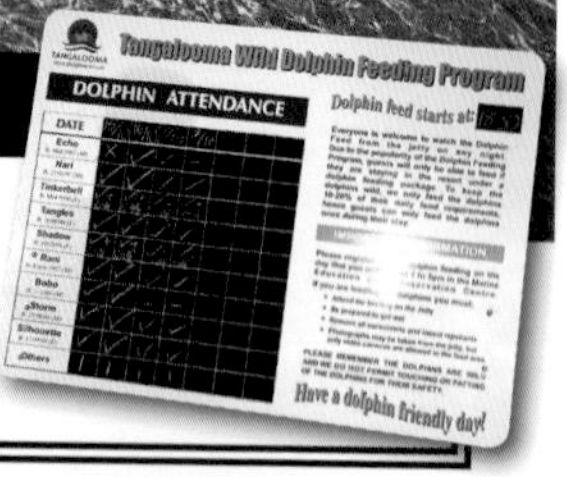

MAP 13-14

地址：Tangalooma, Moreton Island QLD 4025
電話：61-7-3637-2000
費用：Whale Watching Day Cruise：成人 AUD 145、3-14 歲小童 AUD 105
網頁：www.tangalooma.com
備註：訂房時要註明是餵海豚的住客，抵達後需要先在碼頭旁的 Marine Research and Education Centre 登記

INFO

塔斯曼尼亞

Tasmania

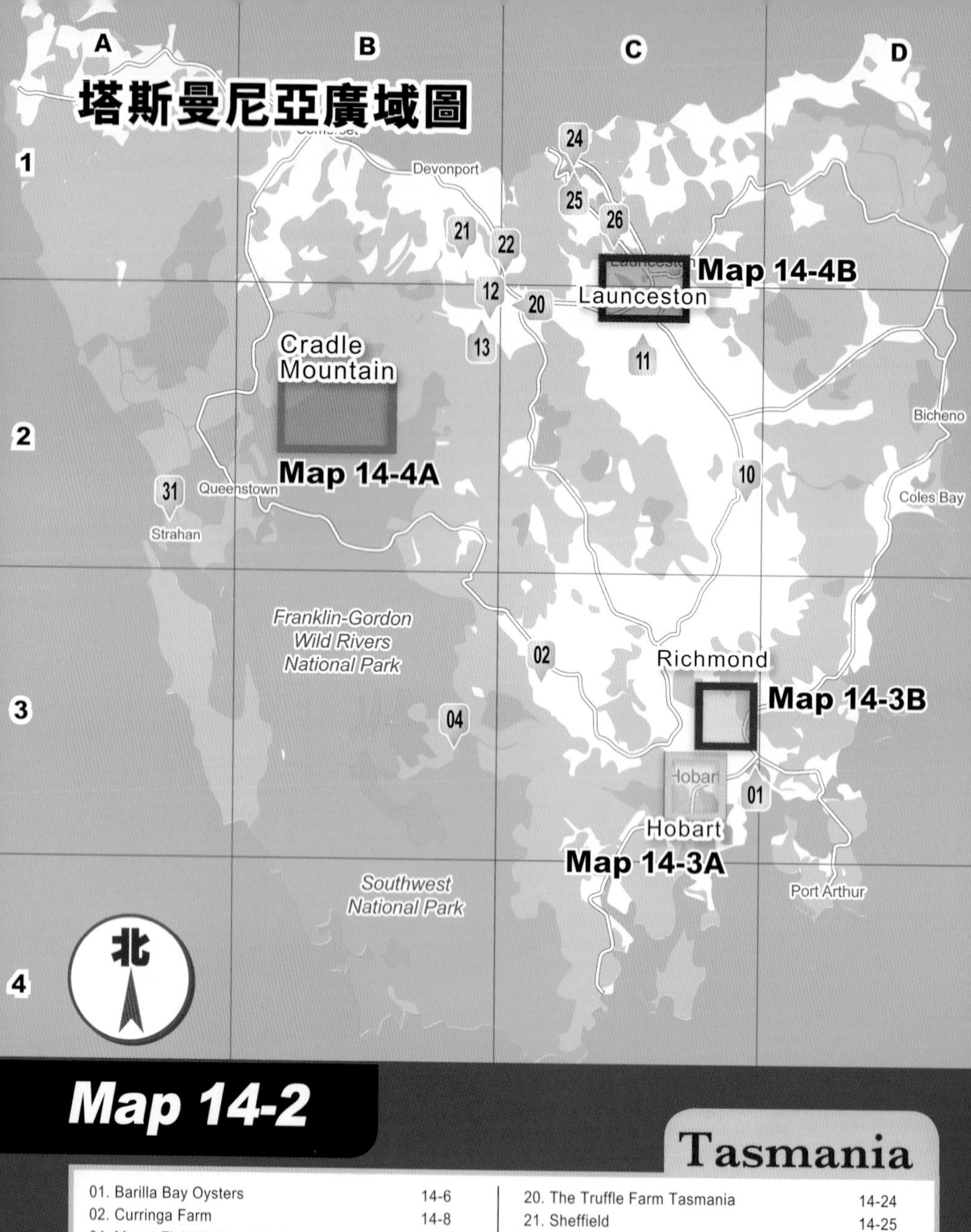

Map 14-2

Tasmania

01. Barilla Bay Oysters	14-6	20. The Truffle Farm Tasmania	14-24
02. Curringa Farm	14-8	21. Sheffield	14-25
04. Mount Field National Park	14-11	22. Ashgrove Farm Cheese	14-26
10. Ross Bakery Inn	14-15	24. Seahorse World	14-28
11. Brickendon Historic and Farm Cottages	14-16	25. Platypus House	14-28
12. Melita Honey Farm	14-18	26. Velo Wines	14-29
13. Trowunna Wildlife Park	14-19	31. Gordon River	14-32

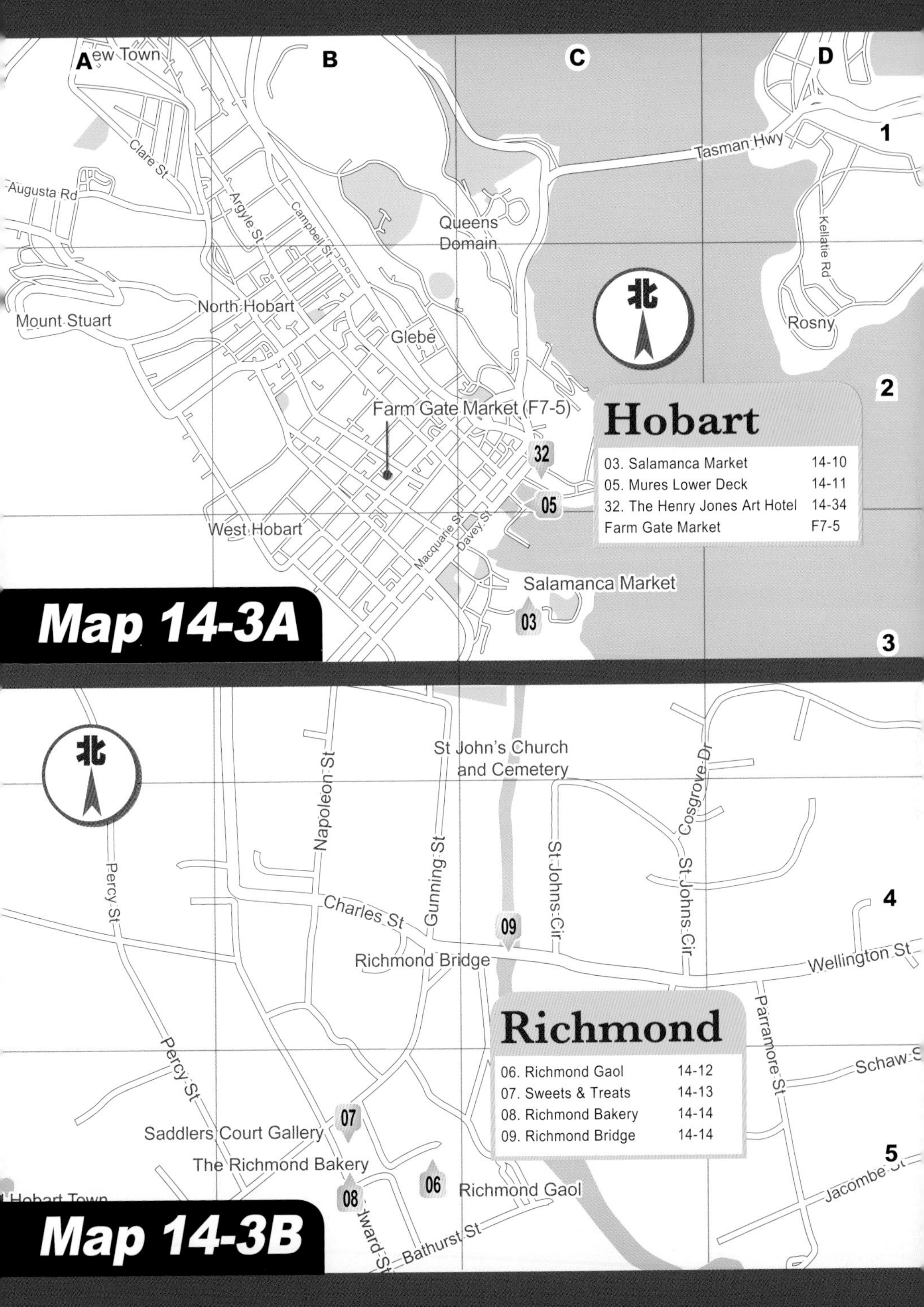
Map 14-3A
Hobart
03. Salamanca Market 14-10
05. Mures Lower Deck 14-11
32. The Henry Jones Art Hotel 14-34
Farm Gate Market F7-5
A
B
C
D
1
2
3
ew Town
Clare St
Augusta Rd
Argyle St
Campbell St
Queens Domain
Tasman Hwy
Kellatie Rd
Rosny
Mount Stuart
North Hobart
Glebe
Farm Gate Market (F7-5)
32
05
West Hobart
Macquarie St
Davey St
Salamanca Market
03
Map 14-3B
Richmond
06. Richmond Gaol 14-12
07. Sweets & Treats 14-13
08. Richmond Bakery 14-14
09. Richmond Bridge 14-14
4
5
St John's Church and Cemetery
Napoleon St
Gunning St
St Johns Cir
Cosgrove Dr
Percy St
Charles St
09
Richmond Bridge
Wellington St
Parramore St
Schaw St
Saddlers Court Gallery
07
The Richmond Bakery
08
06
Richmond Gaol
Jacombe St
Bathurst St

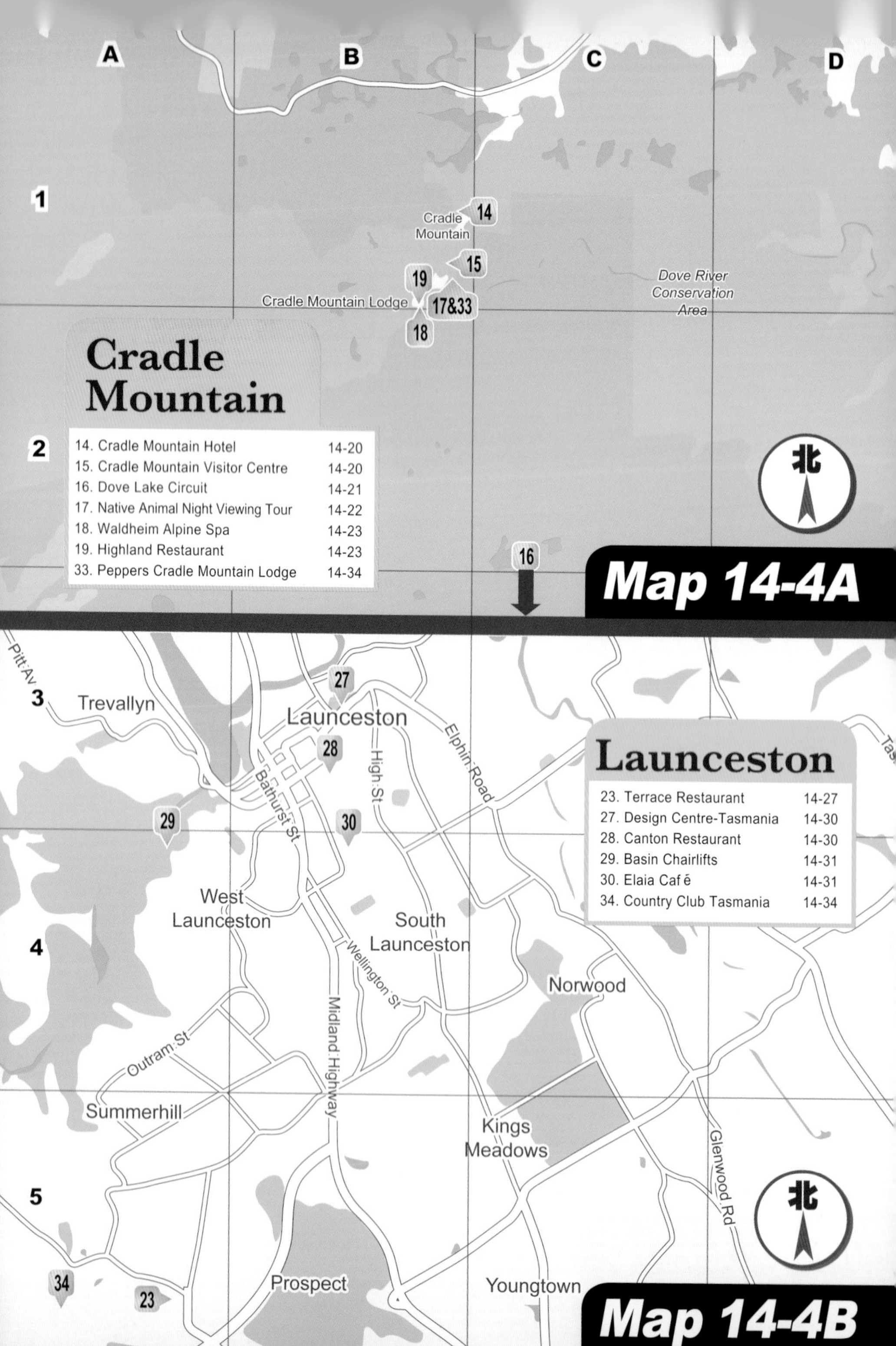
A
B
C
D
1
2
3
4
5
Cradle Mountain
14
15
19
Cradle Mountain Lodge
17&33
18
Dove River Conservation Area
Cradle Mountain
14. Cradle Mountain Hotel 14-20
15. Cradle Mountain Visitor Centre 14-20
16. Dove Lake Circuit 14-21
17. Native Animal Night Viewing Tour 14-22
18. Waldheim Alpine Spa 14-23
19. Highland Restaurant 14-23
33. Peppers Cradle Mountain Lodge 14-34
北
16
Map 14-4A
Pitt Av
Trevallyn
27
Launceston
28
High St
Elphin Road
Bathurst St
29
30
Launceston
23. Terrace Restaurant 14-27
27. Design Centre-Tasmania 14-30
28. Canton Restaurant 14-30
29. Basin Chairlifts 14-31
30. Elaia Caf ē 14-31
34. Country Club Tasmania 14-34
West Launceston
South Launceston
Wellington St
Norwood
Midland Highway
Outram St
Summerhill
Kings Meadows
Glenwood Rd
北
34
23
Prospect
Youngtown
Map 14-4B

塔斯曼尼亞實用資料

氣候

季節	平均溫度
春 (9月1日-11月30日)	8°C-17°C
夏 (12月1日-2月28日)	12°C-21°C
秋 (3月1日-5月31日)	9°C-17°C
冬 (6月1日-8月31日)	5°C-12°C

前往荷伯特交通

內陸航機

Qantas、Virgin Blue、Jetstar及Tiger Airways在墨爾本、悉尼、阿得萊德、布里斯本等主要城市，都備有航班往返塔斯曼尼亞首府荷伯特及朗瑟斯頓（Launceston）。

網址：www.qantas.com.au
www.jetstar.com

乘船

Spirit of Tasmania提供來往墨爾本Geelong港至塔斯曼尼亞Devonport的航線，船程約11小時，通常於8:30am、10:30am、6:45pm、9:30pm、11:30pm等時間出發，票價介乎AUD 99-310。

網址：www.spiritoftasmania.com.au

自駕遊

塔斯曼尼亞的公路網絡完善，路牌上寫上「1」屬於National Highway（主要高速公路），其餘路段則以A至C區分：A為主要公路；B屬普通行車馬路；C則是部分路段為泥路。

來往主要城市的距離及時間如下：

荷伯特→朗瑟斯頓	198公里（2小時）
荷伯特→搖籃山	359公里（4小時）

市內交通

公共巴士

巴士路線按區域（Urban市區及Non Urban市郊）區分，市區：分為Zone 1、Zone 2及All Zones費用為AUD3.5-7.2，市郊：Zone 1至3費用為AUD3.8-11.2；若使用Green Card另有20%折扣，及享有每日上限收費優惠。

網址：www.metrotas.com.au

旅遊巴士

島內沒有火車，主要靠長途巴士前往各地。兩間巴士公司走的路線略有不同，Redline主要行走Hobart至Launceston及Devonport，另還有Hobart至Carlton以及東北面路線。而Tassielink巴士路線覆蓋的地點更多，包括由Hobart至Bicheno、Cressy、Queenstown、Huon Valley、Campania等地方。

Redline Coaches
電話：61-3-6336 1446（海外）
1300 360 000（澳洲境內）
網址：www.tasredline.com.au

Tassielink
電話：61-3-6235300
網址：www.tassielink.com.au

實用網址:www.discovertasmania.com

塔斯曼尼亞 Tasmania

蠔之體驗 01 MAP 14-2 C3

Barilla Bay Oysters

駕車：離開機場後朝 Addison Dr 及 Back Rd 行駛，再右轉至 A3 Tasman Hwy，見指示牌左轉即達

Barilla Bay是全塔斯曼尼亞(Tasmania)最大的蠔場生產商之一，距離主要城市荷伯特(Hobart)機場只須3分鐘車程。蠔場面積達15公頃，每年可出產超過7百萬隻生蠔。蠔場隔壁正是門市及餐廳所在地，這裡全年都有生蠔供應，下機抵埗後，你可立即飛奔前往。每逢周末更會舉辦45分鐘的蠔場導賞團，有專人講解養蠔點滴、遊覽蠔場及提供試蠔體驗。店舖還設有生蠔外送服務，可先行預約請專人替你封箱打包，將美味帶回香港與親友共享。

蠔場位處鹹淡水交界，水質清澈無污染，是孕育生蠔的絕佳場地。

蠔場附近設門市及餐廳，讓客人可安坐其中歎生蠔。

生蠔 這裡售賣塔斯曼尼亞最出名的太平洋生蠔，口感creamy。

地址：1388 Tasman Highway, Cambridge, Tasmania 7170
電話：61-3-6248 5458
營業時間：午餐：周一、四至日 11:00am-2:30pm
晚餐：周四至六 5:00pm-7:30pm
(導賞團) 逢周一、三至五及日 11:00am 開始、周六 2:00pm 開始
費用：導賞團：成人 AUD 39、小童 6-16 歲 AUD 29、小童 6 歲以下免費
網頁：www.barillabay.com.au

備註：1. 餐廳須致電預約，午餐須 11:30am 後，晚餐須 5:30pm 後；
2. Tour 需致電預約，15 人以上可另議 Tour 時間
3. Tour 每人送生蠔兩隻

INFO

自學開蠔

工具：
生蠔刀：選用專為開蠔而設的生蠔刀，或尖端較鋒利的生果刀亦可
膠手套：以防被鋭利的蠔殼剁損手

即開即食的生蠔，入口一刻帶有濃烈的海水鹹味，再來是強勁的酸度攻佔著每一串味蕾，餘韻悠長，口感跟平常在餐廳吃到的很不同。

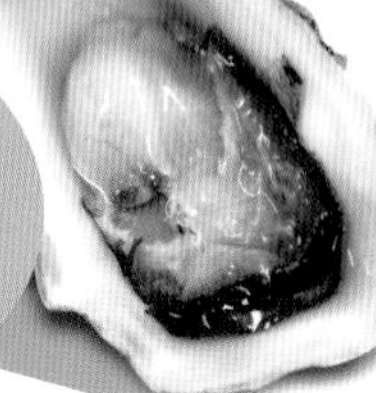

Step 1

手握生蠔的正確姿勢應是拱起部分向下，平的部分向上。握緊後先以刀尖在蠔殼邊緣的測試開蠔位置。

Step 2

圓滑的尾部通常較柔軟，找對位置可先輕輕撬起蠔殼，這樣刀會較易插入蠔內。

Step 3

接著是避免損毀生蠔，盡量將刀刃向蠔殼推進。將刀鋒沿殼邊繞一圈，兩瓣蠔殼就會輕易分離。

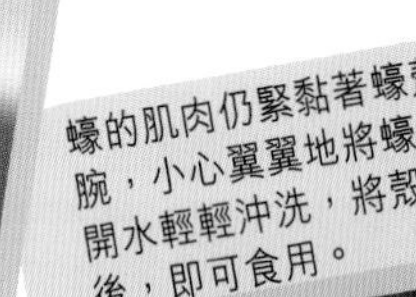

Step 4

蠔的肌肉仍緊黏著蠔殼，此時應放輕手腕，小心翼翼地將蠔肉拆離。最後以凍開水輕輕沖洗，將殼碎與多餘海水沖走後，即可食用。

有關養蠔

太平洋生蠔（Pacific Oysters）一般成長期為18-24個月。首3-6個月蠔BB會先放在小型網盤內，待生長成熟後，才放進海中的大型網籠內。蠔的喝水量驚人，每小時可飲用6公升海水。有趣的是，生蠔有時也須離開水面透氣，離開水面7日仍可存活，攝氏10度左右會是最適合生蠔成長的環境。

Oyster Stout 蠔啤

第一次見識有生蠔味的啤酒，須用上18至24個月大的生蠔釀製，喝下去會嘗到點點鹹味。

近距離剪羊毛騷 02 MAP 14-2 C3

Curringa Farm

駕車：一直沿 Hobart 市內 1 號公路行駛，途經 Brooklyn Hwy，之後駛入 Lyell Hwy 直達

★★★

Curringa Farm自1828年便紮根於此，現今已傳至第6代傳人Tim Parson。Tim將佔地達300公頃的土地，由原本的家庭農場，變成生態旅遊農莊。農莊內增設3間度假村屋，亦設有多款農場短期體驗。客人不但有機會餵羊、植樹，更可親睹Tim的極速剪羊毛技法。羊毛衫就著得多，真真正正看著一大塊原裝羊毛呈現眼前，還是頭一遭。行程又有趕羊示範及農場導覽，可趁此機會見識莊園內的可愛動物。

農場旁的Lake Meadow，水乾淨得可直接掬上來飲用。

放眼望去6公頃的黃花田，每年1月約可提供2,000公斤的種子作煉油之用。

面積廣闊的農莊吸引了不少動物在此棲息，訪問當日就巧遇這隻怕羞的小刺蝟。

地址：5831 Lyell Highway, Hamilton, Tasmania 7140
電話：61-3-6286-3333 / 61-3-6286-3332
營業時間：導賞團由 10:00am-5:00pm，周日至 3:00pm
費用：導賞團：成人 AUD 75-110、小童 AUD 35-65；
住宿：每晚 AUD 250-275 (2 人房)
網頁：www.curringafarm.com
備註：1. 須及早預約，可要求莊主於機場接送；
2. 導賞團 10 人以上可獲折扣優惠

★INFO

Tim會帶領客人來到羊棚，數十隻羊會預先一晚被運進羊棚，綿羊被困了一晚顯得非常驚青。

2

剪毛須由內至外，先從羊肚開始，再到腳及背脊，整個過程須時約7至10分鐘。

一整塊羊毛攤開來可以如此大，且相當厚身，約2寸厚。

剪羊毛示範 實況

看完示範後，可到羊棚外的牧場抱抱可愛小綿羊。

5
剪毛工人將羊毛分類，最高級數的是AAA FM級。

此時可試摸羊毛，羊毛質地柔軟，觸摸後手會感受到羊脂膏的油潤。

Tim的農場擁有3,000隻Merino綿羊，主要是為著其羊毛而飼養。

周末熱鬧市集 03 MAP 14-3A C3

Salamanca Market

駕車：於荷伯特市中心 Salamanca Pl 直行即達

★★★

每逢周六舉行的Salamanca Market，就在首府荷伯特（Hobart）市中心，自1972年起，不論陰天晴天，市集都如期於Salamanca Square開放，超過300個攤檔都擠滿趕來湊熱鬧的人潮。當你慢慢地閒逛時，會發現滿街都是當地出色的產物，如自製的果醬、有機農產品、手製工藝品、新鮮出爐的包點……琳琅滿目應有盡有，沿途還可欣賞街頭表演，到市集逛一圈，你會深深感受到這裡像是塔斯曼尼亞的縮影，給人簡單自然又能自給自足的印象。如來到塔斯曼尼亞的荷伯特，就千萬別錯過這個全市最受歡迎的露天市集。

隨處可見售賣鮮貨的小食檔，一大杯甜美的士多啤梨只售AUD 4。

優質工藝品是市集裡不容錯過的一環，這些可愛的蘑菇耳環吊座正是以市內Huon Valley區的松木所做。

地址：Salamanca Square, Hobart, Tasmania 7140
營業時間：逢周六 8:30am - 3:00pm
網頁：www.salamanca.com.au

★INFO

超過300個攤檔逢周六雲集Salamanca Square一帶，風雨不改。

密林瀑布 04 MAP 14-2 B3

Mount Field National Park

駕車：由 1 號 Brooker Hwy 朝 A10 Lyell Hwy 行駛，見 B62 Glenora Rd 直行，之後沿 B61 Gordon River Rd 轉入 C609 Lake Dobson Rd 直達，車程約 1 小時 27 分鐘

Mount Field國家公園恍似幾千萬年前的原始國度，高聳入雲的大樹完全遮蔽了天空。走進園內可選擇最精彩的Great Short Walk，在密不見天的叢林內尋幽探秘，觀賞昂藏數百呎的巨樹及各式奇花異草。當然不能錯過園內最赫赫有名的Russell Falls，共分3層的瀑布就像一道壯麗的水簾。離瀑布100米還有另一個Horseshoe Falls，展現了另一種流水美。

由起點步行約20分鐘，便會到達著名的Russell Falls。

地址：66 Lake Dobson Road, National Park, Tasmania 7140
電話：61-3-6288-1149
費用：每輛車（最多 8 人）AUD 41.2、每位 AUD 20.6（一日國家公園通行程）
網頁：https://parks.tas.gov.au/explore-our-parks/mount-field-national-park

INFO

坐在碼頭邊，以海風送飯更添風味。

即叫即製炸魚薯條 MAP 14-3A C2

Mures Lower Deck 05

乘 Metro 巴士於 Davey St 下車再步行前往
駕車：由市中心 Macquarie St 右轉至 Campbell St 直達

海鮮拼盤 Fisherman Basket（前）
生蠔 Oyster（中）

Mures坐落於荷伯特古老的Victoria and Constitution碼頭旁，以售賣最新鮮的塔斯曼尼亞海鮮見稱。集團擁有自己的捕魚團隊，捕獲三文魚、鱒魚、蝦等各式海鮮，因此店內用料全是第一手靚貨。這裡的煙燻魚類全是於自家工場以古法製造，利用塔斯曼尼亞橡木屑為燃料，過程中沒加進任何添加劑，感覺健康。

地址：Victoria Dock, Franklin Whrf, Hobart, TAS 7000
電話：61-3-6231 2009 **營業時間：**8:00am-9:00pm
費用：www.mures.com.au

INFO

全澳最古老監獄 06

Richmond Gaol

駕車：沿 A3 Tasman Hwy 離開 Sorell，左轉至 C351 Brinktop Rd 便可抵達 Richmond

★★★

於1825年建造的Richmond Gaol，是澳洲保存得最完好的監獄遺址。監獄當時主要用來囚禁由英國運來當苦力的囚犯，據説在大文豪狄更斯筆下著名小説《孤雛淚》裡，那位扒手集團頭目Fagin，正是以獄中一個惡貫滿盈的英國犯人Ikey Solomon作藍本。監獄的外觀多年來並無重大改變，即使當年經常發生逃獄事件，監獄的高度跟1840年以後幾乎一樣。監獄內部則展示了當時的牢房、刑具、獄長宿舍及各式文獻，當中用來懲治囚犯的囚室至今仍保存完好，狹小的囚室密不透光，關上門在內裡待上數秒，已足夠嚇得人放聲大叫。

每個房間都設有展板，讓遊客了解監獄過百年的興衰發展。

犯錯的罪犯會被送入「思過室」，空間狹小且全不透光，不少罪犯因受不了而變得精神錯亂。

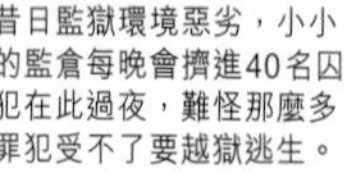

昔日監獄環境惡劣，小小的監倉每晚會擠進40名囚犯在此過夜，難怪那麼多罪犯受不了要越獄逃生。

鉛球的重量兩隻手也拿不起，罪犯繫在腳上時舉步維艱，真正是「無自由，失自由」。

地址：37 Bathurst Street, Richmond, Tasmania 7025
電話：61-3-6260 2127
營業時間：9:00am - 5:00pm；聖誕日休息
費用：成人 AUD 12；5-16 歲小童 AUD 6
網頁：www.richmondgaol.com.au

★ INFO

Richmond 小史

Richmond位於荷伯特東北部約26公里，由荷伯特市中心駕車前往約需半小時。這個充滿歷史氣息的古城，一系列髹上不同顏色的典雅小屋分布路上每個角落，大部分都歷史悠久，這裡的教堂、監獄、石橋、郵政局等地標更是其中一些澳洲最古老建築。

懷舊糖果屋 07 MAP 14-3B B5

Sweets & Treats

詳見 14-12 Richmind Gaol

小時候總會夢想擁有一所像童話故事裡的糖果屋，Richmond就有一家有21年歷史的糖果店。打開門已可見一排排五彩繽紛的大玻璃瓶，擠滿大大粒的香口珠、各式口味的硬糖，或澳洲名產Fudge；貨架上則堆滿一早包裝好的手造朱古力，以及外形通常是兩色相間的澳洲經典硬糖Liquorice，賣相甜美可人。店鋪一角則是懷舊糖果的天堂，孩提時最愛的奶咀糖、爆炸糖、波板糖等數十款選擇就整齊陳列於眼前，讓人重拾時光倒流的快樂。

Giant Freckle Letters
小朋友用這些字母朱古力學英文拼字，肯定會進步神速，兼附送一口蛀牙！

店鋪於1985年開業，專售古早味懷舊糖果，亦提供咖啡、格子窩夫及雪糕。

地址：50 Bridge St, Richmond, Tasmania 7025
電話：61-3-6260 2395
營業時間：9:30am - 5:00pm（一至五）；
10:00am - 5:30pm（六、日及公眾假期），
冬天可能縮短至 10:00am-4:30pm；聖誕節休息
網頁：www.sweetsandtreats.com.au

INFO

古法製麵包 08 MAP 14-3B B5
Richmond Bakery

詳見 14-12 Richmind Gaol

Richmond Bakery重視健康飲食，店內出品全部沿用瑞士古方，純以人手用心製作。不加防腐劑或其他化學物質，出品仍可軟硬得宜，秘訣在於火候控制，師傅會按款式將包點比平常餅店焗久一點，這樣就可使包點保持形態及變得更易消化。店內以一系列肉批最受歡迎，每天有逾10款香噴噴肉批可供選擇。

小店設露天座位，在清風飄送的環境下歎件餅，爽！

鄉村肉批 Cottage Pie
經典肉批，薯蓉下是用秘製醬汁煮過的牛肉，一件已經很飽肚。

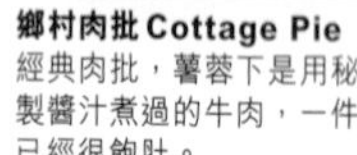

紅莓撻 Rasberry Tart
極多紅莓灑在吉士打忌廉上，紅莓的酸度剛好掩蓋了忌廉餡料的甜膩。

地址：6/50 Bridge St, Richmond,Tasmania
電話：61-3-6260-2628
營業時間：周一至五 6:00am-5:00pm；
周六、日及聖誕日由 7:00am 開始
網頁：www.richmondvillage.com.au

★INFO

漫步百年石橋 09 MAP 14-3B C4
Richmond Bridge

詳見 14-12 Richmind Gaol

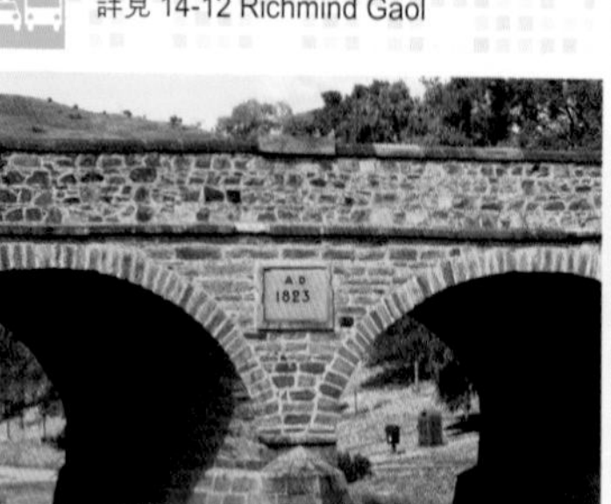

橋身有6道拱門，正中央則刻有大大隻「AD1823」字樣，是通往Richmond鎮內的必經之路。

於1823年興建的Richmond Bridge，是全澳洲最古老的人車兩用石橋。一如多項澳洲早年建築，石橋也是由英國移民過來的囚犯所興建，所用的大石是由附近的Butchers山上運來，花了2年時間，於1825年才大功告成。

地址：Bridge Street, Richmond, Tasmania 7025

★INFO

魔女麵包店 10 MAP 14-2 C2

Ross Bakery Inn

駕車：沿 B31 Colebrook Rd 離開 Richmond，於 Muds Wall Rd 右轉至 1 號 Midland Hwy，見 Bridge Rd 向右轉，之後左轉入 Church St 即達，車程約 1 小時 15 分鐘

Ross Bakery Inn是日本動畫迷的必到朝聖地，因為動畫大師宮崎駿的《魔女宅急便》，正是以此作為故事背景。走進店內的廚房重地，便會遇上動畫廚房場景裡的那座古董磚造烤爐。麵包也堅持以古法炮製，製作過程不落化學酵母，只採取天然發酵辦法，口感特別原始天然。你亦可試試其他傳統糕點及肉批，並選坐於麵包店的後花園，歎一件傳統小點及一杯炭燒咖啡，享受一個愜意的下午。

後花園景致怡人，再走進去便是擁有近190年歷史的附設旅館。

各式蛋糕餡餅Fudge、Cottage Pie、Meat Pie、Vanilla Slice(由前至後)

女店員都穿上懷舊侍女制服，而動畫裡的著名小黑貓就放在店內當眼位置。

地址：15, Church Street, Ross, Tasmania 7209
電話：61-3-6381-5246
營業時間：8:30am-4:30pm，
周四至 4:00pm；周一、二休息
網頁：www.rossbakery.com.au

INFO

漫步老農莊 ⑪ MAP 14-2 C2
Brickendon Historic and Farm Cottages

★★★

駕車：沿 Chiswick Rd 離開 Ross，朝北行於 1 號 Midland Hwy，見 C521 Woolmers Ln 路牌向左轉直達，沿途會見農莊路牌，車程約 47 分鐘

現時農莊家族史已發展至第7代，農場事務主要由Richard及Louise兩夫婦負責。

擁有過百年歷史的農莊在塔斯曼尼亞多的是，要專程走到地點偏遠的Brickendon入住，為的是農莊內的特色建築群。農舍於1824年由英國移民William Archer建立，面積達620公頃，佇立了十多座穀倉、教堂等建築物。全是1824至1835年期間由英國運來的囚犯建造。現在這些歷史建築已被列為受保護文化遺產，住客大可依照農莊主人提供的地圖，來個自助農舍遊。遊客也可到毗鄰的偌大花園散步，欣賞主人悉心栽種的艷麗花卉。

教堂於1836年興建，為昔日的囚犯提供宗教教育。其哥德式的設計至今仍吸引不少新人在此舉行婚禮。

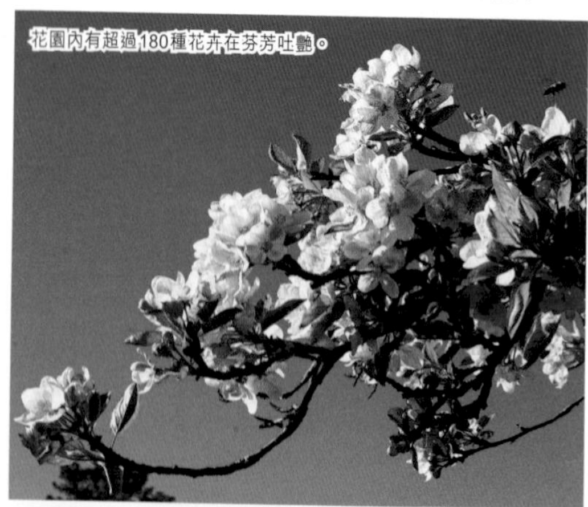

花園內有超過180種花卉在芬芳吐艷。

地址：236 Wellington St, Longford, Tasmania 7301
電話：61-437 525 890
營業時間：10-5 月中 9:30am-5:00pm；
5 月中 -9 月份至 4:00pm；周一及聖誕節休息
入場費：成人 AUD15，小童 AUD6
網頁：www.brickendon.com.au

★INFO

這把8.78米高的長木梯就是入口接待處的重點裝飾。

穀倉用上地柱支撐，托離地面是為了防止老鼠走入米缸。

農莊混合了歷史建築及現役牧場，徒步其中會看到不少可愛的馬牛羊。

農莊並沒有動物表演項目，因為Louise希望客人體驗真正的農莊生活。訪問時正值剪羊毛時節，3位剪毛手大汗疊細汗，忙著在早上替數百隻羊剪掉羊毛。

蜜糖專家 ⑫ MAP 14-2 C2
Melita Honey Farm

駕車：由 Woolmers Ln 離開 Longford，沿 1 號 Bass Hwy 走至 B12 Mole Creek Rd 左轉後直行至 Sorell St，車程約 57 分鐘

★★★ Hobart Richmond Ross Longford Mole Creek

塔斯曼尼亞的蜜糖在世界舞台上是一等一有名，由Beerepoot家族開設的Honey Farm蜜糖專門店，就供應超過50種不同味道的蜜糖。店內的蜜糖主要分兩大類，其一是直接從植物上採回來的原味蜜糖，有玫瑰味、薰衣草味等，當然少不了塔斯曼尼亞獨有的Manuka及Leatherwood蜂蜜；另一種則是注入了美食元素的新奇口味，包括刺激的辣椒味，或是矜貴的松露朱古力味等，非常多元化，另外還有蜜糖製作的護膚品及各式與蜜蜂有關的禮品出售。參觀店舖時，可順道遊覽店內的小型蜜蜂博物館，主要介紹採蜜過程，還可以近距離觀察蜂巢。

在蜜蜂博物館內，可隔著玻璃櫃觀看蜜蜂採蜜的情況，把手按在玻璃上，更可感受到蜂巢的溫暖。

Boysenberry Honey Ice Cream
這裡的雪糕以100%塔斯曼尼亞天然原料新鮮製造，注入蜜糖後，口感特別香甜軟滑，每天共有6款口味可供選擇。

所有蜂蜜均設試食，顧客可隨意試勻各款口味。

各式蜜糖
著名的Leatherwood蜜糖不可不試，而加進了核桃和蜜糖製作的黑醋也是新奇的蜂蜜製品。

地址：39 Sorell Street, Chudleigh, Tasmania 7304
電話：61-3-6363 6160
營業時間：10 至 3 月周日至五 9:00am-5:00pm；
4 至 11 月周日至四 9:00am-5:00pm，
周五至 4:00pm；準確時間請參考網頁
網頁：www.melitahoneyfarm.com.au

★INFO

惡魔集中營 13 MAP 14-2 B2

Trowunna Wildlife Park

駕車：朝 B12 Mole Creek Rd 前進，見路牌及銅像右轉即達

塔斯曼尼亞如此純潔的淨土竟然是惡魔的出產地？說的是當地最有名的有袋肉食性動物 Tasmania Devil。這種全身黑色的小動物，體形細小，身長只有人類手臂的一半，樣子可愛得讓人一見就想抱。不過當牠們受驚時，會發出低沉怒吼，據說是因為這些令人毛骨悚然的嚎叫聲，令從前的農民以為樹林內有惡魔，牠們因而被取名 Tasmania Devil。要看牠們，可到當地有名的 Devil 保育區 Trowunna 野生動物園，這裡是受傷野生動物或孤兒的收容所，樹熊、袋熊、Quoll 等長大或康復後，便會送返大自然。園內每天設有40-60分鐘的導賞團，介紹這些可愛動物，參觀者更有機會撫摸甚至抱牠們呢！

工作人員介紹袋熊時，猛打其背部使人嚇呆，原來袋熊的背部堅硬如鐵石，怎打也不怕，更因此特殊的身體結構，其糞便竟呈四方形呢！

Tasmania Devil 脾氣很壞，牠被抱起時，會抓傷人家的手臂，「小惡魔」之名果真名不虛傳！

地址：1892, Mole Creek Road, Mole Creek, Tasmania 7304
電話：61-3-6363 6162
營業時間：9:00am-5:00pm；聖誕日休息
費用：成人 AUD 28、3-15 歲小童 AUD 16、長者及學生 AUD 24
網頁：www.trowunna.com.au
備註：每天設 3 個免費導賞團，分別於 11:00am、1:00pm 及 3:00pm

INFO

動物園內，有不少可讓人抱的初生動物，像這隻叫 Ella 的 Pademelon 袋鼠，只有9個月大，可愛模樣令一眾女遊客禁不住大讚「Kawaii」！

炸魚薯條 Tempura Battered Fish & Chips AUD 18
這款炸魚的外層採用日式天婦羅炸漿，口感比平常吃到的炸魚更鬆脆。

MAP 14-4A B1

14 搖籃山消閒好去處 Cradle Mountain Hotel

駕車：沿 Cradle Mountain Rd 直行見指示路牌左轉，再駕駛約 1 分鐘即達

參觀過The Wilderness Gallery後，可到對面的Cradle Mountain Hotel享受各種消閒活動。那裡設有兩間不同路線的主題餐廳，包括以當地元素為主的The Grey Gum Restaurant，以及走休閒小餐館路線的Quoll's。內裡亦附設日間水療中心Calm Day Spa，用的主要是當地的有機農產品，遊客大可到這裡舒舒服服歎個本土風味spa。

INFO

地址：3718 Cradle Mountain Road, Cradle Mountain, Tasmania
電話：61-3-6492 1404
營業時間：10:00am-5:00pm
網頁：www.cradlemountainhotel.com.au

MAP 14-4A B1

15 搖籃山訪客中心 Cradle Mountain Visitor Centre

McDermott's Coaches 有穿梭巴士由 Launceston 前往 Cradle Mountain Visitor Centre

搖籃山(Cradle Mountain)擁有塔斯曼尼亞島上最高的山峰(1,617米高的Mt Ossa)，它位於Overland Track步道上，曾入選《國家地理雜誌》的全球20條最佳行山徑，沿途更有機會看到袋熊和鴨嘴獸等野生動物，但路程長達65公里，走一趟需花上六天時間。搖籃山還有多條1至2小時的短程路線，包括Dove Lake、Marions Lookout和Hansons Peak等，訪客中心每日有接駁巴士接送到多個行山徑起步點。

接駁巴士

月份	10-3月	4-9月
時間	8:00am-6:00pm	9:00am-5:00pm
班次	10-15分鐘	15-20分鐘
途經	訪客中心 ↔ Ranger Stations & Interpretation Center ↔ Snake Hill ↔ Roony Creek ↔ Dove Lake	

地址：4057 Cradle Mountain Road, Cradle Mountain TAS 7310
電話：61-3-6492 1110
營業時間：8:30am-5:30pm
門票連接駁車：成人 AUD25.75；5 至 17 歲 AUD10.3
網頁：https://parks.tas.gov.au/

INFO

走進世上最後一片溫帶雨林 16 MAP 14-4A C2

Dove Lake Circuit

駕車：離開 Mayberry Rd 左轉入 Liena Rd，沿 C138 Olivers Rd 及 C136 Cethana Rd 前進，見 C132 Cradle Mountain Rd 向左轉，駛向盡頭便是 Lake Dove Rd，車程約 1 小時 9 分鐘

於1982年被列入世界遺產區，其自然風光的吸引力早已不用懷疑。走過多條不同的短途行山徑後，便會發現綠林繁茂的Waldheim雨林，或是群山環抱著的Dove Lake。這個深180米的湖泊，是澳洲最深的湖泊之一。圍著Dove Lake走一圈是最熱門的行山路線，全程約須2小時。6公里長的環湖行，因著變幻莫測的天氣，可看到山頂忽晴忽暗，以及湖面銀光閃閃的奇景。夠耐力者可選擇一日行山長線遊，順道遊歷世上最後一片溫帶雨林The Ballroom Forest。順道到遊客中心觀賞免費展覽，可更了解整個山區。

地址：Cradle Mt Lake St Clair National Park, Derwent Bridge, Tasmania 7306
電話：61-3-6289-1172
費用：每輛車（最多 8 人）AUD 41.2、每位 AUD 20.6（1 日國家公園通行程）
網頁：www.parks.tas.gov.au/?base=1318

INFO

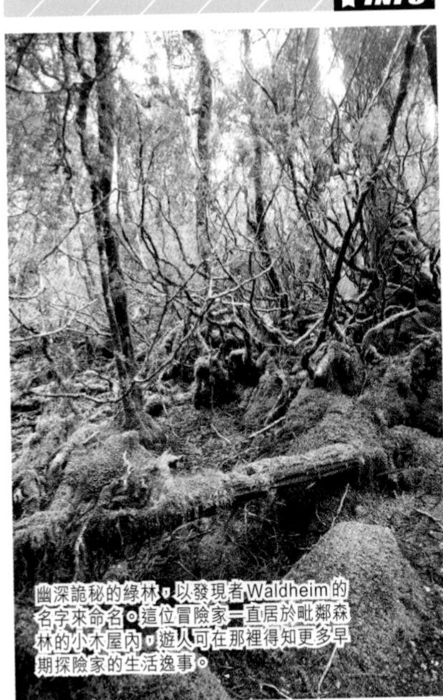

幽深詭秘的綠林，以發現者Waldheim的名字來命名。這位冒險家一直居於毗鄰森林的小木屋內，遊人可在那裡得知更多早期探險家的生活逸事。

遊遍Dove Lake有機會親歷山下晴天、山上下雪的奇特景象。

選行全日行山徑，謹記到行山人士登記處（Walker Registration）寫下開始步行及完結的時間，方便工作人員按紀錄調查有沒有人在中途受傷，登記處設於各行山徑起點。

訪客中心的展廳介紹整個山區的生態環境，遊人亦可於中心索取地圖及添置行山裝備。

夜訪搖籃山 17 MAP 14-4A B1
Native Animal Night Viewing Tour

駕車：沿 Cradle Mountain Rd 直行見指示路牌左轉，再駕駛約 3 分鐘即達

搖籃山是塔斯曼尼亞最為人所知的景點之一，山峰中間呈弧形凹陷狀，形如搖籃，因而得名。這裡山明水秀，是不少動物的安身之所。白天我們還可憑肉眼搜索動物的蹤跡，但如果想一睹夜行動物的風采，還得參加Cradle Mountain Lodge主持的Native Animal Night Viewing Tour。參加者先於酒店乘坐導賞團的大型四驅車，向Cradle Mt Lake St Clair國家公園長驅直進，導遊會一邊介紹園內各種夜行生物，一邊以大電筒照射兩旁黑漆漆的曠野，各人的眼睛便隨著光線向四面八方搜尋，好不刺激。每當找到袋熊、Pademelon袋鼠等小動物時，大伙兒都會興奮得湧向車窗那一邊呢！

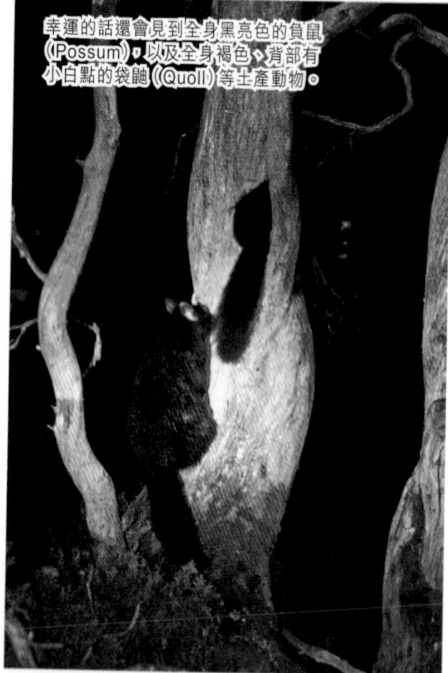
幸運的話還會見到全身黑亮色的負鼠(Possum)，以及全身褐色、背部有小白點的袋鼬(Quoll)等土產動物。

袋熊是行程內最常見的小動物，導遊笑言要破紀錄，邀請團友一起數數全程究竟有沒有看到超過15隻袋熊。

Pademelon袋鼠是繼袋熊後，另一種於導賞團內常見的動物，體形比常見的袋鼠小，手腳亦較短。

地址：Cradle Mountain Lodge, 4038 Cradle Mountain Road, Cradle Mountain, TAS 7306
電話：61-3-6492-2100
網頁：www.cradlemountainlodge.com.au

INFO

MOUNTAIN LODGE

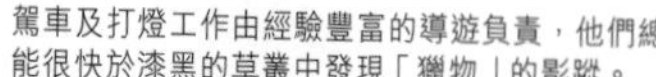
駕車及打燈工作由經驗豐富的導遊負責，他們總能很快於漆黑的草叢中發現「獵物」的影蹤。

望住靚景歎Spa ⑱ MAP 14-4A B1

Waldheim Alpine Spa

詳見 Native Animal Night Viewing Tour

Waldheim Alpine Spa附設於高級酒店Cradle Mountain Lodge的一間獨立屋內，房間對準窗外的湖景及園林景致，頗具世外桃源的意境。這裡提供各式水療、按摩及美容療程，Spa內亦設雙人按摩房間，適合情侶共用。住客額外付AUD 25，便可任用店內的按摩池、蒸氣房及桑拿設施。

店內皇牌用料乃名貴美容品牌Elemis的產品，一支動輒過千元。

窗外一流的景致，教人身心舒泰。

INFO

地址：4038 Cradle Mountain Rd, Cradle Mountain TAS 7306
電話：61-3-6492 2133
營業時間：9:00am-8:00pm
費用：按摩或美容（60 分鐘）AUD 130 起
網頁：www.cradlemountainlodge.com.au

MAP 14-4A B1 ⑲ 搖籃山高級食府

Highland Restaurant

詳見 Native Animal Night Viewing Tour

Highland可說是搖籃山上首屈一指的高級食府，走fine-dining路線，店內主打一系列摩登澳洲菜，全部用上頂級塔斯曼尼亞食材及葡萄酒，環境時尚舒適。店中央特設火爐，以木材為燃料，令一室和暖之餘，亦有助減少空氣污染。店內亦提供為行山人士而設的餐盒訂購服務。

三文魚捲 Baby Salmon Rollmop, Salmon Caviar, Micro Herbs, Champagne Dressing
菜式賣相精美，捲曲三文魚塊時，稍一不慎會把魚塊弄壞，可見師傅的功力。

INFO

地址：4038 Cradle Mountain Rd, 7306 Cradle Mountain TAS
電話：61-3-6492-2100
營業時間：早餐只限住客
晚餐 6:00pm-8:30pm
網頁：https://www.cradlemountainlodge.com.au/food-and-wine/highland-restaurant/

松露狩獵之旅 ⑳ The Truffle Farm Tasmania

MAP 14-2 C2

駕車：由 Devonport 沿 1 號 Bass Hwy 走至 Red Hills 右轉入 B12 Mole Creek Rd，在 The Truffle Farm 指示牌前右轉，車程約 43 分鐘

塔斯曼尼亞北部地區極適合黑松露菌生長，以高質的黑松露而聞名，不少農場都經營松露園，Terry家族的The Truffle Farm甚至為遊客提供松露狩獵之旅。松露與橡樹和榛子樹有共生關係，生長在樹底的土壤裡。農場主人Terry和她的愛犬會帶領客人參觀松露園，在黑松露當造的12月至翌年9月，即冬、夏兩季一般均有松露收穫，客人可以參與松露「狩獵」活動，親手挖掘松露及享用午餐，農場商店裡亦可以買到各種當季的松露產品，例如黑松露蜜糖、芥末、松露油等，作為手信送禮也不錯。

松露狩獵之旅包括享用農場風格的午餐拼盤。

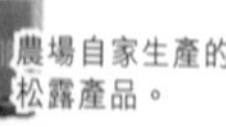

農場自家生產的松露產品。

有時也會有意想不到的寶物。

與獵犬一起出發，親手挖掘新鮮的黑松露。

地址：844 Mole Creek Road, Deloraine, TAS 7304
電話：61-4-3784 9283
松露之旅連午餐：成人 AUD195；5 至 17 歲 AUD90
網頁：https://www.thetrufflefarmtasmania.com.au/

INFO

壁畫市鎮 21 MAP 14-2 B1
Sheffield

駕車：沿Cradle Mountain Rd C132公路行駛，至Cethana Rd向右轉入C136公路，駛至Spring St左轉入Sheffield Rd

位於塔斯曼尼亞西北部小鎮Sheffield，人口只有約1,000人，街頭巷尾卻全都繪上了壁畫（Mural）。以壁畫作賣點，背後原來有段血淚史。話説在1980年代中期，全市鎮面臨重大的經濟危機，村民經過多番研討後，決定仿效曾經歷同樣危機的加拿大小鎮Chemainus，以壁畫吸引外國遊客，振興經濟，遂於1985年開始於鎮上繪畫第一幅壁畫，至今鎮上已擁有超過50幅創意畫作。遊客可先到訪客中心索取Mural Walk路線圖，然後再按圖索驥，一次過欣賞鎮內20個主要壁畫景點，以及參觀毗鄰訪客中心的壁畫廣場，為每年一度的國際壁畫節投下心水一票。

這幢建築物由上至下都被壁畫覆蓋著，若不是門前豎著路牌，也猜不到它是一座教堂。

地址：5 Pioneer Crescent, Sheffield, Tasmania 7306（訪客中心）
電話：61-3-6491 1179
營業時間：9:00am-5:00pm；周六、日至3:00pm（訪客中心）
網頁：www.sheffieldtasmania.com.au/

INFO

位於Masonic Lodge的《Stillness + Warmth》正是鎮內首幅壁畫，由John Lendis繪畫，對振興全市鎮有特殊意義。

只要到訪客中心取表格，填妥後放進收集箱，便可為所喜愛的壁畫添多一分勝算，結果將於每年春天公布。

Eason陳奕迅於2007年在此拍攝旅遊特輯時，所畫下的真迹，至今仍完好保留在壁畫廣場上。

自製「芝」味 22 MAP 14-2 C1
Ashgrove Farm Cheese

駕車：朝東南方 B14 Sheffield Rd 行駛，之後一直沿 C156 Bridle Track Rd 直行，見 Rialton Rd 右轉，再左轉入 Gannons Hills Rd，最後右轉至 Bass Hwy 前往

★★★

Ashgrove由Bennett家族經營，曾榮獲多項全國性芝士大賽獎項，是澳洲本土相當具名氣的芝士品牌。為了延續家族生意，主理人Jane Bennett早年更專誠遠赴英國學藝，將當地正宗口味的Gluocester、Lancashire、Cheshire等引入店內。此外，店裡自設芝士工場，沿用傳統手作秘方，於凝乳過程中以人手不停攪動，再經歷一整天的繁複工序，然後按芝士種類放入以嚴格溫度控制的熟成室。由此製成的芝士，口味與質感均顯得與別不同。

門市出售的芝士種類多達35款，當中有不少自創口味如芥末味芝士等，予人驚喜。

地址：6173 Bass Highway, Elizabeth Town, Tasmania 7304
電話：61-3-6368 1105
營業時間：8:30am-5:00pm 聖誕日休息
網頁：www.ashgrovecheese.com.au
INFO

芝士選購及儲存小貼士

芝士種類	**White Mould Cheese** 例：Camembert、Brie	**Blue Mould Cheese** 例：Blue	**Hard and Semi Hard Cheese** 例：Cheddar
賞味期限	包裝後2周內	因應不同熟成程度而定，一般約2-3個月。	包裝後最少6個月
食用前準備	存放於雪櫃的蔬菜儲存格內，較暖的溫度可令芝士變得更成熟可口。	食用前1小時從雪櫃取出，放於室溫中，可更彰顯味道。	
開封後儲存須知	放回雪櫃前須重新封妥，並存放於密封食物盒內，避免濃烈的氣味散布整個雪櫃。		用保鮮紙密封妥當，以防表面長出霉菌。若長出了霉菌，只要切去該部分，便可繼續食用。

最多餐酒選擇 23 MAP 14-4B A5
Terrace Kitchen

駕車：沿 Bass Hwy 朝南行，約 40 分鐘後見 Westbury Rd 向左轉，繼續朝 Country Club Ave 行駛即達

塔斯曼尼亞另一大城市朗瑟斯頓(Launceston)內有不少知名度假村，Terrace正是附設於Country Club度假村內的高級食府。餐廳擁有全國Top 5最佳酒窖，存放了約500-600款餐酒，包括產自奧地利、日本、德國，以至冷門的斯洛伐克，因此不少著名酒莊如Penfolds，都會定期跟餐廳合作舉辦Winemakers Dinner。美酒自然配佳餚，餐廳請來資深名廚Sean Keating助陣，Sean擅以精緻歐式賣相，將澳洲菜變得充滿現代感，所用材料全部由附近農場新鮮直送，為名廚精湛的廚藝奠下美味基礎。

主廚Sean在酒店餐飲界工作長達30年，曾於墨爾本及澳門的6星皇冠酒店任職，經驗豐富。

生牛肉他他 **Wilderness Beef Tartare**
菜式賣相猶如調色碟，8款調味料正是點綴牛肉他他味道的「顏料」，概念創新。

Domaine A Pinot Noir 2005
店長推薦這款由當地酒莊Domaine A出產的紅酒，口感輕爽順滑，含草莓及紅莓果香，極易入口。

三文魚龍捲風 Salmon Tornados
招牌菜取名「龍捲風」，自然要捲住出場，店內所有魚類均養在自設魚缸內，即叫即劏，確保味鮮不會腥。

INFO

地址：Country Club Avenue, Prospect Vale, Tasmania 7250
電話：61-3-6335-5777
營業時間：6:00pm-9:00pm
網頁：www.countryclubtasmania.com.au/dining/terrace-kitchen/

親手摸逾百海馬 24 MAP 14-2 C1
Seahorse World

駕車：沿 Bass Hwy 左轉入 A7 West Tamar Highway 就可達 Beauty Point，車程約 1 小時 4 分鐘

★★★

最初還覺得海馬只會上下移動沒啥看頭，到過 Seahorse World 後才發覺大錯特錯。在 Seahorse World 經悉心布置的魚缸內，分別展示了各種七彩繽紛的海馬。再往內走，養殖場早已有逾千海馬在等著你來了解其生長特性，場內亦設有按生長周期作區分的養殖盤，遊客可以一睹小海馬由蝌蚪般大小逐漸成長的過程，逾百成年海馬在盤內任人撫摸，可愛至極。

跟人類不同，雄性海馬負責生育，因而大腹便便。你能分辨圖中海馬是男或女嗎？

店內還有開放式魚缸，放置了其他海洋生物，歡迎大家拿上手來個近距離接觸。

地址：200 Flinders St, Beauty Point TAS 7270
電話：61-3-6383 4111
營業時間：導賞團：(5 月 -11 月)10:00am-4:00pm(最後一團)；(12 月 -4 月) 9:30am-4:15pm(最後一團) * 可提前預約中文導賞
費用：成人 AUD 23.5、4 至 16 歲小童 AUD 10 (網上購票優惠)
網頁：www.seahorseworld.com.au
備註：導賞團每 45 分鐘一班

★ INFO

MAP 14-2 C1 25 可愛刺蝟鴨嘴獸
Platypus House

這裡的刺蝟對人熱情，一見面已會跟著遊人團團轉，不過被抱起的一刻，還是顯得相當害羞呢！

駕車：沿 Bass Hwy 左轉入 A7 West Tamar Highway 就可達 Beauty Point，車程約 1 小時 4 分鐘

澳洲除了袋鼠、樹熊等本土動物明星外，也是鴨嘴獸的成長地。鴨嘴獸有著扁扁的嘴巴、胖胖的身形，一看便知牠是「大食積」，每天要吃上佔體重15-20%份量的食物才夠飽，單是伙食費每年已可花掉1萬澳元！看過鴨嘴獸後，居於隔壁的3隻小刺蝟就更叫人喜歡。牠們會不停在遊人身邊團團轉，可惜因怕被牠們堅硬的針刺傷而不能親手一抱。

地址：200 Flinders Street, Beauty Point, Tasmania 7270
電話：61-3-6383 4884
營業時間：9:30am-4:30pm（夏令時間）；10:00am-3:30pm（冬令時間）；聖誕日休息
費用：AUD 26.5；4 至 16 歲小童 AUD12
網頁：www.platypushouse.com.au

★ INFO

用心打造的得獎酒莊 Velo Wines

駕車：由 Flinders St 朝南往 Napier St 行，之後一直沿 A7 West Tamar Hwy 行走，全程約 34 分鐘

塔斯曼尼亞有著優厚的種植葡萄環境，為釀酒事業帶來無限商機，同一片土地上，大酒莊固然不少，家庭式經營的個性酒莊亦自有其生存空間。在 Tamar Valley 釀酒區內，由 Michael 及 Mary Wilson 夫妻倆合力經營的 Velo Wines，最近就憑自家釀製的 Riesling，贏取了國際知名品酒雜誌《Gourmet Tatler Wine》的年度「塔斯曼尼亞州最佳白酒」。令人最訝異是，夫婦倆均不是來自釀酒世家，Michael 是退役奧運單車選手，Mary 則是畫家，能擊敗80個品牌贏取榮銜，相信最主要原因就如店內宣傳單張所寫的：Our wine is our passion（我們對釀酒充滿熱情）。

地址：755 West Tamar Highway, Legana, Tasmania 7277
營業時間：10:00am-4:00pm
電話：61-3-6330 1582
網頁：www.velowines.com.au

INFO

和藹可親的 Mary (右) 長駐店內，細心地為客人解答有關酒類的各項疑問。

店內現時共有9款酒可選，全由老闆 Michael 自行釀製。

Riesling 2012
就是這支獲獎 Riesling，為酒莊寫下光輝一頁。味道富花香與蘋果的香甜，配生蠔或炸魚薯條最理想。

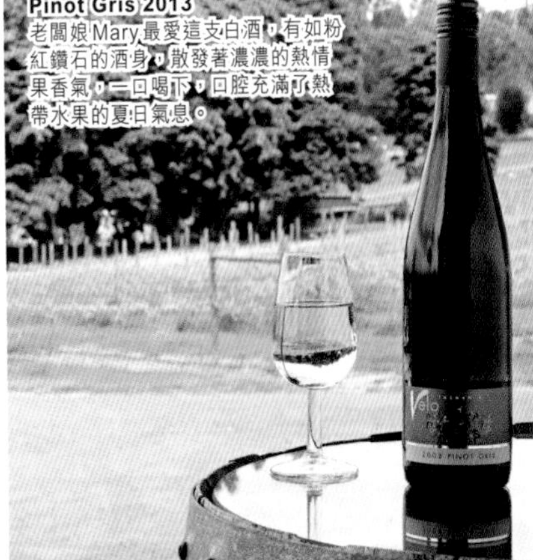

Pinot Gris 2013
老闆娘 Mary 最愛這支白酒，有如粉紅鑽石的酒身，散發著濃濃的熱情果香氣，一口喝下，回腔充滿了熱帶水果的夏日氣息。

全木博物館 27 MAP 14-4B B3

Design Tasmania

駕車：沿 West Tamar Hwy 朝東南方向直行，左轉入 Brisbane St 後再轉入 Bathhurst St，再沿 Cimitiere St 右轉入 Tamar St 直達

★★★

澳洲人視木製傢俬為藝術珍品，他們重視這種原材料的程度，令朗瑟斯頓市內出現了一間以木為主題的博物館。館內有4個場館，分別擺放了多位當地木製家具設計師的作品，這裡的展品全部可讓人觸摸，更可以選購。感受過打磨後的木質感、紋理顏色的配襯，如在館內67件展品中遇上心頭好，便立即訂購回家吧！

地址：Corner of Brisbane and Tamar St, Launceston TAS 7250
電話：61-3-6331 5505 / 6331 5506
營業時間：周三至六 10:00am-3:00pm，
周日至 2:00pm；周一、二休息
網頁：www.designcentre.com.au

INFO

陳皮冬菇扒鴨
店中招牌菜，鴨炆得夠火候，鴨肉嫩滑且非常入味。

MAP 14-4B B3 28 Eason 也捧場

Canton Restaurant

駕車：於朗瑟斯頓市中心沿 Charles St 直行即達

吃了多餐烤肉扒，也想「扒番兩啖飯」，這間餐廳正可為我們一解思鄉之情。店主鍾生鍾太皆為廣東華僑，由他們炮製的傳統廣東菜自然合胃口，連 Eason 陳奕迅到當地拍攝旅遊特輯時，也專誠來捧場呢！

地址：201 -203 Charles Street, Launceston, Tasmania
電話：61-3-6331 9448
營業時間：午餐 12:00nn-2:00pm(周二至五)；
晚餐 5:00pm-9:00pm(周二至日)
網頁：www.cantonrestaurant.com.au

INFO

瀑布上空半天吊 29 MAP 14-4B A4
Basin Chairlifts

駕車：於市中心 Frederick St 右轉至 Stone St，行至 Upper York St 後右轉入 Basin Rd 直達

Basin Chairlifts號稱是全球最長的單軌吊車，軌道全長457米，行程橫越Cataract Gorge，坐在其中，可俯瞰峽谷的攝人風光，亦可一睹Alexandra吊橋及腳底下壯麗的瀑布奔流景色。

雙腳無法「腳踏實地」，整架吊車只有簡單的圍欄充當扶手，坐下不久已教人腳軟。

INFO

地址：Cataract Gorge, Launceston, Tasmania
電話：61-3-6331-5915
營業時間：周三至六 10:00am-3:00pm，周日至 2:00pm；
周一、二休息；聖誕日休息
費用：（來回票價）成人 AUD 20、小童 AUD 12，3 歲以下免費
網頁：www.launcestoncataractgorge.com.au

MAP 14-4B B4 輕怡咖啡廳
30 Elaia Cafe

駕車：於朗瑟斯頓市中心沿 Charles St 直行即達

Elaia是希臘語「橄欖」之意，正代表店鋪13年前的起源，本來屬優質食品雜貨店，4、5年前銳意大改革，化身為帶地中海風情的小餐館。店內單是蛋糕種類已超過20款，主菜則以輕食為主，更設全日早餐，最啱細食的香港女孩。

橙味朱古力蛋糕 Jaffe、Cappuccino
Jaffe是經典的澳洲朱古力蛋糕，製作時加進少許橙味酒，令蛋糕更為清香。

地址：240 Charles Street, Launceston, Tasmania
電話：61-3-6331 3307
營業時間：周三至六 8:00am-8:00pm，周一、二至 3:00pm；周日休息
網頁：www.elaia.com.au

INFO

暢遊世界遺產 31 MAP 14-2
戈登河 Gordon River

駕車：由 Launceston 至 Strahan Village 約 4 小時

★★★

戈登河Gordon River全長185公里，位於塔斯曼尼亞西部，在Franklin-Gordon Wild Rivers National Park內。戈登河平靜如鏡，兩岸有不同地貌，是遊船河的理想航道。整個戈登河遊輪航程長6小時，全程以緩速航行，由嚮導解説各景點的歷史，更提供自助午餐，讓乘客超Hea地欣賞人間仙境。

航程包括兩個登岸點，包括Heritage Landing及莎拉島（Sarah Island）。前者是一片茂密的雨林，據説已有3萬多年歷史，四周都是參天古樹、滿布苔蘚的岩石，令人仿如回到蠻荒世界。而莎拉島則是英國殖民地年代的監獄，曾囚禁1200多人。今天雖已滿目瘡痍，仍能感受那份滄桑。

Sarah Island莎拉島是英國殖民地年代的監獄。

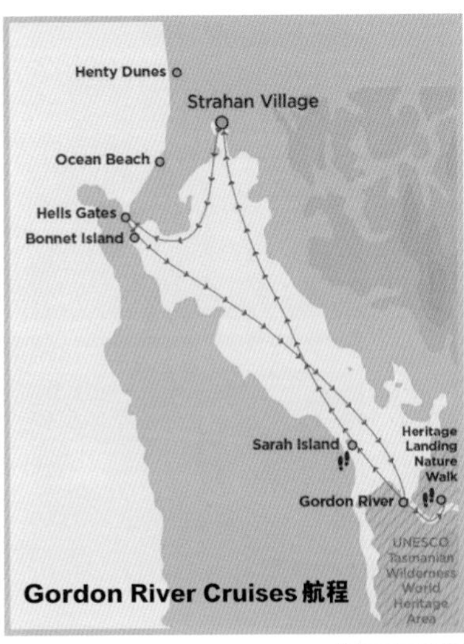

Sarah Island

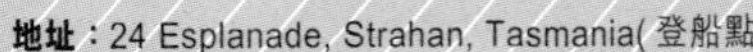

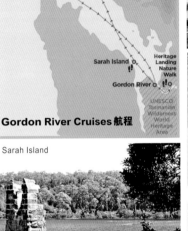

地址：24 Esplanade, Strahan, Tasmania(登船點)
電話：61 3 6471 4300
營業時間：8:30am-2:30pm
費用：

(AUD)	成人	3-16 歲小童
Main Deck Central	160	75
Main Deck Window	199	95
Premier Upper Deck	350	350

* 包船程及自助午餐，Premier Upper Deck 另提供紅白酒及小食

網頁：https://www.gordonrivercruises.com.au/

INFO

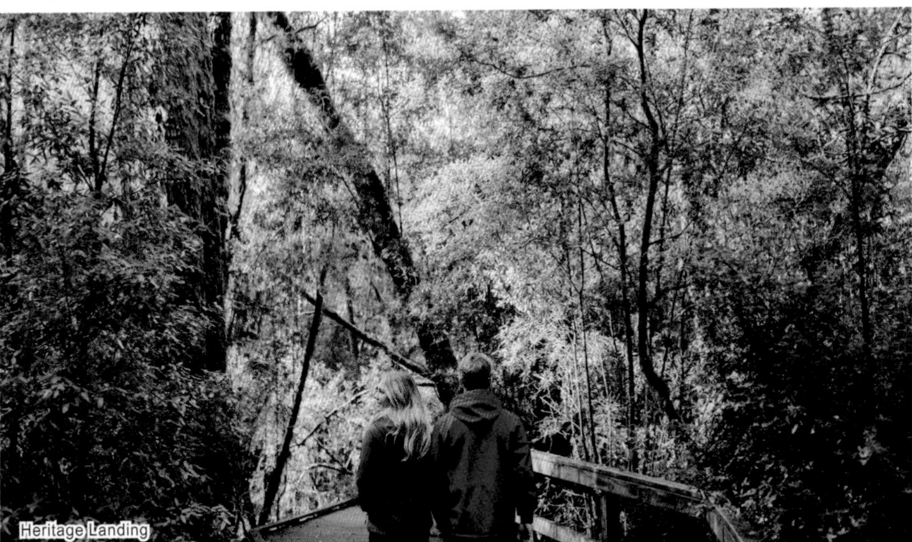

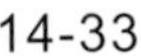
Heritage Landing

獲獎藝術酒店 32 MAP 14-3A C2

The Henry Jones Art Hotel

酒店 50 米外設公共巴士站

Henry Jones Art Hotel一直屢獲殊榮，無論名稱、外觀或是室內裝修都儼如美術館；毗鄰Victoria Dock，幾乎56間房都看到碼頭美景。對藝術有興趣的話，房間內的布置及擺設一定叫你為之瘋狂。

每間房均掛上不同畫作，充滿藝術氣息。

地址：25 Hunter Street, Hobart, Tasmania
電話：61-3-6210 7700
網頁：www.thehenryjones.com
設備：King-size 睡床、寬頻上網、LCD、DVD、按摩及美容服務、Spa、免費 Wi-Fi

INFO

MAP 14-4A B1 33 世外桃源

Peppers Cradle Mountain Lodge

住客均住在獨立小屋內，私隱度極高。

距離荷伯特 (Hobart)375 公里，駕車前往約 4.5 小時，酒店提供機場及主要觀光景點接載服務

Cradle Mountain Lodge雖然位置偏遠，卻為客人提供了超過20款戶外活動，包括在湖畔划艇、釣魚、攀山、踩單車、騎馬、夜探動物之旅等。對城市人來說，就如來到世外桃源般，捨不得離開。

地址：4038 Cradle Mountain Rd, Cradle Mountain, Tasmania
電話：61-3-6492 2100
費用：AUD 56 起
網頁：www.cradlemountainlodge.com.au
設備：風筒、熨斗、Spa

INFO

避暑山莊 34

Country Club Tasmania

駕車：由朗瑟斯頓機場駕車前往約 20 分鐘

塔斯曼尼亞的氣溫雖然清涼，不過Country Club Tasmania卻令人想起避暑山莊。酒店自成一角，設施之多叫人必須狠下心腸作出篩選，房間亦裝飾得相當雅致。只需港幣千多元就可以享有富豪級的享受，算是相當超值吧！

露台面對著絕美的高爾夫球場景致，令人心曠神怡。

地址：Country Club Avenue, Launceston, Tasmania
電話：61-3-6335-5777　**費用**：AUD179 起
網頁：www.countryclubtasmania.com.au
設備：寬頻上網、風筒、熨斗、King size 床、18 洞高爾夫球場、網球場、賭場、Spa、Gym、室內泳池、免費 Wi-Fi

INFO

實用資料

防疫限制

自2023年1月5日起，從香港或澳門進入澳洲的旅客必須在出發前48小時內進行COVID-19檢測，並出示檢測結果呈陰性的證明。

*** 資料截至2023年2月**

旅遊簽證

持有香港特區護照HKSAR Passport或英國國民海外護照BNO的人士，可自行申請Australian ETA電子簽證（簽證類別601）。電子旅遊簽證可以在網上辦理，有效期1年，持證者可以在簽證有效期間無限次進出澳洲，而每次停留時間不能超過3個月，簽證費用為AUD20。大部分電子旅遊簽證申請均能即時獲發，但有少部分人士可能需要12小時才能獲得簽證，故最好提早辦理申請。

詳情查詢：www.eta.immi.gov.au

申請步驟

1. 免費下載「Australia ETA」流動應用程式，Android或iOS版均可
2. 預備好所需文件，包括你的信用卡、旅遊證件以及澳洲的住宿地址，例如旅館或親友家的地址
3. 按照指示以手機拍攝個人照片，並掃描旅遊證件
4. 填寫申請表，包括姓名、電話、住址及電郵地址
5. 進行電郵地址驗證，確認個人資料無誤
6. 確認後於線上進行電子支付或以信用卡付款

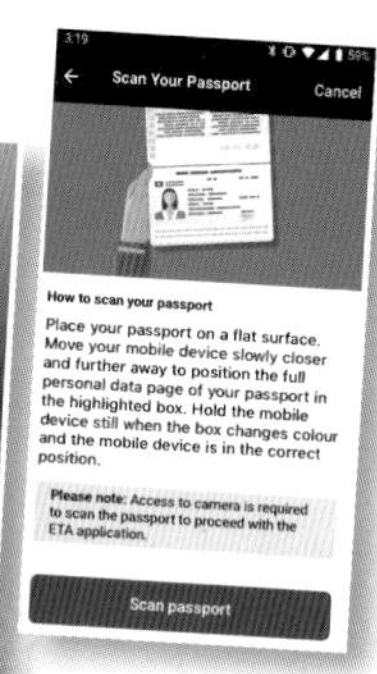

澳洲領事館
地址：香港灣仔港灣道25號海港中心23樓
時間：9:00am-5:00pm（周一至五）
電話：2827 8881
網址：https://hongkong.china.embassy.gov.au/

貨幣

澳洲的貨幣為澳元，簡寫AUD或AD$來表示，貨幣兌換服務可在銀行、酒店及國際機場找到，也可以透過自動櫃員機(ATM)提款，但應於出發前啟動海外提款設定。

兌換率：現時AUD 1=HK$5.32（以2023年2月為例）
澳元鈔票：面額包括5元、10元、20元、50元和100元
澳元硬幣：有1元及2元，並有5、10、20、50分

實用資料

氣候

位處南半球的澳洲，季節及氣候與香港剛好相反。按照各省份地理位置的不同，天氣亦有所不同。以墨爾本為例，夏季平均氣溫約14° C至25.3° C，有時氣溫可高達30° C；冬季則為6.5° C至14.2° C；春季10月是降雨量最多的月份，記緊帶備雨具。一般四季分布如下：

春季	夏季	秋季	冬季
9至11月	12至2月	3至5月	6至8月

查詢詳細天氣：www.bom.gov.au

時差

澳洲共分為3個獨立時區，包括東部（AEST）、中部（ACST）、西部（AWST）。新南威州、首都領地坎培拉、維多利亞、塔斯曼尼亞及昆士蘭均屬AEST，會較香港快2小時。而ACST則包括北領地和南澳，AWST則是西澳。ACST會較AEST遲半小時，而西澳則與香港沒有時差。

在澳洲夏季會有夏令時間，新南威爾斯省、坎培拉多利亞及南澳，會調快1小時。從10月首個周日的早上2時（AEST）開始，到翌年4月首個周日的早上3時（澳洲東部夏令時間）結束。夏令時間不適應用於昆士蘭和北領地和西澳。

電壓

澳洲標準電壓為230V，頻率為50 Hz，插座設計為三腳扁身斜腳插，只要加轉接插頭就可以使用，要省錢的話建議出發前先購買。

退稅

在澳洲購物，遊客是可以申請退稅計劃（Tourist Refund Scheme, 簡稱TRS），退稅金額接近商品總價值的10%。不過，遊客需根據以下條件才可辦理：

1 在同一間商店內，購買了AUD 300或以上（包括GTS，即服務稅）的物品

2 退稅商品之購買日期必須在離境前60天，以商店開出的收據為準

3 要求零售商提供一張總額AUD 300或以上（包括GTS）的稅務發票

4 離開澳洲前帶著所購買之物品、稅務發票、護照、國際航機登機證，到TRS服務櫃枱申請

5 遊客可選以下稅項退款方法，通常會在30日之內退款：
- 信用卡 / 支票，可選數種不同的貨幣 / 澳洲銀行賬戶

Tips! 退稅櫃檯將於航班起飛前30分鐘停止辦理，大家要預留好時間！

查詢電話：61-2-6275 6666　電郵：information@customs.gov.au　網址：www.customs.gov.au

下載退稅神器

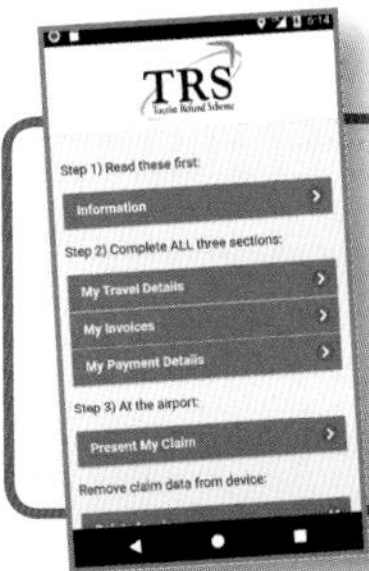

如想節省機場辦理退稅的時間，不妨在離境前預先下載TRS手機App，填好個人資料和退稅物品資料，系統還提供退稅方式選擇；獲一個二維碼QR Code，到達機場後可以憑二維碼連同護照、登機證、相關發票及退稅貨品等，前往TRS櫃台的快捷通道辦手續。這樣不僅可以減少排隊的時間，還能提前計算出可得到的退稅金額。

電話

澳洲國家號碼為61，手提電話的區號是04(整個澳洲)，而各省地區號碼如下：

澳洲東岸各城市的區號	
中東部：02 新南威爾斯、澳洲首都領地	**東南部：03** 維多利亞、塔斯曼尼亞
東北部：07 昆士蘭	**中西部：08** 南澳、西澳、北領地

有用電話

報警及緊急事故：000
悉尼市內電話查詢：1223

實用網址

澳洲地大物博，單是悉尼市就足以玩上三五七日，還有墨爾本、布里斯本、黃金海岸、坎培拉……旅行前除了熟讀本旅遊天書外，更不妨瀏覽以下內容充實的實用網址。

澳洲旅遊局
網址：www.australia.com
詳盡的官方網頁內記載了澳洲全國各地好去處，以不同主題分類，一切吃喝玩樂資料盡在掌握。
澳洲旅遊專家熱線：3750 5000

Study in Australia
網址：www.studyinaustralia.gov.au
此網頁為打算到澳洲留學的人提供課程、學校及費用等資訊。更有不少留學生的留言，分享在澳洲留學的經驗。

Working Holiday Jobs
網址：www.workingholidayjobs.com.au
網頁為所有到澳洲工作假期的人提供平台流，可找到有關於的問題，例如簽證、稅收、找工作等。

Grayline 觀光網
網址：www.grayline.com.au
Grayline是澳洲數一數二的觀光團公司，提供全面的觀光服務，包括全日或半日觀光行程，以及代辦各種觀光通行程。

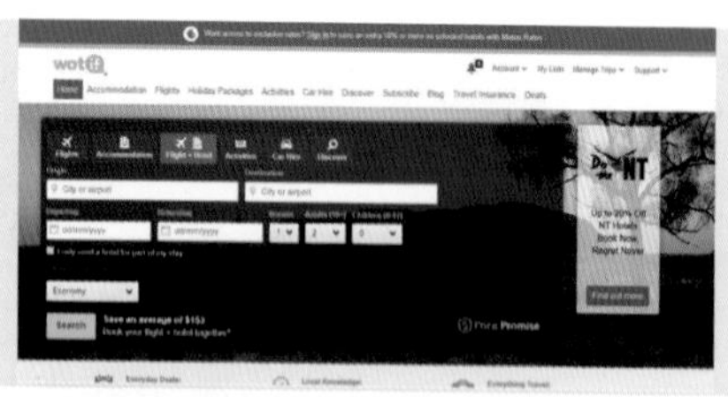

澳洲住宿網頁
網址：www.wotif.com
網頁內備有各省份不同種類住宿的資料。資料詳盡，操作簡易，堪稱澳洲最佳住宿網站。

The Arts Centre
網址：www.artscentremelbourne.com.au/
內容包括墨爾本及維多利亞州內大大小小的演唱會、展覽及表演資訊，喜愛藝術的旅客不容錯過。

各省旅遊局網站

澳洲旅遊局：www.australia.com
新南威爾斯州旅遊局：www.sydney.com
維多利亞州旅遊局：www.visitmelbourne.com
坎培拉旅遊局：www.visitcanberra.com.au
昆士蘭旅遊局：www.queensland.com.hk
南澳洲旅遊局：www.southaustralia.com
西澳洲旅遊局：www.westernaustralia.com
北領地旅遊局：https://northernterritory.com/
塔斯曼尼亞旅遊局：www.discovertasmania.com

節慶

澳洲人很懂得享受生活，慶祝大小節日更是市民的娛樂。悉尼、墨爾本、黃金海岸的節慶活動有很多，不少更是國際性的盛事，因此出發前最好計劃一下會否遇上大型節日，去旅行的同時可以順道感受當地狂熱的氣氛。

Sydney Harbour New Year Eve Countdown
網址：www.cityofsydney.nsw.gov.au/nye
每年的除夕夜，在悉尼壯麗的港灣上都會舉行盛大的煙花會演，迎接新一年的來臨。屆時不但會吸引上百萬的本地人參與，更是世界矚目的一刻。

Sydney Gay & Lesbian Mardi Gras
網址：www.mardigras.org.au
起源於1979年的Sydney Gay & Lesbian Mardi Gras是澳洲一年一度同性戀界的盛事，每到3月初便有數以千計的同性戀者會聚集在市內進行大型派對歡。

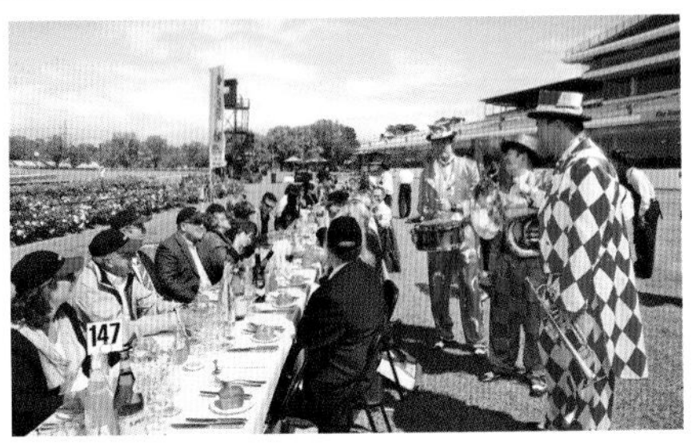

墨爾本酒食節
網址：www.melbournefoodandwine.com.au
墨爾本酒食節是人們品嘗維多利亞和墨爾本精美廚藝的好機會。節日期間，全省將有140項活動，你一定能找到喜歡的美食佳釀。

Melbourne Cup Carnival
網址：https://www.vrc.com.au/
在十一月的第一個周二，於墨爾本Flemington Racecourse舉行的Melbourne Cup是維多利亞州，甚至整個澳洲的盛事。

The Lexmark Indy 300
網址：www.indy.com.au
每年約10月中旬，黃金海岸擠滿V8 Indy賽跑車的賽道，會進行一連4日4夜的賽車盛事，吸引成千上萬的觀眾為車手歡呼。

Sunsuper Riverfire
網址：www.brisbanefestival.com.au
自1998年以來，Sunsuper Riverfire河岸煙花匯演一直是布里斯本藝術節（Brisbane Festival）中不可或缺的活動，為9月份的藝術節燃亮黑夜。煙花匯演歷時超過20分鐘，澳洲國防軍隊亦會進行特技飛行表演及展出軍用直升機，更會有多個現場Live音樂表演。

Royal Show
網址：royalshow.com.au
Royal Show是澳洲每年的重頭戲，它巡迴於澳洲各大城鎮，每年吸引達幾十萬人次進場。本來Royal Show只是向英國皇室展示農牧產品的巡迴展覽，慢慢演變成適合一家大小參與的園遊會。

Australian Open
網址：www.ausopen.com
澳洲網球公開賽是網球四大滿貫賽事之一，也是四大滿貫賽事中每年最先登場的，自1905年創辦以來，已經有百多年的歷史，通常於每年1月的最後兩個周在墨爾本舉行。

Darwin Festival
網址：www.darwinfestival.org.au
每年5月份舉辦的Darwin Festival歷時18天，活動包括音樂、舞蹈、戲劇、喜劇、歌舞表演、電影和視覺藝術，每年都吸引世界各地的藝術家。

The Taste of Tasmania
網址：www.thetasteoftasmania.com.au
每年於12月尾至1月初舉辦的塔斯曼尼亞美食節吸引多達300,000人次，各個小食攤位及酒商都會端出不同佳品，現場舉辦熱鬧的除夕派對娛樂大眾，包括現場表演和午夜煙火，迎接新的一年到來。

Tesselaar Tulip Festival
網址：tulipfestival.com.au
欣賞鬱金香並非一定要到荷蘭，每年9月至10月，在墨爾本會舉行一年一度的鬱金香花展，農場主人的祖父是荷蘭人，自1954 年開始便將他的私人花園對外開放，45萬株鬱金香，隨便任人拍照。

AFL Finals Series
網址：www.afl.com.au
9月是澳式足球決賽的日子，八支隊伍爭取在大決賽日(Grand Final Day)當天，站在古羅馬圓形大競技場式墨爾本板球場(Melbourne Cricket Ground)手捧聯賽杯，場內氣氛絕對可媲美英超！

Australian International Airshow
網址：www.airshow.com.au
每年3月，墨爾本的Avalon Airport周邊上空會出現一幕幕觸目驚心的飛行場景，這其實是國際航空展的特技表演，令人拍案叫絕。場內更會展出多款不同的戰機、民航機，飛機迷不能錯過。

Sculpture by the Sea
網址：www.sculpturebythesea.com
每年11月，在Bondi Beach都會有為期兩個周的海邊藝術展Sculpture by the Sea，展出包括來自澳洲及海外藝術家的作品，並吸引約三十萬的參觀者。一邊享受陽光，一邊感受藝術，帶來非一般的衝擊。